名师名校新形态
通识教育系列教材

经济数学
——概率论与数理统计 _{慕课版}

张天德 叶宏 孙钦福 主编

陈永刚 胡哲 王颜 副主编

人民邮电出版社

北 京

图书在版编目（CIP）数据

经济数学：概率论与数理统计：慕课版 / 张天德，叶宏，孙钦福主编. -- 北京：人民邮电出版社，2022.12
ISBN 978-7-115-60126-1

Ⅰ. ①经… Ⅱ. ①张… ②叶… ③孙… Ⅲ. ①经济数学－高等学校－教材②概率论－高等学校－教材③数理统计－高等学校－教材 Ⅳ. ①F224.0②021

中国版本图书馆CIP数据核字(2022)第182481号

内 容 提 要

本书根据经济和管理类本科数学基础课程教学基本要求编写，在编写过程中不仅结合了山东大学数学团队多年的教学经验，而且借鉴了国内外优秀教材的优点. 全书共 7 章，内容包括随机事件与概率、随机变量及其分布、多维随机变量及其分布、数字特征与极限定理、统计量及其分布、统计推断、相关与回归分析，其中第 7 章为选修内容. 本书秉承"新商科"建设理念，侧重概率论与数理统计知识的实用性，在知识点和例题背景中融入新商科元素，并以附录形式呈现使用 Python 解决经济数学问题的方法. 本书第 1~6 章每节的习题采用分层模式，每章后面有核心知识点的思维导图，每章的总复习题多数选自历年考研真题，并配套完备的数字化教学资源.

本书可作为高等学校经济和管理类专业"概率论与数理统计"课程的教材，也可作为报考硕士研究生的人员和科技工作者学习概率论与数理统计知识的参考用书.

◆ 主　编　张天德　叶　宏　孙钦福

　　副主编　陈永刚　胡　哲　王　颜

　　责任编辑　孙　澍

　　责任印制　王　郁　陈　犇

◆ 人民邮电出版社出版发行　　北京市丰台区成寿寺路 11 号
　　邮编　100164　　电子邮件　315@ptpress.com.cn
　　网址　https://www.ptpress.com.cn
　　北京鑫丰华彩印有限公司印刷

◆ 开本：787×1092　1/16
　　印张：13.25　　　　　　　　　2022 年 12 月第 1 版
　　字数：332 千字　　　　　　　2025 年 7 月北京第 4 次印刷

定价：49.80 元

读者服务热线：(010)81055256　印装质量热线：(010)81055316
反盗版热线：(010)81055315

丛书顾问委员会

丛书编委会

主　任

陈增敬

副主任

张天德　张立科

编　委

王光辉　叶宏　王玮　曾斌

税梦玲　孙钦福　黄宗嫒　陈永刚

石玉峰　程涛　张歆秋　谭蕾

赵文举　孙建国　吕炜　李燕

周峰　胡哲　王颜

丛书编辑工作委员会

主　任

张立科

副主任

曾斌　税梦玲

委　员

刘海溧　孙澍　刘定　祝智敏

刘琦　王平　阮欢　王宣

李召　张斌　潘春燕　张孟玮

张康印　滑玉

丛 书 序

　　山东大学数学学院成立于 1930 年，是山东大学历史悠久的学院之一. 经过 90 多年的发展，山东大学数学学院汇聚了一批进取心强、基础扎实、知识面宽、具有创新意识的人才，著名数学家黄际遇、潘承洞、彭实戈、王小云等先后在此执教，夏道行、郭雷、文兰、张继平等院士先后从这里攀上科学的高峰，成为各自领域的杰出人才，是山东大学数学学院杰出校友的代表.

　　经过几代人的辛勤耕耘，山东大学数学学院已发展成为在国内外有重要影响力的数学科学研究中心和人才培养中心，在全国第四轮学科评估中，山东大学数学学科荣获 A+（3 所学校并列）. 山东大学数学学院将牢牢把握国家"双一流"建设的重大机遇，秉承山东大学"为天下储人才、为国家图富强"的办学宗旨，践行"学无止境，气有浩然"的校训精神，认真落实国家的人才培养方针，努力打造优秀的教学团队与精品教材.

　　张天德教授多年来一直从事偏微分方程数值解的研究，以及高等学校数学基础课程的教学与研究工作，主讲高等数学（微积分）、线性代数、概率论与数理统计、复变函数、积分变换等课程，是国家精品在线开放课程负责人. 经过 30 多年的教学实践，他在教书育人方面形成了独到的理论，多次荣获表彰和奖励，如"国家级教学成果奖二等奖""泰山学堂卓越教师""泰山学堂毕业生最喜欢的老师"等. 他还是中学生"英才计划"导师，并负责全国大学生数学竞赛工作 10 余年，在人才培养方面积累了丰富的、立体化的经验.

　　由人民邮电出版社出版的这套大学数学系列教材，凝聚了山东大学数学学院的优秀教学师资和人民邮电出版社的优质出版资源，是在教育部启动实施"六卓越一拔尖"计划 2.0，着力实施"双万计划"，全面推进"四新"建设的背景下，打造的大学数学精品教材. 本套教材的核心理念是保持大学数学教学的严谨性，落实立德树人根本任务，在编写过程中结合了专业领域的新型案例，录制了精心打磨的在线课程，有效地践行了教育部在新时期对大学数学教学的期望和要求.

　　专业背景元素和各种形式的新形态资源，极大地丰富了知识的呈现形式，在提升课程教学效果的同时，为高等学校数学老师的教学工作提供了便利，为教学改革提供了参考样本，也为有效激发学生的自主学习模式提供了探索的空间.

陈增敬

教育部高等学校统计学类专业教学指导委员会副主任委员

山东大学金融研究院院长

2021 年 6 月

前 言

一、山东大学数学系列教材

1. 系列教材的定位

2019 年，教育部启动实施"六卓越一拔尖"计划 2.0，着力实施"双万计划"，全面推进"四新"建设，这对高等学校的教学改革提出了更加迫切、更高标准的要求．立德树人融入教育教学、在线教学的形式创新与效果考核等，成为高校教育工作者必须思考和解决的问题．在此背景下，编者策划了山东大学数学系列教材．

本系列教材能够适应国家对高等教育的新要求，并且充分体现了大学数学与其他学科的交叉性，突出了数学的实用性和易用性，能满足线上与线下教学的需求．在内容方面，参考了国内外院校的优秀教学思路，对教材进行了全新设计，对传统的例题模式进行了优化，无论是内容结构、概念表述，还是例题、习题，都力求与专业应用紧密结合．

2. 系列教材的结构特色

（1）认真落实立德树人根本任务

育人的根本在于立德．全面贯彻党的教育方针，落实立德树人根本任务，培养德智体美劳全面发展的社会主义建设者和接班人，是党的二十大报告对办好人民满意的教育提出的要求．为此，教材在每章最后都会介绍古今中国优秀数学家和伟大数学成就，体现数学家的爱国情怀、学术贡献及人格魅力，充分激发学生的民族荣誉感．编者专门为这些内容制作了 PPT，并录制了微课，以丰富多样的形式帮助高等学校落实立德树人根本任务．

中国数学学者

个人成就

数学家，中国科学院院士，曾任中国科学院数学研究所研究员、所长．华罗庚是中国解析数论、典型群、矩阵几何学、自守函数论与多复变函数论等方面研究的创始人与开拓者．

■ **华罗庚**

（2）用思维导图呈现知识脉络

每章核心知识点的总结通过思维导图的形式呈现，并对存在逻辑相关性的知识点进行关联，有助于学生理解、掌握知识脉络．

3. 支持线上教学，提供直播演示

党的二十大报告要求推进教育数字化．为此，编者借鉴国内外优秀慕课形式，精心录制了全系列教材的配套慕课，并在每章的定义、定理、例题、习题等内容中选取重点、难点，单独录制微课，同时每章还设置了章首导学微课、章末小结微课，附录部分提供了 Python 微课，学生扫描书中相应位置的二维码即可观看．

慕课演示

微课演示

配套慕课可以有效地支撑各院校开展线上教学，帮助学生提高自学效果；微课视频能帮助数学教师实现翻转课堂的教学模式，帮助学生更好地开展课前预习、课后复习、教研练习.

编者还将在实际教学中适当开展线上直播课教学演示，既能让更多的学生受益，又能给广大一线数学教师提供示范参考.

4. 提供优质的教师服务

为更好地发挥本系列教材的教学价值，编者精心准备了教学辅助资源，并组织教学研讨会，与更多的大学数学教师共同研讨，以达到国家对教学改革的高标准要求.

二、本书特色

1. 优化知识结构

党的二十大报告要求加强基础学科建设. 数学作为自然科学的基础，也是重大技术创新发展的基础. 在编写本书的过程中，编者对教材体系、内容安排和例题配置等方面开展了广泛的调研，对大学商科概率论与数理统计教材的知识结构进行了优化，定义、定理的表述既兼顾严谨性，又考虑了易懂性，尽量使概率论与数理统计知识简单化、形象化，保证教材难易适中，注重培养学生的概率论与数理统计素养和应用能力.

例如，关于连续型随机变量的定义，编者摒弃了传统教材的叙述方式，借鉴了国外教材的表述：若 $P\{a \leqslant X \leqslant b\} = \int_a^b f(x)\mathrm{d}x$，则称 X 为连续型随机变量，称 $f(x)$ 为 X 的概率密度函数. 该定义直截了当，既突出了概率密度函数的实用价值，又可以利用积分性质立即得出"连续型随机变量取固定值的概率为 0"的结论，学生易于接受和掌握.

2. 侧重知识应用

本书结合新商科的要求，在内容安排上更加注重大学商科概率论与数理统计知识在实际中的应用，弱化了不必要的推导过程，更新了"老旧"的例题背景，尽量结合商科专业背景，培养学生解决实际问题的能力，以期从育人角度为提升基础研究培育源头创新力，为科技创新培育基础动力.

例如，编者省略了大数定律和中心极限定理的证明推导过程，突出了它们在实践中近似计算的应用价值；分别介绍了概率和数字特征在系统可靠性问题中的不同体现；在知识点及例题背景中更新了新商科元素，如移动支付、快递物流、保险精算、银行业务、金融投资、市场销售等.

3. 兼顾考研需求

本书内容紧扣教学大纲的同时，兼顾了学生的考研需求，每节后面配套"提高题"，其内容很多选自考研真题，每章后面的总复习题多数选自考研真题，既方便教师开展分层教学，又可让学有余力的学生通过考研真题的演练，深入了解各个知识点的命题方向，为以后考研打好基础.

在一些概率论与数理统计教材中，许多概念和符号不够统一，本书在这方面与考研大纲保持一致. 例如，抽样分布的分位数（点）采用了上侧 α 分位数（点）；指数分布的参数用的是 λ；二维正态分布的表达式中规范了 5 个参数的顺序等.

4. 习题丰富且分层次

本书的习题按难度进行了分层，每节后面的习题分为"基础题"和"提高题"两个层次，"基础题"与该节知识点紧密呼应，"提高题"则选取了与该节知识相关的难度较大的题目，每章设有综合性较强的"总复习题". 全书习题题量较大，且层次分明，方便教师授课和测验，也可以满足各类学生的需求.

三、致谢

本书由山东大学张天德教授设计整体框架和编写思路，由张天德、叶宏、孙钦福担任主编，由陈永刚、胡哲、王颜担任副主编.

本书是教育部新文科研究与改革实践项目"基于数学思维培养视域下新文科课程体系和教材体系建设实践研究"（项目编号：2021070051）的重要成果，也是 2021 年度山东省本科教学改革研究项目重点项目"大学数学一流课程与新形态系列教材建设研究"（项目编号：Z2021049）的重要成果. 本书在编写过程中得到了山东大学本科生院、山东大学数学学院的大力支持与帮助，获得山东大学"双一流"人才培养专项建设支持. 多位数学教授对书稿进行了全面审读，从实际教学角度对本书提出了中肯的修改建议，在此表示衷心的感谢.

目 录

03

第3章 多维随机变量及其分布……51

04

第4章 数字特征与极限定理………… 80

01

第 1 章
随机事件与概率

在自然界与人类社会生活中，存在两类截然不同的现象．一类是**确定性现象**．例如：同性电荷必然相斥、异性电荷必然相吸；在标准大气压下，水加热到 100℃ 必然沸腾；半径为 r 的圆，其面积必为 πr^2 等．对于这类现象，其特点是在一定条件下重复进行试验，其结果唯一且必然出现，即试验之前就能明确试验结果．另一类是**不确定性现象**．例如：某个路口一天内发生违章的次数；下个月的降雨量．对于这类现象，其特点是可能的结果不止一个，即在相同条件下进行重复试验，试验的结果事先不能准确预知．就一次试验而言，时而出现这个结果，时而出现那个结果，呈现出偶然性．

本章导学

对于部分不确定性现象，虽然在试验或观察之前不能预知确切的结果，但人们经过长期实践并深入研究之后，发现在大量重复试验或观察下，试验结果呈现出某种规律性．例如：重复地抛掷同一枚均匀硬币，出现正面和反面的次数大约各占一半；同一门炮射击同一目标的弹着点按照一定规律分布．这种在大量重复试验或观察中所呈现出来的固有规律性，称为**统计规律性**．这正如恩格斯所指出的："在表面上是偶然性在起作用的地方，这种偶然性始终是受内部的隐藏着的规律支配的，而问题只是在于发现这些规律．"这种在个别试验中其结果呈现出不确定性，在大量重复试验中其结果又具有统计规律性的现象，我们称之为**随机现象**．

概率论是研究随机现象统计规律的基础学科，它从数量角度给出随机现象的描述，为人们认识和利用随机现象的规律性提供了有力的工具．概率论的应用几乎遍及所有的科学领域，在通信工程中概率论可用以提高信号的抗干扰性、分辨率，在企业生产经营管理中可用于优化企业决策方案、提高企业利润．概率论在信息论、排队论、电子系统可靠性、地震预报、产品的抽样调查等领域也有广泛的应用，法国数学家拉普拉斯曾指出："生活中最重要的问题，其中绝大多数在实质上只是概率的问题"．

■ 1.1 随机事件

1.1.1 随机试验与样本空间

1. 随机试验

为了掌握随机现象及其统计规律性，我们需要对随机现象进行观察或试验，比如有下面几个试验．

E_1：某公司参与一项目投标，记录其是否中标.

E_2：比较某股票当日收盘价与上一交易日收盘价，记录其涨跌情况.

E_3：抛一颗骰子，观察出现的点数.

E_4：一天内使用支付宝进行在线支付的次数.

E_5：手机电池充满一次电后的续航时间.

这些试验具有下列 3 个特点：

（1）可以在相同的条件下重复进行；

（2）每次试验的可能结果不止一个，但事先能明确试验的所有可能结果；

（3）进行一次试验之前不能确定哪一个结果将会出现.

在概率论中，把具有以上 3 个特点的试验称为**随机试验**，简称**试验**，记为 E.

2. 样本空间

对于随机试验，虽然在试验前不能确定哪一个结果将会出现，但事先能明确试验的所有可能结果，我们将随机试验 E 的所有可能结果组成的集合称为 E 的**样本空间**，记为 S. 样本空间的元素，即试验 E 的每一个结果，称为**样本点**.

上面 5 个随机试验的样本空间分别如下：

$S_1 = \{中标，未中标\}$；

$S_2 = \{涨，平，跌\}$；

$S_3 = \{1, 2, 3, 4, 5, 6\}$；

$S_4 = \{0, 1, 2, 3, \cdots\}$；

$S_5 = \{t \mid t \geqslant 0\}$.

在这里我们会发现，每次试验有且仅有样本空间中的一个样本点出现.

1.1.2 随机事件

一般地，在一次试验中可能出现也可能不出现的结果，统称**随机事件**，简称**事件**，记作 $A, B, C, \cdots$. 比如在试验 E_3 中，出现偶数点就是一个随机事件. 实际上，在建立了试验的样本空间后，就可以用样本空间 S 的子集表示随机事件，因此，我们统称试验 E 的样本空间 S 的子集为 E 的**随机事件**.

事件有以下 4 种类型.

（1）**必然事件**. 每次试验中都发生的事件称为必然事件，必然事件可以用样本空间 S 表示.

（2）**不可能事件**. 在每次试验中都不发生的事件称为不可能事件，不可能事件可以用空集 $\varnothing$ 表示.

（3）**基本事件**. 每次试验中出现的基本结果（样本点）称为基本事件，基本事件可以用一个样本点表示. 比如"一天内使用支付宝支付 3 次"可以表示为 $A=\{3\}$.

（4）**复合事件**. 含有两个及两个以上样本点的事件称为复合事件. 比如，在试验 E_3 中，"出现偶数点"可以表示为 $A=\{2, 4, 6\}$；在试验 E_5 中，若规定电池使用时间低于 12h 为不合格，则"电池不合格"可以表示为 $B=\{t \mid t<12\}$.

注 （1）在一次试验中，当且仅当这一集合中的一个样本点出现时，称这一事件发生；

（2）严格来讲必然事件与不可能事件反映了确定性现象，可以说它们不是随机事件，但为了研究问题的方便，我们把它们作为特殊的随机事件.

1.1.3　随机事件的关系与运算

先来看这样一个例子：图 1.1 所示是某种银行业务办理流程，节点 1 为身份核验，节点 2 和节点 3 分别表示两种办理方式——网上办理和现场办理，设 A_1, A_2, A_3 分别表示事件"身份核验成功""网上办理成功""现场办理成功"，B 表示事件"业务办理成功".显然业务办理是否成功与事件 A_1, A_2, A_3 是否发生是有关系的，那么如何用事件 A_1, A_2, A_3 来表示事件 B 呢？

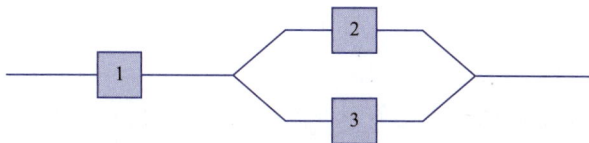

图 1.1

由于事件可以用样本空间的子集表示，因此事件间的关系与运算也可以用集合之间的关系与运算来处理.设试验 E 的样本空间为 S，$A, B, A_k (k = 1, 2, \cdots)$ 是试验 E 的随机事件，即 S 的子集，则事件间有以下关系和运算.

1.　事件间的关系与运算

（1）若 $A \subset B$，则称事件 A 是事件 B 的子事件，表示事件 A 发生必然导致事件 B 发生.

例如：设 A 表示"产品为一等品"，B 表示"产品为合格品"，显然有 $A \subset B$.

若 $A \subset B$，且 $B \subset A$，则称事件 A 与事件 B 相等，记作 $A = B$.

（2）事件 $A \cup B$ 称为事件 A 与事件 B 的和事件，表示 A 和 B 中至少有一个发生.

例如：甲、乙两人破译一份密码，A 表示"甲破译成功"，B 表示"乙破译成功"，则"密码被破译"可表示为 $A \cup B$.

推广：称 $\bigcup\limits_{k=1}^{n} A_k$ 为 n 个事件 $A_1, A_2, \cdots, A_n$ 的和事件，称 $\bigcup\limits_{k=1}^{+\infty} A_k$ 为可列个事件 $A_1, A_2, \cdots$ 的和事件.

（3）事件 $A \cap B$ 称为事件 A 与事件 B 的积事件，表示 A 和 B 同时发生.$A \cap B$ 一般简写为 AB.

例如：某零件有长度和直径两个指标，A 表示"长度合格"，B 表示"直径合格"，则"零件合格"可表示为 AB.

类似地，称 $\bigcap\limits_{k=1}^{n} A_k$ 为 n 个事件 $A_1, A_2, \cdots, A_n$ 的积事件，称 $\bigcap\limits_{k=1}^{+\infty} A_k$ 为可列个事件 $A_1, A_2, \cdots$ 的积事件.

（4）事件 $A - B$ 称为事件 A 与事件 B 的差事件，表示 A 发生且 B 不发生.

例如：甲、乙两人破译一份密码，A 表示"甲破译成功"，B 表示"乙破译成功"，则"甲破译出密码而乙没有破译成功"可表示为 $A - B$.

（5）若 $A \cap B = \varnothing$，则称事件 A 与事件 B 是**互不相容**或**互斥**的，表示事件 A 与事件 B 不能同时发生.

注　基本事件是两两互不相容的.

（6）若 $A \cup B = S$ 且 $A \cap B = \varnothing$，则称事件 A 与事件 B 互为逆事件，或称事件 A 与事件 B 互为对

微课：事件间的关系与运算

立事件, 即事件 A, B 中必有一个发生, 且仅有一个发生.

A 的对立事件记作 $\overline{A}$, 即 $\overline{A} = S - A$.

由以上定义显然有 $A - B = A - AB = A\overline{B}$, $A \cup B = A \cup \overline{A}B$.

2. 事件间的运算律

设 A, B, C 为事件, 则有以下运算律.

(1) 交换律: $A \cup B = B \cup A$, $A \cap B = B \cap A$.

(2) 结合律: $A \cup (B \cup C) = (A \cup B) \cup C$, $A \cap (B \cap C) = (A \cap B) \cap C$.

(3) 分配律: $A \cup (B \cap C) = (A \cup B) \cap (A \cup C)$,

$\qquad A \cap (B \cup C) = (A \cap B) \cup (A \cap C)$.

(4) 德·摩根律: $\overline{A \cap B} = \overline{A} \cup \overline{B}$, $\overline{A \cup B} = \overline{A} \cap \overline{B}$.

例 1.1 图 1.1 所示是某种银行业务办理流程, 以 A_1, A_2, A_3 分别表示事件"身份核验成功""网上办理成功""现场办理成功", B 表示事件"业务办理成功", 则有

$$B = A_1(A_2 \cup A_3) \text{ 或 } B = A_1 A_2 \cup A_1 A_3.$$

有了事件的关系与运算, 就可以用简单事件来表达复杂事件.

例 1.2 设 A, B, C 分别表示第 1, 第 2, 第 3 个产品为次品, 用 A, B, C 间的关系及运算可表示下列各事件.

(1) 至少有一个次品: $A \cup B \cup C$.

(2) 没有次品: $\overline{ABC} = \overline{A \cup B \cup C}$.

(3) 恰有一个次品: $A\overline{B}\overline{C} \cup \overline{A}B\overline{C} \cup \overline{A}\overline{B}C$.

(4) 至少有两个次品: $AB\overline{C} \cup A\overline{B}C \cup \overline{A}BC \cup ABC = AB \cup BC \cup CA$.

(5) 至多有两个次品(考虑其对立事件):

$$(A\overline{B}\overline{C} \cup \overline{A}B\overline{C} \cup \overline{A}\overline{B}C) \cup (AB\overline{C} \cup A\overline{B}C \cup \overline{A}BC) \cup (\overline{ABC}) = \overline{ABC} = \overline{A} \cup \overline{B} \cup \overline{C}.$$

同步习题 1.1

基础题

1. 写出下列随机试验的样本空间.

(1) 在单位圆内任取一点, 记录它的坐标.

(2) 对某车间生产的二极管进行检查, 合格的记为"正品", 不合格的记为"次品", 根据检验程序, 连续查出 2 件次品或查完 4 件产品就停止检查, 记录检查的结果.

2. 设 A, B, C 为 3 个事件, 用 A, B, C 间的运算表示下列事件.

(1) A 发生, B 与 C 不发生.　　　　　　　(2) A, B 都发生, 而 C 不发生.

(3) A, B, C 中至少有一个发生.　　　　　　(4) A, B, C 都发生.

(5) A, B, C 都不发生.　　　　　　　　　　(6) A, B, C 中至多有一个发生.

(7) A, B, C 中至多有两个发生.　　　　　　(8) A, B, C 中至少有两个发生.

1. 对于事件 A, B，判断下列命题是否正确并说明理由．

（1）如果 A, B 互不相容，则 $\bar{A}, \bar{B}$ 也互不相容． （2）如果 $A \subset B$，则 $\bar{A} \subset \bar{B}$．

（3）如果 A, B 相容，则 $\bar{A}, \bar{B}$ 也相容． （4）如果 A, B 对立，则 $\bar{A}, \bar{B}$ 也对立．

2. 证明：

（1）$A - B = A\bar{B} = A - AB$； （2）$A \bigcup B = A \bigcup (B - A)$．

1.2 概率

随机事件在一次试验中，可能发生也可能不发生，具有偶然性．但是，人们从实践中认识到，在相同的条件下，进行大量的重复试验，试验的结果具有某种内在的数量规律性，即随机事件发生的可能性大小可以用一个数值进行度量．例如，某电视台播放的不同电视剧，其收视结果是不一样的，并且可以用"收视率"这一指标来度量；两位射击运动员在相同的条件下射击，他们命中目标的可能性大小不同，并且能用"命中率"这一指标来度量．

对于一个随机试验，我们不仅要知道它可能出现哪些结果，还要研究各种结果发生的可能性大小，从而揭示其内在的规律性．为此，首先引入频率，它描述了事件发生的频繁程度，进而引出表征事件在一次试验中发生的可能性大小的数——概率．

1.2.1 频率与概率

1. 频率的定义和性质

定义 1.1 在相同条件下，进行了 n 次试验，在这 n 次试验中，事件 A 发生的次数 n_A 称为事件 A 发生的频数．比值 $\dfrac{n_A}{n}$ 称为事件 A 发生的频率，记作 $f_n(A)$．

设 A 是随机试验 E 的任一事件，则频率 $f_n(A)$ 具有以下性质：

（1）$0 \leqslant f_n(A) \leqslant 1$；

（2）$f_n(S) = 1$，$f_n(\varnothing) = 0$；

（3）若 $A_1, A_2, \cdots, A_k$ 是两两互不相容的事件，则

$$f_n(A_1 \bigcup A_2 \bigcup \cdots \bigcup A_k) = f_n(A_1) + f_n(A_2) + \cdots + f_n(A_k).$$

事件发生的频率大小表示其发生的频繁程度．频率越大，事件发生就越频繁，即事件在一次试验中发生的可能性就越大．反之亦然．

2. 频率的稳定性

由于频率是依赖于试验结果的，而试验结果的出现具有一定的随机性，因此频率具有随机波动性，即使对于同样的 n，所得的频率也不一定相同．另外，大量试验证实，当重复试验的次数 n 逐渐增大时，频率 $f_n(A)$ 逐渐稳定于某个常数，历史上的抛硬币试验就很好地展示了这种稳定性，如表 1.1 所示．

表 1.1

试验者	抛硬币的次数 / 次	正面朝上的次数 / 次	正面朝上的频率
德·摩根	2 048	1 061	0.518 1
蒲丰	4 040	2 048	0.506 9
皮尔逊	12 000	6 019	0.501 6
皮尔逊	24 000	12 012	0.500 5

从表 1.1 可以看出：虽然频率具有随机波动性，抛硬币次数 n 较小时，正面朝上的频率 $f_n(A)$ 在 0 与 1 之间随机波动，且波动幅度较大，但当 n 逐渐增大时，$f_n(A)$ 总在 0.5 附近摆动，且逐渐稳定于 0.5.

3. 概率的统计定义

频率在大量的重复试验中体现出的这种"稳定性"即通常所说的统计规律性. 通过大量的实践，我们还容易看到，若随机事件 A 出现的可能性越大，一般来讲，其频率 $f_n(A)$ 也越大. 由于事件 A 发生的可能性大小与其频率大小有如此密切的关系，加之频率又具有稳定性，故而可通过频率来定义概率.

定义 1.2（概率的统计定义） 随机事件 A 在大量重复试验（观测）中，即 $n \to \infty$ 时，其频率稳定于某一常数，这一常数称为随机事件 A 的概率，记作 $P(A)$.

一般来讲，当试验的次数比较大时，可以用事件发生的频率来估计事件的概率，即有

$$P(A) \approx f_n(A).$$

概率的统计定义易于理解，但是其计算依赖于试验，同时由于试验次数的限制，利用统计定义计算概率难免会出现误差，因此，人们不得不从其他的角度去思考"概率"的定义.

1.2.2 古典概率与几何概率

在概率论发展的历史上，最早研究的一类最直观、最简单的问题是等可能概型，在这类问题中，样本空间中每个样本点出现的可能性是相等的. 其中，如果样本空间只包含有限个样本点，则称之为古典概型；而当样本空间是某一线段或某个区域时，则称之为几何概型.

1. 古典概率

我们来看这样一个问题，抛一颗骰子观察出现的点数，问：抛出偶数点的概率是多少？

我们很容易想到这一概率为 $\frac{1}{2}$，那么这个 $\frac{1}{2}$ 是如何得到的呢？

首先，我们来考察样本空间和样本点，该试验的样本空间为 $S = \{1, 2, 3, 4, 5, 6\}$，含有 6 个样本点，而且每个样本点出现的可能性大小相同，是一个古典概型问题. 而事件"出现偶数点"可表示为 $A = \{2, 4, 6\}$，含有 3 个样本点. 显然有

$$P(A) = \frac{3}{6} = \frac{1}{2}.$$

对于该问题，事件 A 发生的概率可以表示为"事件 A 所含样本点数占样本空间样本点总数的比例". 受这个问题的启发，我们有古典概率的如下定义.

定义 1.3（概率的古典定义） 设试验的样本空间 S 包含 n 个样本点，且每个样本点出现的

可能性相同, 若事件 A 包含 k 个样本点, 则事件 A 的概率为

$$P(A) = \frac{k}{n} = \frac{\text{事件包含的样本点数}}{\text{样本空间中样本点总数}}.$$

根据定义 1.3, 对古典概率的计算可以转化为对样本点的计数问题, 解决该问题通常可以借助排列与组合公式以及加法原理和乘法原理.

（1）**排列公式**: 从 n 个不同元素中任取 $k(1 \leqslant k \leqslant n)$ 个元素的不同排列总数为

$$\mathrm{A}_n^k = n(n-1)\cdots(n-k+1) = \frac{n!}{(n-k)!}.$$

（2）**组合公式**: 从 n 个不同元素中任取 $k(1 \leqslant k \leqslant n)$ 个元素的不同组合总数为

$$\mathrm{C}_n^k = \binom{n}{k} = \frac{n(n-1)\cdots(n-k+1)}{k!} = \frac{n!}{(n-k)!k!}.$$

（3）**加法原理**: 设完成一件事有 m 种方式, 其中第一种方式有 n_1 种方法, 第二种方式有 n_2 种方法, $\cdots$, 第 m 种方式有 n_m 种方法, 无论通过哪种方法都可以完成这件事, 则完成这件事的方法总数为 $n_1 + n_2 + \cdots + n_m$.

（4）**乘法原理**: 设完成一件事有 m 个步骤, 其中第一个步骤有 n_1 种方法, 第二个步骤有 n_2 种方法, $\cdots$, 第 m 个步骤有 n_m 种方法, 完成这件事必须完成每一步骤才算完成, 则完成这件事的方法总数为 $n_1 \times n_2 \times \cdots \times n_m$.

例 1.3 箱中放有 $a+b$ 个外形一样的手机充电器（不含充电线）, 其中 a 个充电器具有快充功能, 其余 b 个没有快充功能, $k(k \leqslant a+b)$ 个人依次在箱中取一个充电器.

（1）做**放回抽样**（每次抽取后记录结果, 然后放回）.

（2）做**不放回抽样**（抽取后不再放回）.

求第 $i(i=1,2,\cdots,k)$ 个人取到具有快充功能的充电器（记为事件 A）的概率.

解 （1）在放回抽样的情况下, 每个人都有 $a+b$ 种抽取方法, 由于其中 a 个充电器具有快充功能, 因此事件 A（抽到具有快充功能的充电器）包含 a 种抽取方法, 由古典概率的定义可得

$$P(A) = \frac{a}{a+b}.$$

（2）在不放回抽样的情况下, k 个人依次抽取, 根据乘法原理, 完成抽取后样本空间共有 A_{a+b}^k 个基本结果.

由于事件 A 要求第 i 个人抽到具有快充功能的充电器, 因此第 i 个人有 a 种抽取方法, 其余 $k-1$ 个人从剩余的 $a+b-1$ 个充电器中任选 $k-1$ 个, 有 A_{a+b-1}^{k-1} 种抽取方法, 根据乘法原理, 事件 A 共包含 $a\mathrm{A}_{a+b-1}^{k-1}$ 种基本结果, 由古典概率的定义可得

$$P(A) = \frac{a\mathrm{A}_{a+b-1}^{k-1}}{\mathrm{A}_{a+b}^k} = \frac{a}{a+b}.$$

从该例子可以看出, 无论是放回抽样还是不放回抽样, 抽到具有快充功能充电器的概率都和抽取顺序无关. 此问题和抽签问题类似, 因此从概率意义上, 抽签是公平的, 不必争先恐后.

例 1.4 设有 N 件产品, 其中有 M 件次品, 现从中任取 n 件, 问: 其中恰有 $k(k \leqslant \min\{n,M\})$

件次品的概率是多少?

解 在N件产品中任取 n 件，所有可能的取法共有C_N^n种.

在 M 件次品中任取k件，所有可能的取法共有C_M^k种；在N−M件正品中取n−k件，所有可能的取法共有C_{N-M}^{n-k}种. 由乘法原理，在N件产品中任取 n 件，其中恰有 k 件次品的取法共有$C_M^k C_{N-M}^{n-k}$种.

因此，恰有 k 件次品的概率为

$$P = \frac{C_M^k C_{N-M}^{n-k}}{C_N^n}.$$

上式称为超几何公式，在第 2 章中我们将会具体介绍由此而来的超几何分布.

例 1.5 某医院一周曾做过 5 次白内障手术，已知这 5 次手术都是在周二或周四进行的，请问：我们是否可以推断该医院做白内障手术的时间是有规定的?

解 假设该医院做白内障手术的时间没有规定，而病人在一周的任一天去医院做手术是等可能的，则 5 次白内障手术都在周二或周四进行的概率为

$$P = \frac{2^5}{7^5} \approx 0.002.$$

人们在长期实践中总结得到"概率很小的事件在一次试验中实际上几乎是不发生的"（实际推断原理），现在概率很小的事件在一次试验中竟然发生了，因此我们有理由怀疑假设的正确性，从而推断该医院不是每天都做白内障手术，即认为该医院做白内障手术的时间是有规定的.

2. 几何概率

古典概型考虑了样本空间仅包含有限个样本点的等可能概型，但等可能概型还有其他类型，如样本空间为一线段、平面区域或空间立体等形式，我们把这类等可能概型称为几何概型，如下例即为几何概型问题.

一渔民经常在面积为 12km² 的海域进行捕鱼，某一天面积为 3km² 的捕鱼海域受到了污染，请问：他捕到的鱼受污染的概率是多少?

定义 1.4（几何概率） 设样本空间S是平面上某个区域，它的面积记为$\mu(S)$，点落入S内任何部分区域 A 的可能性大小只与区域 A 的面积$\mu(A)$成比例，而与区域 A 的位置和形状无关，该点落在区域 A 的事件仍记为 A，则事件 A 的概率为

$$P(A) = \frac{\mu(A)}{\mu(S)}.$$

注 若样本空间S为一线段或一空间立体，则定义中的$\mu(A)$和$\mu(S)$应理解为长度或体积.

例 1.6 某城际列车每小时发一班车，某人开完会后到候车厅候车，求他候车时间少于 10min 的概率.

解 以 min 为单位，记上一班车发出时刻为 0，下一班车发出时刻为 60，则这个人到达候车厅的时间必在区间 (0, 60) 内，记"候车时间少于 10min"为事件 A，则有

$$S = (0, 60), \quad A = (50, 60) \subset S.$$

于是

$$P(A) = \frac{\mu(A)}{\mu(S)} = \frac{10}{60} = \frac{1}{6}.$$

例 1.7（会面问题） 某销售人员和客户相约 7 点到 8 点之间在某地会面, 先到者等候另一人半小时, 过时就离开. 如果每个人可在指定的一小时内任意时刻到达, 试计算两人能够会面的概率.

解 记 7 点为 0 时刻, x, y 分别表示两人到达指定地点的时刻, 则样本空间为

$$S = \{(x, y) \mid 0 \leqslant x \leqslant 1, 0 \leqslant y \leqslant 1\}.$$

以 A 表示 "两人能会面", 如图 1.2 所示, 则有

$$A = \{(x, y) \mid (x, y) \in S, |x - y| \leqslant 0.5\}.$$

根据题意, 这是一个几何概型, 于是

$$P(A) = \frac{\mu(A)}{\mu(S)} = \frac{1^2 - (0.5)^2}{1^2} = 0.75.$$

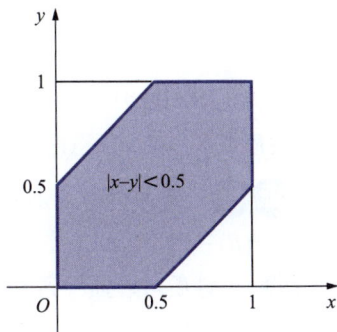

图 **1.2**

1.2.3 概率的公理化定义与运算性质

1. 概率的公理化定义

前面我们从事件的频率出发给出了概率的统计定义, 介绍了古典概率和几何概率, 并计算了一些简单事件的概率. 根据概率的统计定义, 试验的次数越多, 概率计算越精确, 但总是存在误差; 古典概率和几何概率又仅仅是在等可能性的条件下进行的定义, 带有一定的局限性, 因此, 我们需要从其他途径给出概率的一般定义.

任何一个数学概念都是对现实世界的抽象, 这种抽象使其具有广泛的适用性. 1933 年, 苏联数学家柯尔莫哥洛夫在他的《概率论的基本概念》一书中给出了现在已被广泛接受的概率公理化体系, 第一次将概率论建立在严密的逻辑基础上. 它不直接回答 "概率" 是什么, 而是把 "概率" 应具备的几条本质特性概括起来, 把具有这几条性质的量叫作概率, 并在此基础上展开概率的理论研究.

定义 1.5（概率的公理化定义） 设 E 是随机试验, S 是它的样本空间, 对于 E 的每一事件 A 赋予一个实数, 记为 $P(A)$, 如果 $P(A)$ 满足以下 3 个条件, 则称 $P(A)$ 为事件 A 的概率.

（1）非负性: 对于每一个事件 A, 有 $P(A) \geqslant 0$.

（2）规范性: 对于必然事件 S, 有 $P(S) = 1$.

（3）可列可加性: 设 $A_1, A_2, \cdots$ 是两两互不相容的事件, 即 $A_i A_j = \varnothing$, $i \neq j$, $i, j = 1, 2, \cdots$, 有 $P\left(\bigcup_{i=1}^{\infty} A_i\right) = \sum_{i=1}^{\infty} P(A_i)$.

微课: 概率的公理化定义

2. 概率的运算性质

由概率的公理化定义, 可以推出概率的一些重要性质.

微课: 概率的运算性质

性质 1.1 $0 \leqslant P(A) \leqslant 1, P(\varnothing) = 0$.

性质 1.2 若 $A_1, A_2, \cdots, A_n$ 是两两互不相容事件，则有

$$P(A_1 \bigcup A_2 \bigcup \cdots \bigcup A_n) = P(A_1) + P(A_2) + \cdots + P(A_n).$$

性质 1.3 对于任意两个事件 A, B，有 $P(A-B) = P(A) - P(AB)$. 特别地，若 $A \supset B$，则有 $P(A-B) = P(A) - P(B)$.

证明 因为 $A = (A-B) \bigcup AB$，且 $(A-B) \bigcap AB = \varnothing$，所以

$$P(A) = P[(A-B) \bigcup AB] = P(A-B) + P(AB),$$

从而 $$P(A-B) = P(A) - P(AB).$$

推论（单调性） 若 $A \supset B$，则 $P(A) \geqslant P(B)$.

性质 1.4 对于任意两个事件 A, B，$P(A \bigcup B) = P(A) + P(B) - P(AB)$.

证明 因为 $A \bigcup B = A \bigcup (B-AB)$，且 $A \bigcap (B-AB) = \varnothing$，所以 $P(A \bigcup B) = P(A) + P(B-AB) = P(A) + P(B) - P(AB)$.

注 该性质可以推广到多个随机事件，设 A, B, C 为任意 3 个事件，则有

$$P(A \bigcup B \bigcup C) = P(A) + P(B) + P(C) - P(AB) - P(AC) - P(BC) + P(ABC).$$

性质 1.5 对于任意事件 A，$P(\overline{A}) = 1 - P(A)$.

结合事件间的关系与运算以及概率的运算性质，我们可以求出一些复杂事件的概率.

例 1.8 假设每个人的生日等可能分布在 365 天中的某一天，在有 $n(n<365)$ 个人的班级里，生日互不相同（记为事件 A）的概率为多少？至少两人生日在同一天（记为事件 B）的概率为多少？

微课：例1.8

解 每个人的生日等可能分布在 365 天中的某一天，即每个人的生日都有 365 种可能，根据乘法原理，n 个人共有 365^n 种可能.

如果生日互不相同，第一个人的生日有 365 种可能，第二个人的生日有 $365-1$ 种可能，$\cdots$，第 n 个人的生日有 $365-(n-1)$ 种可能，因此，生日互不相同共有 A_{365}^n 种可能. 生日互不相同的概率为

$$P(A) = \frac{\mathrm{A}_{365}^n}{365^n}.$$

至少两人生日在同一天和生日互不相同为对立事件，因而至少两人生日在同一天的概率为

$$P(B) = 1 - P(A) = 1 - \frac{\mathrm{A}_{365}^n}{365^n}.$$

对不同的 n，$P(B)$ 有表 1.2 所示计算结果.

表 1.2

n	23	50	64	100
$P(B)$	0.507	0.97	0.997	0.999 999 7

从表 1.2 可以看出，只要班级人数超过 23 人，至少两人生日在同一天的概率就超过 50%，如果班级人数为 50 人，那么至少两人生日在同一天的概率达到 97%.

例 1.9 对某高校学生移动支付使用情况的调查结果显示，使用支付宝支付的用户占 45%，使用微信支付的用户占 35%，同时使用这两种移动支付方式的占 10%. 求至少使用一种移动支付方式的概率和只使用一种移动支付方式的概率.

微课：例1.9

解 记"使用支付宝支付"为事件 A，"使用微信支付"为事件 B，则"至少使用一种移动支付方式"可以表示为 $A \cup B$，而"只使用一种移动支付方式"可表示为 $A\bar{B} \cup \bar{A}B$，且易知 $A\bar{B} \cap \bar{A}B = \varnothing$.

至少使用一种移动支付方式的概率为

$$P(A \cup B) = P(A) + P(B) - P(AB) = 0.45 + 0.35 - 0.1 = 0.7.$$

只使用一种移动支付方式的概率为

$$P(A\bar{B} \cup \bar{A}B) = P(A\bar{B}) + P(\bar{A}B) = P(A-B) + P(B-A)$$

$$= P(A) - P(AB) + P(B) - P(AB) = 0.6.$$

例 1.10 A, B 是两个事件，已知 $P(B) = 0.3, P(A \cup B) = 0.6$，求 $P(A\bar{B})$.

解 $P(A\bar{B}) = P(A - AB) = P(A) - P(AB)$，而 $P(A \cup B) = P(A) + P(B) - P(AB) = 0.6$，因此，

$$P(A\bar{B}) = P(A \cup B) - P(B) = 0.6 - 0.3 = 0.3.$$

同步习题 1.2

基础题

1. 一个盒子中放有 10 个信封，其中有 7 个信封装有面额为 50 元的纸币一张，另外 3 个信封装有面额为 100 元的纸币一张. 从盒中抽取信封两次，每次随机地抽取一个，考虑有放回和无放回两种抽取方式，分别计算下列事件的概率.

（1）两次都抽到装 100 元人民币信封的概率.

（2）两次抽到的信封装有相同面额人民币的概率.

（3）抽到的两个信封中至少有一张 100 元人民币的概率.

2. 设 A 与 B 互为对立事件，判断以下等式是否成立，并说明理由.

（1）$P(A \cup B) = 1$.　　　　　　　（2）$P(AB) = P(A)P(B)$.

（3）$P(A) = 1 - P(B)$.　　　　　　 （4）$P(AB) = 0$.

3. 设有一批同类型产品共 100 件，其中 98 件是合格品，另外 2 件是次品. 从中任意抽取 3 件，求：

（1）抽到的 3 件中恰有一件是次品的概率；

（2）抽到的 3 件中至少有一件是次品的概率；

（3）抽到的 3 件中至多有一件是次品的概率.

4. 将 n 个球随机地放到 $N(N \geq n)$ 个盒子中去，试求每个盒子至多有一个球的概率（假设盒子的容量不限）.

5. 在区间 $[0, 3]$ 上任投一点，求该点的坐标小于 1 的概率.

6. 设事件 A,B 的概率分别为 $\frac{1}{3}$ 和 $\frac{1}{2}$，求在下列 3 种情况下 $P(B\bar{A})$ 的值.

（1）A 与 B 互斥.（2）$A \subset B$.（3）$P(AB) = \frac{1}{8}$.

提高题

1. 设 A,B 为随机事件，证明：$P(A) = P(B)$ 的充分必要条件为 $P(A\bar{B}) = P(B\bar{A})$.

2. 设 A,B 为互不相容的随机事件，求 $P(\bar{A} \cup \bar{B})$.

3. 设袋中有红球、白球、黑球各 1 个，从中有放回地取球，每次取 1 个，直到 3 种颜色的球都取到时停止，求取球次数恰好为 4 的概率.

4. 向区间 $[0, 1]$ 上任投两点，求两点之间的距离小于 0.5 的概率.

5. 设 A,B 是两事件，且 $P(A)=0.6$，$P(B)=0.7$. 试回答下列问题.

（1）在什么条件下 $P(AB)$ 取到最大值？最大值是多少？

（2）在什么条件下 $P(AB)$ 取到最小值？最小值是多少？

■ 1.3 条件概率

　　万事万物是相互联系、相互依存的，随机事件也不例外. 只有用普遍联系的、全面系统的、发展变化的观点观察事物，才能把握事物发展规律. 在同一个试验中的不同事件之间，通常会存在一定程度的相互影响. 例如，在天气状况恶劣的情况下交通事故发生的可能性明显比天气状况优良情况下要大得多. 一般地，我们把在一个事件 A 已发生的前提条件下事件 B 发生的概率，称为事件 B 的条件概率，记为 $P(B \mid A)$.

　　那么，条件概率和无条件概率有什么关系吗？条件概率又该如何计算呢？我们先来看这样一个例子.

　　例 1.11 在 100 件产品中有 72 件为一等品，从中取两件产品，用 A 表示"第一件为一等品"，用 B 表示"第二件为一等品". 在放回抽样和不放回抽样的情况下分别计算 $P(B)$ 和 $P(B \mid A)$.

　　解 由例 1.3 可知，无论是放回抽样还是不放回抽样，都有 $P(B) = \frac{72}{100}$.

　　（1）在放回抽样情况下，第一次取到一等品后放回，因此仍有 100 件产品，且 72 件为一等品，从而 $P(B \mid A) = \frac{72}{100}$.

　　（2）在不放回抽样情况下，由于第一次取到一等品，因此剩下 99 件产品，其中 71 件为一等品，从而 $P(B \mid A) = \frac{71}{99}$.

　　从计算结果可以看出，在放回抽样情况下，第一次抽取结果对第二次没有任何影响，即

$P(B|A) = P(B)$，这种情况就是我们将在 1.4 节介绍的事件的独立性；而在不放回抽样情况下，第一次抽取结果对第二次有影响，因而 $P(B|A) \neq P(B)$，这就涉及条件概率的概念.

1.3.1 条件概率与乘法公式

1. 条件概率

通过例 1.11 可以看出，条件概率可以通过缩减样本空间的方式来求解. 进一步，对于不放回抽样，由于

$$P(A) = \frac{A_{72}^1}{A_{100}^1} = \frac{72}{100}, \quad P(AB) = \frac{A_{72}^1 A_{71}^1}{A_{100}^2} = \frac{72 \times 71}{100 \times 99},$$

因此

$$P(B|A) = \frac{71}{99} = \frac{\dfrac{72 \times 71}{100 \times 99}}{\dfrac{72}{100}} = \frac{P(AB)}{P(A)}.$$

事实上，容易验证，对于等可能概型，只要 $P(A) > 0$，总有

$$P(B|A) = \frac{P(AB)}{P(A)}.$$

为此，我们给出条件概率的一般定义.

定义 1.6 设 A, B 是两个事件，且 $P(A) > 0$，称 $P(B|A) = \dfrac{P(AB)}{P(A)}$ 为事件 A 发生的条件下事件 B 发生的条件概率，简称条件概率.

同理可得 $P(A|B) = \dfrac{P(AB)}{P(B)}$ 为事件 B 发生的条件下事件 A 发生的条件概率.

微课：条件概率的定义

条件概率是概率的一种形式，因此，条件概率 $P(B|A)$ 具有概率的所有性质. 具体性质如下.

（1）非负性：对于每一事件 B，有 $P(B|A) \geqslant 0$.

（2）规范性：对于必然事件 S，有 $P(S|A) = 1$.

（3）可列可加性：设 $B_1, B_2, \cdots$ 是两两互不相容事件，则有 $P(\bigcup\limits_{i=1}^{+\infty} B_i | A) = \sum\limits_{i=1}^{+\infty} P(B_i|A)$.

（4）$P[(B_1 - B_2)|A] = P(B_1|A) - P(B_1 B_2|A)$；

$\quad P[(B_1 \bigcup B_2)|A] = P(B_1|A) + P(B_2|A) - P(B_1 B_2|A)$；

$\quad P(\overline{B}|A) = 1 - P(B|A)$.

注 计算条件概率有以下两种方法：

（1）对于古典概型，首先根据事件 A 对样本空间进行缩减，然后在缩减的样本空间中求事件 B 的概率；

（2）对于一般的问题，首先在样本空间 S 中求出 $P(AB)$ 和 $P(A)$，然后根据定义 1.6 计算 $P(B|A)$.

例 1.12 有某品牌的手机 100 部，其中 98 部续航时间合格，95 部待机时间合格，92 部

续航时间和待机时间都合格，从中任取一部手机，求：

（1）该手机续航时间和待机时间都合格的概率；

（2）已知该手机续航时间合格，求其待机时间也合格的概率.

解 设 A 表示"续航时间合格"，B 表示"待机时间合格".

（1）续航时间和待机时间都合格可以表示为 AB，100 部手机中 92 部续航时间和待机时间都合格，利用古典概率有 $P(AB) = \dfrac{92}{100}$.

（2）由题意，所求为在续航时间合格的条件下待机时间合格的概率，由于 100 部手机中有 98 部续航时间合格，其中 92 部待机时间也合格，通过缩减样本空间，有 $P(B \mid A) = \dfrac{92}{98}$.

例 1.13 设某超市收银台支持多种付款方式，已知顾客使用移动支付的概率为 0.8，其中使用支付宝支付的概率为 0.4. 现随机抽取一位顾客，已知他使用了移动支付，则他使用支付宝支付的概率是多少？

解 设 A 表示"使用移动支付"，B 表示"使用支付宝支付"，由于 $B \subset A$，因此

$$P(AB) = P(B) = 0.4.$$

由条件概率的定义可得

$$P(B \mid A) = \frac{P(AB)}{P(A)} = \frac{0.4}{0.8} = 0.5.$$

例 1.14 某杂志包含 3 个栏目："艺术"（记为 A）、"图书"（记为 B）、"电影"（记为 C）. 调查读者的阅读习惯，有如下结果：$P(A) = 0.14$，$P(B) = 0.23$，$P(C) = 0.37$，$P(AB) = 0.08$，$P(AC) = 0.09$，$P(BC) = 0.13$，$P(ABC) = 0.05$.

试求：$P[A \mid (B \cup C)]$，$P[(A \cup B) \mid C]$.

解 $P[A \mid (B \cup C)] = \dfrac{P[A(B \cup C)]}{P(B \cup C)} = \dfrac{P(AB \cup AC)}{P(B \cup C)} = \dfrac{P(AB) + P(AC) - P(ABC)}{P(B) + P(C) - P(BC)}$

$$= \frac{0.08 + 0.09 - 0.05}{0.23 + 0.37 - 0.13} \approx 0.255.$$

$$P[(A \cup B) \mid C] = \frac{P[(A \cup B)C]}{P(C)} = \frac{P(AC) + P(BC) - P(ABC)}{P(C)} = \frac{0.09 + 0.13 - 0.05}{0.37} \approx 0.459.$$

2. 乘法公式

在 1.2 节中，我们介绍了"和事件""差事件""对立事件"的概率运算性质，由条件概率的定义，很容易得到"积事件"的概率运算性质，称之为乘法公式：

$$P(AB) = P(B \mid A)P(A) \quad [P(A) > 0],$$

或

$$P(AB) = P(A \mid B)P(B) \quad [P(B) > 0].$$

例 1.15 对某银行的客户数据进行分析，结果表明：8% 的客户办理了该银行的信用卡，在这些信用卡客户中，39% 办理了维萨信用卡，30% 办理了万事达信用卡. 假设在该银行所有

客户中随机抽取一人，问：该客户拥有维萨信用卡的概率是多少？该客户拥有万事达信用卡的概率是多少？

解 设A表示"有信用卡"，B表示"有维萨信用卡"，C表示"有万事达信用卡"，由题意，有
$$P(A) = 0.08, P(B\,|\,A) = 0.39, P(C\,|\,A) = 0.3.$$
由乘法公式，该客户拥有维萨信用卡的概率为
$$P(AB) = P(A)P(B\,|\,A) = 0.08\times0.39 = 0.0312,$$
该客户拥有万事达信用卡的概率为
$$P(AC) = P(A)P(C\,|\,A) = 0.08\times0.3 = 0.024.$$

推广 设$A_1, A_2, \cdots, A_n$为$n(n\geqslant 2)$个事件，且$P(A_1 A_2 \cdots A_{n-1}) > 0$，则有
$$P(A_1 A_2 \cdots A_n) = P(A_n\,|\,A_1 A_2 \cdots A_{n-1})P(A_{n-1}\,|\,A_1 A_2 \cdots A_{n-2})\cdots P(A_2\,|\,A_1)P(A_1).$$

例1.16（传染病模型） 设袋中装有r个红球，t个白球，每次自袋中任取一个球，观察其颜色然后放回，并再放入a个与所取出的那个球同色的球. 若在袋中连续取球3次，试求前两次取到红球且第三次取到白球的概率.

解 以$A_i(i=1,2,3)$表示事件"第i次取到红球"，则$\overline{A_i}$表示事件"第i次取到白球"，所求概率为

$$P(A_1 A_2 \overline{A_3}) = P(\overline{A_3}\,|\,A_1 A_2)P(A_2\,|\,A_1)P(A_1) = \frac{t}{r+t+2a}\cdot\frac{r+a}{r+t+a}\cdot\frac{r}{r+t}.$$

注 此模型被波利亚用来作为描述传染病的数学模型. 当$a>0$时，由于每次取出球后会增加下一次也取到同色球的概率，因此每次发现一个传染病患者，都会增加再传染的概率.

1.3.2 全概率公式与贝叶斯公式

全概率公式和贝叶斯公式是概率论中的重要公式，在介绍这两个公式之前，我们先介绍样本空间的划分.

定义1.7 设S为试验E的样本空间，$B_1, B_2, \cdots, B_n$为E的一组事件，若
（1）$B_i B_j = \varnothing$，$i \neq j$，$i,j = 1,2,\cdots,n$;
（2）$B_1 \bigcup B_2 \bigcup \cdots \bigcup B_n = S$,
则称$B_1, B_2, \cdots, B_n$为样本空间S的一个划分（或完备事件组）.

1. 全概率公式

首先来看这样一个例子.

例1.17 某企业有3个车间生产同一型号的产品，其中甲车间的产量占20%，乙车间的产量占70%，丙车间的产量占10%，根据以往的统计，3个车间的次品率分别为2%,1%,3%，问：从该企业的产品中任取一件，这件产品是次品的概率是多少？

对于这个问题，大家都有一个直观的认识，容易求出这一概率为
$$P = 0.2\times0.02 + 0.7\times0.01 + 0.1\times0.03 = 0.014.$$

若用A表示"产品为次品"，B_1, B_2, B_3分别表示"产品来自甲、乙、丙车间"，则上式可以表示为

$$P(A) = P(AB_1) + P(AB_2) + P(AB_3) = P(A|B_1)P(B_1) + P(A|B_2)P(B_2) + P(A|B_3)P(B_3).$$

其中，B_1, B_2, B_3 正是样本空间的一个划分。该式也正是概率论中一个重要的公式——全概率公式。

定理 1.1（全概率公式） 设试验 E 的样本空间为 S，A 为 E 的事件，$B_1, B_2, \cdots, B_n$ 为样本空间 S 的一个划分，且 $P(B_i) > 0 (i = 1, 2, \cdots, n)$，则

微课：全概率公式

$$P(A) = P(A|B_1)P(B_1) + P(A|B_2)P(B_2) + \cdots + P(A|B_n)P(B_n).$$

证明 由于 $B_1, B_2, \cdots, B_n$ 为样本空间 S 的一个划分，因此 $A = AS = A \bigcap (\bigcup_{i=1}^{n} B_i) = \bigcup_{i=1}^{n} AB_i$，且 AB_i 和 AB_j 互不相容，$i \neq j$。所以

$$P(A) = P(\bigcup_{i=1}^{n} AB_i) = \sum_{i=1}^{n} P(AB_i) = \sum_{i=1}^{n} P(B_i)P(A|B_i).$$

全概率公式的主要用处在于，它可以将一个复杂事件的概率计算问题，分解为若干个简单事件的概率计算问题，最后应用概率的可加性求出最终结果。

例 1.18 设某人有 3 个不同的电子邮件账户，有 70% 的邮件进入账户 1，另有 20% 的邮件进入账户 2，其余 10% 的邮件进入账户 3。根据以往经验，3 个账户垃圾邮件的比例分别为 1%、2%、5%，求某天随机收到的一封邮件为垃圾邮件的概率。

解 设 A 表示"邮件为垃圾邮件"，B_1, B_2, B_3 分别表示"邮件来自账户 1、账户 2、账户 3"，则任一封邮件为垃圾邮件的概率为

$$P(A) = P(A|B_1)P(B_1) + P(A|B_2)P(B_2) + P(A|B_3)P(B_3)$$
$$= 0.7 \times 0.01 + 0.2 \times 0.02 + 0.1 \times 0.05 = 0.016.$$

2. 贝叶斯公式

我们再来看例 1.17，假设随机抽检了一件产品，发现是次品，问：该产品来自哪个车间的概率最大？

分析可知，这是一个条件概率，即要求 $P(B_1|A), P(B_2|A), P(B_3|A)$，我们以 $P(B_1|A)$ 为例进行求解。

$$P(B_1|A) = \frac{P(AB_1)}{P(A)}, \qquad (1.1)$$

其中 $P(AB_1) = P(A|B_1)P(B_1)$。由全概率公式有

$$P(A) = P(A|B_1)P(B_1) + P(A|B_2)P(B_2) + P(A|B_3)P(B_3),$$

代入式（1.1）得

$$P(B_1|A) = \frac{P(A|B_1)P(B_1)}{P(A|B_1)P(B_1) + P(A|B_2)P(B_2) + P(A|B_3)P(B_3)} = \frac{4}{14}.$$

同理可以求出 $P(B_2|A) = \frac{7}{14}, P(B_3|A) = \frac{3}{14}$。

故该产品来自乙车间的概率最大。

定理 1.2（贝叶斯公式） 设试验 E 的样本空间为 S，A 为 E 的事件，$B_1, B_2, \cdots, B_n$ 为样本空间 S 的一个划分，且 $P(A) > 0$，$P(B_i) > 0 (i = 1, 2, \cdots, n)$，则

$$P(B_i \mid A) = \frac{P(A \mid B_i)P(B_i)}{\sum\limits_{j=1}^{n} P(A \mid B_j)P(B_j)}, i = 1, 2, \cdots, n.$$

例 1.19 根据对某地快递行业的调研，该地区 95% 的快递公司可提供可靠的快递服务，当商家选择这些优质快递公司时，其货物按时送达的概率为 98%，而当商家选择其他快递公司时，其货物按时送达的概率为 55%. 假设有一批货物，已知其按时送达，求商家选择的是优质快递公司的概率.

解 设 A_1 表示"优质快递公司"，A_2 表示"其他快递公司"，B 表示"货物按时送达"，显然 $A_1 \cup A_2 = S$，$A_1 A_2 = \varnothing$. 由题意，有

$$P(A_1) = 0.95, P(A_2) = 0.05, P(B \mid A_1) = 0.98, P(B \mid A_2) = 0.55.$$

由贝叶斯公式，有

$$
\begin{aligned}
P(A_1 \mid B) &= \frac{P(A_1)P(B \mid A_1)}{P(A_1)P(B \mid A_1) + P(A_2)P(B \mid A_2)} \\
&= \frac{0.95 \times 0.98}{0.95 \times 0.98 + 0.05 \times 0.55} \approx 0.97.
\end{aligned}
$$

故商家选择的是优质快递公司的概率约为 97%.

例 1.20 已知某地区加油站的客户中，40% 使用 89 号汽油，35% 使用 92 号汽油，25% 使用 95 号汽油. 加油时，使用 89 号汽油的客户中，30% 要加满油箱，使用 92 号汽油的客户中，60% 要加满油箱，而使用 95 号汽油的客户中，50% 要加满油箱. 随机选择一位客户，

（1）求该客户加满油箱的概率.

（2）如果该客户加满了油箱，求他使用的是 89 号汽油的概率.

解 设 A 表示"加满油箱"，B_1, B_2, B_3 分别表示"客户使用的是 89 号汽油""客户使用的是 92 号汽油""客户使用的是 95 号汽油".

（1）由全概率公式，该客户加满油箱的概率为

$$P(A) = P(B_1)P(A \mid B_1) + P(B_2)P(A \mid B_2) + P(B_3)P(A \mid B_3) = 0.455.$$

（2）由贝叶斯公式，如果该客户加满了油箱，则他使用的是 89 号汽油的概率为

$$P(B_1 \mid A) = \frac{P(B_1)P(A \mid B_1)}{P(A)} \approx 0.264.$$

全概率公式和贝叶斯公式是概率论中的两个重要公式，它们具有广泛的应用. 若把事件 B_i 理解为"原因"，而把 A 理解为"结果"，则 $P(A \mid B_i)$ 是原因 B_i 引起结果 A 出现的可能性大小，$P(B_i)$ 是各种原因出现的可能性大小. 全概率公式综合引起结果的各种原因，计算结果出现的可能性大小，体现了"化整为零"的思想；而贝叶斯公式则反映了当结果出现时，结果由原因 B_i 引起的可能性大小，故常用于可靠性问题，如可靠性寿命检验、可靠性维护、可靠性设计等.

同步习题 1.3

基础题

1. 设 A,B 为两个随机事件，且 $P(B)>0,P(A|B)=1$，证明：$P(A\bigcup B)=P(A)$.

2. 盒中有 10 个球，其中有 8 个为白球，另外 2 个为红球. 现从中任取两次，每次取一个，取后不放回. 试求：（1）第一次取到红球的概率；（2）已知第一次取到的是红球，第二次也取到红球的概率；（3）前两次都取到红球的概率.

3. 设 A,B 为两事件，已知 $P(A)=\dfrac{1}{3},P(A|B)=\dfrac{2}{3},P(B|\overline{A})=\dfrac{1}{10}$，求 $P(B)$.

4. 设 A,B,C 为随机事件，且 A,C 互不相容，$P(AB)=\dfrac{1}{2},P(C)=\dfrac{1}{3}$，求 $P(AB|\overline{C})$.

5. 某人忘记了密码锁密码的最后一位数字，因而随机地尝试，问：他尝试不超过 3 次而打开密码锁的概率是多少？如果已知最后一位数字是奇数，那么此概率是多少？

6. 某种呼吸道感染临床表现为发热、干咳，已知人群中既发热又干咳的病人患此种呼吸道感染的概率为 5%；仅发热的病人患此种呼吸道感染的概率为 3%；仅干咳的病人患此种呼吸道感染的概率为 1%；无发热和干咳症状而被确诊为此种呼吸道感染患者的概率为 0.01%. 现对某地区 25 000 人进行检查，其中既发热又干咳的病人为 250 人，仅发热的病人为 500 人，仅干咳的病人为 1 000 人. 试求：

（1）该地区中某人患此种呼吸道感染的概率；

（2）被确诊为此种呼吸道感染的患者仅有发热症状的概率.

提高题

1. 设 A,B 为两个随机事件，且 $0<P(A)<1,\ 0<P(B)<1$，如果 $P(A|B)=1$，求 $P(\overline{B}|\overline{A})$.

2. 某种灭活疫苗通常需要接种两针，已知接种第一针后产生抗体的概率为 0.7，若接种第一针后未产生抗体，则接种第二针后产生抗体的概率为 0.6. 试求接种两针后产生抗体的概率.

微课：第1题

3. 据一份资料显示，在某国家人们患肺癌的概率为 0.1%，在人群中有 20% 是吸烟者，他们患肺癌的概率为 0.4%，问：

（1）不吸烟者患肺癌的概率是多少？

（2）如果某人查出患有肺癌，那么他是吸烟者的概率是多少？

4. 某人进行投篮测试，先后投 2 分球和 3 分球各一次. 已知他投中 2 分球的概率为 p；若第一次投中 2 分球，则第二次投中 3 分球的概率也为 p；若第一次未投中 2 分球，则第二次投中 3 分球的概率为 $\dfrac{p}{2}$.

（1）求他至少得 2 分的概率.

（2）若已知他第二次投中，求他第一次投中的概率.

1.4 事件的独立性

一般来说，$P(B|A) \neq P(B)$ $[P(A) > 0]$，这表明事件 A 的发生，影响了事件 B 发生的概率. 但是在有些情况下，$P(B|A) = P(B)$，如例 1.11 提到的放回抽样问题：用 A 表示"第一件为一等品"，B 表示"第二件为一等品"，由于抽取后放回，显然事件 A 的发生对 B 的发生不产生任何影响，或不提供任何信息，也即事件 A 与 B 是"无关"的. 在这种情况下乘法公式可以得到简化：

$$P(AB) = P(B|A)P(A) = P(A)P(B).$$

从概率上讲，这就是事件 A, B 相互独立.

1.4.1 两个事件的独立性

定义 1.8 设 A, B 是两事件，如果满足等式 $P(AB) = P(A)P(B)$，则称事件 A, B 相互独立，简称 A, B 独立.

微课：事件独立性的定义

注 事件 A 与事件 B 相互独立，是指事件 A 发生的概率与事件 B 发生的概率互不影响；反之，若事件 A 发生的概率与事件 B 发生的概率互不影响，则事件 A 与事件 B 相互独立.

性质 1.6 设 A, B 是两事件，且 $P(A) > 0$，A, B 相互独立，则 $P(B|A) = P(B)$.

证明 A, B 相互独立，则 $P(AB) = P(A)P(B)$，于是

$$P(B|A) = \frac{P(AB)}{P(A)} = \frac{P(A)P(B)}{P(A)} = P(B).$$

性质 1.7 若事件 A 与事件 B 相互独立，则 A 与 $\bar{B}$，$\bar{A}$ 与 B，$\bar{A}$ 与 $\bar{B}$ 也相互独立.

证明 仅证 A 与 $\bar{B}$ 独立.

$$\begin{aligned} P(A\bar{B}) &= P(A - B) = P(A) - P(AB) \\ &= P(A) - P(A)P(B) = P(A)[1 - P(B)] \\ &= P(A)P(\bar{B}). \end{aligned}$$

微课：事件独立和互不相容的区别

例 1.21 设 A, B 互不相容，若 $P(A) > 0, P(B) > 0$，问：A, B 是否相互独立？

解 假设 A, B 相互独立，则 $P(AB) = P(A)P(B) > 0$. 而 A, B 互不相容，所以 $P(AB) = 0$，矛盾. 因此，A, B 不相互独立.

例 1.22 某公司生产洗衣机和烘干机，已知该公司生产的洗衣机中有 30% 在保修期内需要保修服务，而烘干机中只有 10% 在保修期内需要保修服务. 如果有人同时购买了该公司生产的洗衣机和烘干机，问：在保修期内这两台机器都需要保修服务的可能性有多大？这两台机器都不需要保修服务的可能性有多大？

解 设 A 表示"洗衣机在保修期内需要保修服务"，B 表示"烘干机在保修期内需要保修服务"，则 $P(A) = 0.3, P(B) = 0.1$.

通常，这两台机器相互独立工作，即 A 和 B 是相互独立的，且 $\overline{A}$ 与 $\overline{B}$ 也相互独立，则两台机器都需要保修服务的概率为

$$P(AB) = P(A)P(B) = 0.3 \times 0.1 = 0.03,$$

两台机器都不需要保修服务的概率为

$$P(\overline{A}\,\overline{B}) = P(\overline{A})P(\overline{B}) = 0.7 \times 0.9 = 0.63.$$

1.4.2 有限个事件的独立性

定义 1.9 设 $A_1, A_2, \cdots, A_n$ 是 $n(n \geqslant 2)$ 个事件，如果对于其中任意 $k(1 < k \leqslant n)$ 个事件，这 k 个事件的积事件的概率等于各事件概率之积，则称事件 $A_1, A_2, \cdots, A_n$ 相互独立.

特别地，设 A, B, C 是 3 个事件，如果 A, B, C 满足

$$P(AB) = P(A)P(B), \quad P(BC) = P(B)P(C),$$

$$P(AC) = P(A)P(C), \quad P(ABC) = P(A)P(B)P(C),$$

则称事件 A, B, C 相互独立.

注 （1）$n(n \geqslant 3)$ 个事件相互独立，则其中任意两个事件相互独立，即两两独立，反之不成立.

（2）若事件 $A_1, A_2, \cdots, A_n(n \geqslant 2)$ 相互独立，则其中任意 $k(2 \leqslant k \leqslant n)$ 个事件也相互独立.

微课：多个事件独立和两两独立的区别

（3）若 n 个事件 $A_1, A_2, \cdots, A_n(n \geqslant 2)$ 相互独立，则将 $A_1, A_2, \cdots, A_n$ 中任意多个事件换成它们各自的对立事件，所得的 n 个事件也相互独立.

例 1.23 甲、乙、丙 3 人独立破译一份密码，设甲的成功率为 0.4，乙的成功率为 0.3，丙的成功率为 0.2，求密码被破译的概率.

解 设 A_1 表示"甲破译成功"，A_2 表示"乙破译成功"，A_3 表示"丙破译成功"，则密码被破译可表示为 $B = A_1 \cup A_2 \cup A_3$，由事件的独立性和概率运算性质有

$$P(B) = P(A_1 \cup A_2 \cup A_3) = 1 - P(\overline{A_1 \cup A_2 \cup A_3}) = 1 - P(\overline{A_1}\,\overline{A_2}\,\overline{A_3})$$

$$= 1 - P(\overline{A_1})P(\overline{A_2})P(\overline{A_3}) = 1 - 0.6 \times 0.7 \times 0.8 = 0.664.$$

通过这个例子我们可以看出，"3 个臭皮匠顶个诸葛亮"的俗语是有一定科学依据的. 另外，对于多个独立事件和的概率求解，往往通过德·摩根律转化为其对立事件的积，这样可以极大地简化计算步骤，即有以下求解方法.

若事件 $A_1, A_2, \cdots, A_n$ 相互独立，则有

$$P(A_1 \cup A_2 \cup \cdots \cup A_n) = 1 - P(\overline{A_1 \cup A_2 \cup \cdots \cup A_n})$$

$$= 1 - P(\overline{A_1}\,\overline{A_2}\cdots\overline{A_n})$$

$$= 1 - P(\overline{A_1})P(\overline{A_2})\cdots P(\overline{A_n}).$$

例 1.24 设有 n 位投保人向保险公司购买了某种 1 年期人身意外保险，假定每位投保人在一年内发生意外的概率为 0.01. 问：n 为多少时，保险公司产生赔付的概率大于 0.5？

解 设 $A_i\,(i = 1, 2, \cdots, n)$ 表示事件"第 i 人发生意外"，D 表示事件"保险公司产生赔付"，则有 $D = A_1 \cup A_2 \cup \cdots \cup A_n$.

$$P(D) = P(A_1 \bigcup A_2 \bigcup \cdots \bigcup A_n) = 1 - P(\overline{A}_1)P(\overline{A}_2)\cdots P(\overline{A}_n) = 1 - 0.99^n.$$

令 $1 - 0.99^n > 0.5$，解得 $n > 684.16$.

故当投保人数超过 685 人时，保险公司产生赔付的概率大于 0.5.

同步习题1.4

基础题

1. 已知事件 A, B 相互独立，且 $P(A) > 0, P(B) > 0$，判断下列等式是否成立，并说明理由.

（1）$P(A \bigcup B) = P(A) + P(B)$.　　（2）$P(A \bigcup B) = P(A)$.

（3）$P(A \bigcup B) = 1$.　　（4）$P(A \bigcup B) = 1 - P(\overline{A})P(\overline{B})$.

2. 设 A, B 为两事件，已知 $P(B) = \dfrac{1}{2}, P(A \bigcup B) = \dfrac{2}{3}$，若事件 A, B 相互独立，求 $P(A)$.

3. 设甲、乙、丙 3 人同时独立地向同一目标各射击一次，命中率分别为 $\dfrac{1}{3}, \dfrac{1}{2}, \dfrac{2}{3}$，求目标被命中的概率.

4. 有两种花籽，发芽率分别为 $0.8, 0.9$，从中各取一颗，设各花籽是否发芽相互独立. 求：

（1）这两颗花籽都能发芽的概率；　　（2）至少有一颗能发芽的概率；

（3）恰有一颗能发芽的概率.

5. 若每次试验成功率为 $p(0 < p < 1)$，试计算在 3 次重复试验中至少失败 1 次的概率.

提高题

1. 设随机事件 A 与 B 相互独立，A 与 C 相互独立，$BC = \varnothing$，若 $P(A) = P(B) = \dfrac{1}{2}$，$P[AC \,|\, (AB \bigcup C)] = \dfrac{1}{4}$，求 $P(C)$.

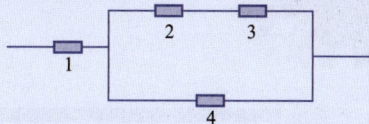

微课：第1题

2. 设随机事件 A 与 B 相互独立，且 $P(B) = 0.5, P(A - B) = 0.3$，求 $P(B - A)$.

3. 某人向同一目标重复射击，每次射击命中目标的概率为 $p(0<p<1)$，求此人第 4 次射击恰好第 2 次命中目标的概率.

4. 设有 4 个独立工作的元件 1, 2, 3, 4，它们的可靠性分别为 p_1, p_2, p_3, p_4，将它们按图 1.3 所示的方式连接，求系统的可靠性.

图 1.3

第1章思维导图

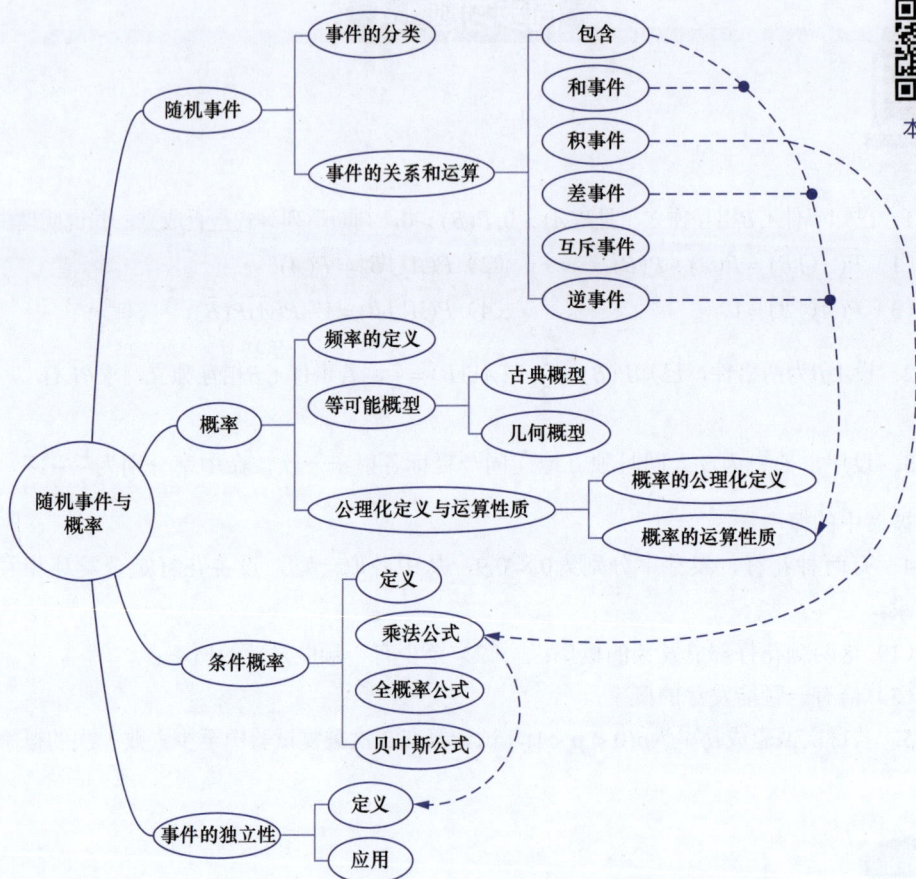

本章小结

第 1 章总复习题

1. 选择题： (1)~(5) 小题，每小题 4 分，共 20 分. 下列每小题给出的 4 个选项中，只有一个是符合题目要求的.

(1) 设 A, B, C 是 3 个事件，则 A 发生且 B 与 C 都不发生可表示为（　　）.

A. $\overline{A}BC$　　　　B. $A\overline{B}\,\overline{C}$　　　　C. $A(\overline{B}\cup\overline{C})$　　　　D. $S-BC$

(2) 对于事件 A, B，下列命题正确的是（　　）.

A. 若 A, B 互不相容，则 $\overline{A}, \overline{B}$ 也互不相容

B. 若 A, B 相容，则 $\overline{A}, \overline{B}$ 也相容

C. 若 A, B 互不相容，且概率都大于零，则 $\overline{A}, \overline{B}$ 相互独立

D. 若 A, B 相互独立，则 $\overline{A}, \overline{B}$ 也相互独立

(3) 在区间 $(0, 1)$ 中随机取两数，则事件"两数之和大于 $\dfrac{2}{3}$"的概率是（　　）.

A. $\dfrac{1}{3}$　　　　B. $\dfrac{7}{9}$　　　　C. $\dfrac{2}{3}$　　　　D. $\dfrac{2}{9}$

(4)（2015304）A, B 为任意两个事件，则下列叙述正确的是（　　）.

A. $P(AB) \leqslant P(A)P(B)$　　　　　　　　B. $P(AB) \geqslant P(A)P(B)$

C. $P(AB) \leqslant \dfrac{P(A)+P(B)}{2}$　　　　　D. $P(AB) \geqslant \dfrac{P(A)+P(B)}{2}$

(5)（2017304）设 A, B, C 为 3 个随机事件，且 A 与 C 相互独立，B 与 C 相互独立，则 $A\cup B$ 与 C 相互独立的充要条件是（　　）.

A. A 与 B 相互独立　　　　　　　　　　B. A 与 B 互不相容

C. AB 与 C 相互独立　　　　　　　　　D. AB 与 C 互不相容

2. 填空题： (6) ~ (10) 小题，每小题 4 分，共 20 分.

(6) 若 $P(A)=\dfrac{1}{4}, P(B\,|\,A)=\dfrac{1}{3}, P(A\,|\,B)=\dfrac{1}{2}$，则 $P(A\cup B)=$ _____.

(7) 已知 $P(A)=0.4, P(B)=0.3, P(A\,|\,B)=0.5$，则 $P(A-B)=$ _____.

(8) 一批产品共 100 件，次品率为 10%，每次从中任取一件，取后不放回且连取 3 次，则在第三次才取到合格品的概率为 _____.

(9) 已知 10 把钥匙中有 3 把能打开门，现任取两把，则能打开门的概率为 _____.

(10) 已知甲、乙两人的命中率分别为 0.3 和 0.4，两人同时射击，则目标被命中的概率为 _____.

3. 解答题： (11) ~ (14) 小题，每小题 15 分，共 60 分.

(11) 将 15 名新生随机地平均分配到 3 个班级中去，这 15 名新生中有 3 名是优秀生. 求：

① 每个班级各分配到一名优秀生的概率；

② 3 名优秀生分配在同一班级的概率.

（12）设 A, B, C 是 3 个事件，且 $P(A) = P(B) = P(C) = \dfrac{1}{4}, P(AB) = P(BC) = 0$ ， $P(AC) = \dfrac{1}{8}$. 求 A, B, C 至少有一个发生的概率．

（13）用 3 台机床加工同样的零件，零件由各机床加工的概率分别为 $0.5, 0.3, 0.2$ ，各机床加工的零件为合格品的概率分别为 $0.94, 0.9, 0.95$ ，求：

① 任取一个零件，其为合格品的概率；

② 任取一个零件，若是次品，其为第二台机床加工的概率．

（14）某投资公司投资了两个项目，一个在亚洲，另一个在欧洲．设 A 表示"亚洲项目成功"， B 表示"欧洲项目成功"， A 和 B 相互独立，且 $P(A) = 0.4, P(B) = 0.7$ ．问：

① 如果亚洲项目不成功，那么欧洲项目不成功的概率有多大？

② 这两个项目中至少有一个成功的概率有多大？

③ 若这两个项目中至少有一个成功了，那么只有亚洲项目成功的概率有多大？

02

第 2 章
随机变量及其分布

第 1 章介绍了随机事件的概念及其概率的计算方法，主要运用了语言描述的方法来表示随机事件，这种方法比较烦琐，不够准确，并且只考虑了个别或部分随机事件的概率，具有一定的局限性，没有摆脱初等数学的范畴. 有些随机试验的结果是某一个范围内的数值，例如，某型号显像管的寿命、某地区的气温、某企业新进员工的身高与体重、进行气象观测时的测量误差等. 对于这些例子无法用第 1 章的知识求解其概率，那么用什么方法来研究这类随机试验呢？

我们发现，随机事件与实数之间存在某种客观联系，为了弥补初等数学的缺陷，从整体上把握随机现象的统计规律，必须将随机试验的结果数量化，为此要引入随机变量. 通过随机变量这个桥梁，可以把随机试验的结果与实数对应起来，建立一种映射关系，这样就能够使用高等数学的方法来研究随机试验，从而更充分地认识随机现象的统计规律.

本章将先介绍随机变量和分布函数的概念，然后介绍离散型随机变量和连续型随机变量，最后介绍随机变量函数的分布.

2.1 随机变量与分布函数

2.1.1 随机变量

在随机现象中，很多随机试验的结果本身就是用数量来表示的，例如：

（1）在一批电子元件中任意抽取一个，测试它的寿命 X；

（2）某一时间段内，公交车站内候车的乘客人数 Y；

（3）放射性物质在 7.5s 的时间间隔内到达指定区域的质子数 Z；

（4）某地区的年平均降雨量 T.

在随机现象中，还有很多随机试验的结果不是用数量表示的，例如，检验一件产品的质量，可能"合格"，也可能"不合格"，这时可以建立试验结果与数量之间的对应关系，我们约定：

若检验结果为"合格"，则令 $X=1$；

若检验结果为"不合格"，则令 $X=0$.

综合以上的分析，不论随机试验出现什么样的结果，都可以找到一个实数与之对应，这个实数随着试验结果的不同而变化，它可以视为样本点的函数，我们称这个函数为随机变量，其定义如下.

定义 2.1 设 E 是随机试验，样本空间为 S，如果对随机试验的每一个结果 ω，都有一个实数 $X(\omega)$ 与之对应，那么把这个定义在 S 上的单值实值函数 $X = X(\omega)$ 称为随机变量. 随机变量一般用大写字母 $X, Y, Z, \cdots$ 表示.

随机变量和普通变量的本质区别在于随机变量具有随机性，即在试验之前不能确定 X 会出现哪个值.

随机变量的取值由随机试验的结果来确定，而且每个试验结果（即随机事件）的出现都有一定的概率，因而随机变量的取值有相应的概率，通过研究概率就可以知道随机变量的统计规律.

引入随机变量后就可以利用随机变量表示事件. 例如，在电子元件寿命的试验中，$\{X>2\,000\}$ 表示"元件的寿命大于 2 000h"；在公交车站候车人数的试验中，$\{Y=8\}$ 表示"候车人数为 8 人"；在放射性物质的试验中，$\{Z=4\}$ 表示"在 7.5s 的时间间隔内到达指定区域的质子数是 4"；在年平均降雨量的试验中，$\{T=685\}$ 表示"某地区的年平均降雨量为 685mm". 用随机变量描述事件，不仅可以研究个别事件或部分事件，还可以把各个事件联系起来，从整体上研究随机试验.

在后续的内容中，我们会介绍随机变量的两种常见类型：离散型随机变量和连续型随机变量.

2.1.2 分布函数

概率统计的任务是研究随机现象的统计规律，即随机变量的统计规律，那么该如何描述这个规律呢？

为了研究随机变量 X 的统计规律，我们先来讨论关于 X 的各种事件，主要包括以下 3 种情况：

（1）$\{X \leqslant a\}$；

（2）$\{b < X \leqslant c\} = \{X \leqslant c\} - \{X \leqslant b\}$；

（3）$\{X > d\} = S - \{X \leqslant d\}$.

我们发现以上 3 种事件都可以用 $\{X \leqslant x\}$ 表示，其中 x 为任意实数. 因此，为了掌握随机变量 X 的统计规律，只需要知道概率 $P\{X \leqslant x\}$ 就可以了.

对于 $P\{X \leqslant x\}$，对实数域上任意的 x，都有唯一的概率值与之对应，这个概率值与 x 有关且具有累积特性，记为 $F(x) = P\{X \leqslant x\}$，$F(x)$ 体现了实数 x 与概率值之间的对应关系. 下面引入随机变量分布函数的概念.

定义 2.2 设 X 是一个随机变量，x 是任意实数，称函数

$$F(x) = P\{X \leqslant x\} \qquad (-\infty < x < +\infty)$$

为随机变量 X 的分布函数.

微课：分布函数

显然，$F(x)$ 是一个定义在实数域 **R** 上且取值于 [0,1] 的函数.

几何意义：在数轴上，将 X 看成随机点的坐标，则分布函数 $F(x)$ 表示随机点 X 落在阴影部

分（即 $X \leqslant x$）内的概率，如图 2.1 所示.

根据定义 2.2，对任意的实数 $a,b,c(a<b)$，都有

$$P\{a < X \leqslant b\} = P\{X \leqslant b\} - P\{X \leqslant a\} = F(b) - F(a),$$

$$P\{X > c\} = 1 - P\{X \leqslant c\} = 1 - F(c).$$

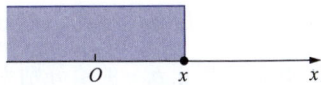

图 **2.1**

因此，有了分布函数 $F(x)$，就可以表示随机变量 X 落在区间 $(a,b]$ 和 $(c,+\infty)$ 内的概率. 那么，随机变量 X 落在开区间 (a,b) 或闭区间 $[a,b]$ 内的概率应该如何表示呢？通过后面两节的学习，我们就能解决这个问题.

根据概率的性质及分布函数的几何意义，能够得到分布函数 $F(x)$ 的以下性质.

（1）单调性：分布函数是单调不减的，即若 $x_1 < x_2$，则 $F(x_1) \leqslant F(x_2)$.

（2）有界性：$0 \leqslant F(x) \leqslant 1$，且 $F(-\infty) = \lim\limits_{x \to -\infty} F(x) = 0$，$F(+\infty) = \lim\limits_{x \to +\infty} F(x) = 1$.

（3）右连续性：$F(x+0) = F(x)$.

分布函数一定具有这 3 个基本性质. 反过来，任意一个满足这 3 个基本性质的函数，一定可以作为某个随机变量的分布函数. 因此，这 3 个基本性质成为判别一个函数能否成为分布函数的充要条件.

例 2.1 通过某公交站牌的汽车每 10min 一辆，随机变量 X 为乘客的候车时间，其分布函数为

$$F(x) = \begin{cases} 0, & x < 0, \\ \dfrac{x}{10}, & 0 \leqslant x < 10, \\ 1, & x \geqslant 10, \end{cases}$$

求：（1）$P\{X \leqslant 3\}$；（2）$P\{1 < X \leqslant 9\}$；（3）$P\{X > 5\}$.

解 （1）$P\{X \leqslant 3\} = F(3) = \dfrac{3}{10}$.

（2）$P\{1 < X \leqslant 9\} = F(9) - F(1) = \dfrac{4}{5}$.

（3）$P\{X > 5\} = 1 - F(5) = 1 - \dfrac{1}{2} = \dfrac{1}{2}$.

例 2.2 设随机变量 X 的分布函数为

$$F(x) = \begin{cases} a + \dfrac{b}{(1+x)^2}, & x > 0, \\ c, & x \leqslant 0, \end{cases}$$

求常数 a, b, c 的值.

解 根据分布函数 $F(x)$ 的 3 个基本性质，可得

$$0 = F(-\infty) = \lim\limits_{x \to -\infty} F(x) = c, \text{ 即 } c = 0;$$

$$1 = F(+\infty) = \lim\limits_{x \to +\infty} F(x) = \lim\limits_{x \to +\infty} \left[a + \dfrac{b}{(1+x)^2} \right] = a, \text{ 即 } a = 1.$$

又因为 $F(x)$ 是右连续的，有 $\lim\limits_{x \to 0^+} F(x) = a + b = c$，所以 $b = -1$.

因此，常数 a, b, c 的值分别为 $1, -1, 0$.

同步习题 2.1

基础题

1. 设随机变量 X 的分布函数为

$$F(x) = \begin{cases} a + be^{-\lambda x}, & x > 0, \\ 0, & x \leqslant 0, \end{cases}$$

其中 $\lambda > 0$. 求常数 a, b 的值.

2. 以下 4 个函数中，哪个是随机变量的分布函数？

（1）$F_1(x) = \begin{cases} 0, & x < -2, \\ \dfrac{1}{2}, & -2 \leqslant x < 0, \\ 2, & x \geqslant 0. \end{cases}$　　（2）$F_2(x) = \begin{cases} 0, & x < 0, \\ \sin x, & 0 \leqslant x < \pi, \\ 1, & x \geqslant \pi. \end{cases}$

（3）$F_3(x) = \begin{cases} 0, & x < 0, \\ \sin x, & 0 \leqslant x < \dfrac{\pi}{2}, \\ 1, & x \geqslant \dfrac{\pi}{2}. \end{cases}$　　（4）$F_4(x) = \begin{cases} 0, & x \leqslant 0, \\ x + \dfrac{1}{3}, & 0 < x < \dfrac{1}{2}, \\ 1, & x \geqslant \dfrac{1}{2}. \end{cases}$

3. 设随机变量 X 的分布函数为 $F(x) = a + b\arctan x$，求常数 a 与 b 的值.

4. 设随机变量 X 的分布函数为

$$F(x) = \begin{cases} 0, & x < 0, \\ \dfrac{x}{3}, & 0 \leqslant x < 1, \\ \dfrac{x}{2}, & 1 \leqslant x < 2, \\ 1, & x \geqslant 2. \end{cases}$$

求：（1）$P\left\{X \leqslant \dfrac{1}{2}\right\}$；（2）$P\left\{\dfrac{1}{2} < X \leqslant \dfrac{3}{2}\right\}$；（3）$P\left\{X > \dfrac{3}{2}\right\}$.

提高题

1. 设随机变量 X 的分布函数为 $F(x)$，引入函数 $F_1(x) = F(ax)$，$F_2(x) = F^2(x)$，$F_3(x) = 1 - F(-x)$，$F_4(x) = F(x + a)$，其中 a 为常数，则 $F_1(x), F_2(x), F_3(x), F_4(x)$ 这 4 个函数中哪些是分布函数？

2. 在 $\triangle ABC$ 中任取一点 P，点 P 到 AB 边的距离为 X，求 X 的分布函数.

2.2 离散型随机变量

生活中有很多随机变量的例子，如对 N 件产品进行检验时不合格产品的件数、某城市 3 月 1 日至 6 月 1 日期间所查的酒驾人数、首都机场候机室中某一天的旅客数量等．它们有一个共同点，即随机变量的取值为有限个或可列个，这样的随机变量称为离散型随机变量．

2.2.1 离散型随机变量及其概率分布

定义 2.3 若随机变量 X 所有可能的取值为有限个或者可列个，则称这样的随机变量为离散型随机变量．

根据定义，我们可以分辨出下列随机变量中哪些是离散型的，哪些不是离散型的：

（1）某电视台闯关节目中的过关人数；

（2）在银行办理某业务的排队时间；

（3）某人每天使用移动支付的次数；

（4）长江某水位监测站所测水位在 $(0,29]$ 的范围内变化，该监测站在一年内所测的水位数据．

对于（1）和（3），随机变量的取值均为有限个值，它们是离散型随机变量；对于（2）和（4），随机变量的取值不是有限个或者可列个值，而是某个范围，故它们不是离散型随机变量，这种类型的随机变量将在下一节中介绍．

如何描述离散型随机变量的统计规律呢？一般来说，如果知道了离散型随机变量的取值及相应的概率，也就把握了随机变量的统计规律．

定义 2.4 设 X 为离散型随机变量，X 所有可能的取值为 $x_i, i=1,2,3,\cdots$，称

$$P\{X=x_i\}=p_i, i=1,2,3,\cdots$$

为随机变量 X 的概率分布，也称为分布律或分布列．

微课：概率分布

概率分布也可以用以下形式表示．

X	x_1	x_2	$\cdots$	x_i	$\cdots$
P	p_1	p_2	$\cdots$	p_i	$\cdots$

或者记为以下形式．

$$\begin{pmatrix} x_1 & x_2 & \cdots & x_i & \cdots \\ p_1 & p_2 & \cdots & p_i & \cdots \end{pmatrix}$$

由概率的性质可知，任意一个离散型随机变量的概率分布都具有以下两个基本性质．

（1）非负性：$p_i \geqslant 0, i=1,2,3,\cdots$．

（2）正则性：$\sum_{i=1}^{\infty} p_i = 1$．

上一节介绍过，可以用分布函数来表示随机变量的统计规律，这里又用分布律来描述离散型随机变量的统计规律，它们之间有什么关系呢？

若离散型随机变量 X 的分布律为 $P\{X=x_i\}=p_i, i=1,2,3,\cdots$，则 X 的分布函数为

$$F(x)=P\{X \leqslant x\}=\sum_{x_i \leqslant x} P\{X=x_i\}, i=1,2,3,\cdots,$$

即分布函数是分布律在一定范围内的累积. 离散型随机变量落在任何一个范围内的概率, 均可以用累积概率的形式表示, 即

$$P\{a \leqslant X \leqslant b\} = \sum_{a \leqslant x_i \leqslant b} P\{X = x_i\}, i = 1, 2, 3, \cdots.$$

下面我们来看一个求解分布律的例子.

例 2.3 已知盒中有 10 件产品, 其中 8 件正品、2 件次品. 现需要从中取出 2 件正品, 每次取 1 件, 直到取出 2 件正品为止, 做不放回抽样. 设 X 为取的次数, 求: (1) X 的分布律; (2) X 的分布函数 $F(x)$; (3) 概率 $P\{2 \leqslant X \leqslant 3\}$.

解 (1) X 的取值为 2, 3, 4.

$$P\{X = 2\} = \frac{8}{10} \times \frac{7}{9} = \frac{28}{45},$$

$$P\{X = 3\} = \frac{8}{10} \times \frac{2}{9} \times \frac{7}{8} + \frac{2}{10} \times \frac{8}{9} \times \frac{7}{8} = \frac{14}{45},$$

$$P\{X = 4\} = 1 - \frac{28}{45} - \frac{14}{45} = \frac{1}{15}.$$

X 的分布律如下.

X	2	3	4
P	$\frac{28}{45}$	$\frac{14}{45}$	$\frac{1}{15}$

(2) $F(x) = P\{X \leqslant x\} = \sum_{x_i \leqslant x} P\{X = x_i\}, i = 1, 2, 3, \cdots.$

当 $x < 2$ 时, $F(x) = 0$;

当 $2 \leqslant x < 3$ 时, $F(x) = P\{X = 2\} = \frac{28}{45}$;

当 $3 \leqslant x < 4$ 时, $F(x) = P\{X = 2\} + P\{X = 3\} = \frac{28}{45} + \frac{14}{45} = \frac{14}{15}$;

当 $x \geqslant 4$ 时, $F(x) = P\{X = 2\} + P\{X = 3\} + P\{X = 4\} = \frac{28}{45} + \frac{14}{45} + \frac{1}{15} = 1.$

综上所述, X 的分布函数为

$$F(x) = \begin{cases} 0, & x < 2, \\ \dfrac{28}{45}, & 2 \leqslant x < 3, \\ \dfrac{14}{15}, & 3 \leqslant x < 4, \\ 1, & x \geqslant 4. \end{cases}$$

(3) 解法 1: 根据分布函数的定义可知

$$P\{2 \leqslant X \leqslant 3\} = P\{X = 2\} + P\{2 < X \leqslant 3\}$$

$$= P\{X = 2\} + F(3) - F(2)$$

$$= \frac{28}{45} + \frac{14}{15} - \frac{28}{45} = \frac{14}{15}.$$

解法 2：利用分布律求累积概率，得

$$P\{2 \leqslant X \leqslant 3\} = P\{X = 2\} + P\{X = 3\}$$

$$= \frac{28}{45} + \frac{14}{45} = \frac{14}{15}.$$

在例 2.3（3）的解法 1 中使用了分布函数来求概率，但是计算过程并不简便．而在解法 2 中将区间内符合条件的取值的概率相加，即直接利用分布律求解，计算变得简单．因此，对于离散型随机变量，虽然也可以运用分布函数来描述其统计规律，但是分布律使用起来更为简便，分布律是描述离散型随机变量统计规律的专有工具．

2.2.2 常用的离散型随机变量

下面介绍 5 种常用的离散型随机变量．

1.（0–1）分布

很多随机试验有两个结果，如检验产品质量，结果为"合格""不合格"；进行科学试验，结果为"成功""不成功"；招聘新人，结果为"录用""不录用"．这些随机试验都只有两个结果，将随机变量的取值分别对应为 0 和 1．

若随机变量 X 只有两个可能的取值 0 和 1，其分布律为

$$P\{X = k\} = p^k (1-p)^{1-k}, k = 0, 1,$$

则称 X 服从以 p 为参数的 (0–1) **分布**或**两点分布**．

(0–1) 分布的分布律也可以记为

X	0	1
P	$1-p$	p

或

$$\begin{pmatrix} 0 & 1 \\ 1-p & p \end{pmatrix}.$$

2. 二项分布

先来看一个例子．有 10 台相互独立的机器同时工作，机器出现故障的概率为 0.2，要研究 10 台机器出现故障的台数，它服从什么统计规律呢？

在实际应用中，我们常常需要把同一试验重复进行若干次并对结果进行综合研究分析．对于具有以下两个特征的重复进行的试验，我们称之为 n 重**伯努利**（Bernoulli）**试验**．

（1）在相同的条件下进行 n 次重复试验，各次试验结果发生的可能性大小不受其他各次试验结果的影响，也即这 n 次试验相互独立．

（2）每次试验都仅考虑两个可能结果——事件 A 和事件 $\overline{A}$，且在每次试验中都有 $P(A) = p$，$P(\overline{A}) = 1 - p$．

若随机变量 X 表示 n 重伯努利试验中事件 A 出现的次数，则有

$$P\{X = k\} = C_n^k p^k (1-p)^{n-k}, k = 0, 1, 2, \cdots, n,$$

我们称随机变量 X 服从**二项分布**，记为 $X \sim B(n, p)$，其中 n 和 $p(0 < p < 1)$ 是二项分布的参数．上式就是二项分布的分布律．

在上面的例子中，将一台机器是否出现故障看成一次试验，则 10 台机器是否出现故障就对应 10 重伯努利试验. 设随机变量 X 表示 10 台机器出现故障的台数，则 $X \sim B(10, 0.2)$.

在二项分布中，若令 $n=1$，则 $X \sim B(1, p)$，X 的分布律为

$$P\{X = k\} = p^k(1-p)^{1-k}, k = 0, 1,$$

可以看出 X 服从 (0–1) 分布. 因此，(0–1) 分布是二项分布的特例，简记为 $B(1, p)$.

实际应用中关于二项分布的例子有很多，例如，将一枚硬币抛 n 次，X 表示出现正面的次数；某保险公司有 n 个客户购买了车险，每辆车每年的出险率为 p，X 表示 n 辆车中出险的数量；某农场的牲畜患某种传染性疾病，发病率为 0.25，牲畜数量为 2 000 只，X 表示农场中感染疾病的牲畜数量；某城市的居民数为 n 人，该城市居民的网购比例为 p，X 表示该城市居民的网购人数；等等.

例 2.4 某公司生产平板电脑，其中 20% 的产品在保修期内会出现故障，需要进行维修，出现故障的产品中 60% 可以修好，而其余 40% 只能用新平板电脑更换. 如果一个机构购买了 10 台该公司生产的平板电脑，那么有 2 台平板电脑在保修期内被换新的概率有多大？

解 设 X 表示 10 台平板电脑中在保修期内被换新的数量. 由题意知，每台平板电脑有"被换新"和"不被换新"两种情况，每台平板电脑换新与否相互独立，即 $X \sim B(10, p)$.

设 A 表示"保修期内出现故障，需要维修"，B 表示"被换新"，则每台平板电脑在保修期内被换新的概率为

$$p = P(AB) = P(A)P(B \mid A) = 0.2 \times 0.4 = 0.08.$$

故有 2 台平板电脑在保修期内被换新的概率为

$$P\{X = 2\} = C_{10}^2 \times 0.08^2 \times 0.92^8 \approx 0.147\ 8.$$

例 2.5 有 2 500 个相同年龄阶段、相同社会层次的人购买了某保险公司的意外伤害保险. 根据以往统计资料，在一年里每个人出现意外伤害的概率是 0.000 1. 每个购买保险的人一年付给保险公司 120 元保费，而在出现意外伤害时家属从保险公司领取 2 万元. 请计算：

（1）保险公司亏本的概率；

（2）保险公司一年获利不少于 10 万元的概率.

解 2 500 人中出现意外伤害的情况可以用 2 500 重伯努利试验来描述，设 X 表示 2 500 人中出现意外伤害的人数，则出现意外伤害的人数是 k 的概率为

$$P\{X = k\} = C_{2\ 500}^k 0.000\ 1^k (1 - 0.000\ 1)^{2\ 500 - k}, k = 0, 1, 2, \cdots, 2\ 500.$$

保险公司每年从这 2 500 人收取的保费为

$$2\ 500 \times 120 = 300\ 000（元）.$$

（1）根据前面的分析可知，只有超过 15 人出现意外伤害时保险公司才亏本，保险公司亏本的概率为

$$P\{X > 15\} = \sum_{k=16}^{2\ 500} C_{2\ 500}^k 0.000\ 1^k 0.999\ 9^{2\ 500 - k} \approx 0.000\ 001.$$

（2）只要不多于 10 人出现意外伤害，保险公司可以至少赚 10 万元，因此，保险公司一年获利多于 10 万元的概率为

$$P\{X \leqslant 10\} = \sum_{k=0}^{10} C_{2\,500}^{k} 0.000\,1^{k} 0.999\,9^{2\,500-k} \approx 0.999\,994.$$

在二项分布概率的计算中，经常会遇到例 2.5 这样的和式比较大、计算比较困难的情况，这种问题该如何解决呢？可以用泊松分布进行近似计算，也就是下面将要介绍的泊松定理的内容.

3. 泊松分布

观察汽车站台单位时间内的候车人数、加油站在单位时间内到达的人数、电话交换机单位时间内接到呼叫的次数、交通路口单位时间内发生的事故数、机器在单位时间内出现的故障数、一本书中每一页的错误字数、显微镜下单位分区内的细菌分布数等，这些随机变量都呈现相似的统计规律，即服从泊松分布.

若随机变量 X 的分布律为 $P\{X=k\} = \dfrac{\lambda^{k}}{k!} e^{-\lambda}, k = 0, 1, 2, \cdots$，其中 λ 为大于 0 的参数，则称随机变量 X 服从参数为 λ 的**泊松分布**，记为 $X \sim P(\lambda)$.

泊松分布是由法国数学家西莫恩·德尼·泊松在 1838 年提出来的，是离散型随机变量的常用分布，泊松分布在管理科学、运筹学及自然科学的某些问题中占有重要的地位.

泊松分布中概率的计算往往可以通过查表进行（见附表 1），通过查表可以使数值较大的和式的计算变得简单.

例 2.6 一家商店在每个月的月底要制订下个月的商品进货计划，为了不使商品积压，进货量不宜过多，但为了获得足够的利润，进货量又不宜过少. 由该商店过去的销售记录知道，某种商品每月的销售量可以用参数为 $\lambda = 10$ 的泊松分布来描述，为了有 95% 以上的把握保证不脱销，问：这家商店在月底至少应进该种商品多少件？

解 设该商店每月销售该种商品 X 件，月底进货 a 件，当 $X \leqslant a$ 时不会脱销. 根据题意，以 95% 以上的把握保证不脱销可以表示为 $P\{X \leqslant a\} \geqslant 0.95$.

由于 X 服从参数为 $\lambda = 10$ 的泊松分布，上式也可以表示为

$$\sum_{k=0}^{a} \frac{10^{k}}{k!} e^{-10} \geqslant 0.95.$$

通过查泊松分布表（见附表 1）可知

$$\sum_{k=0}^{14} \frac{10^{k}}{k!} e^{-10} \approx 0.916\,5 < 0.95,$$

$$\sum_{k=0}^{15} \frac{10^{k}}{k!} e^{-10} \approx 0.951\,3 > 0.95,$$

因此，这家商店只要在月底进该种商品 15 件，就能有 95% 以上的把握保证不脱销.

定理 2.1（泊松定理） 在 n 重伯努利试验中，事件 A 在一次试验中出现的概率为 p_{n}（与试验总数 n 有关），如果当 $n \to +\infty$ 时，$np_{n} \to \lambda (\lambda > 0$ 且为常数)，则有

微课：泊松定理

$$\lim_{n \to +\infty} C_{n}^{k} p_{n}^{k} (1 - p_{n})^{n-k} = \frac{\lambda^{k}}{k!} e^{-\lambda}, \quad k = 0, 1, 2, \cdots.$$

泊松定理表明，泊松分布为二项分布的极限分布，即在试验次数 n 很大，而 np_{n} 不太大时，

二项分布可以用参数为 $\lambda = np_n$ 的泊松分布来近似. 当 np_n 也很大时该如何计算呢?在第 4 章我们将利用中心极限定理来解决这个问题.

例 2.7 某医学调查显示,每 200 人中就有 1 人携带导致某种遗传性疾病的基因. 求在一个 1 000 人的群体中,至少有 8 人携带该基因的概率.

解 设 1 000 人中携带该基因的人数为 X,则 $X \sim B\left(1\,000, \dfrac{1}{200}\right)$,所求概率为

$$P\{X \geqslant 8\} = \sum_{k=8}^{1\,000} C_{1\,000}^{k} (0.005)^k (0.995)^{1\,000-k}.$$

$np = 1\,000 \times 0.005 = 5$,根据泊松定理,$X$ 近似服从泊松分布 $P(5)$. 因此,所求概率也可以通过泊松分布近似计算. 通过查泊松分布表(见附表 1)可得 $P\{X \leqslant 7\} \approx 0.866\,6$,则

$$P\{X \geqslant 8\} = 1 - P\{X \leqslant 7\} \approx 0.133\,4.$$

通过例 2.7 我们发现,运用泊松定理能够简化二项分布中烦琐的计算.

4. 几何分布

我们先看一个例子.

例 2.8 某流水线生产一批产品,其不合格率为 p,有放回地对产品进行检验,直到检验出不合格品为止. 设随机变量 X 为首次检验出不合格品所需要进行的检验次数,求 X 的概率分布.

解 设 A_i 表示"第 i 次检验出不合格品",$i = 1, 2, \cdots$,则

$$P(A_i) = p, \quad P(\bar{A_i}) = 1 - p = q.$$

由题意知 A_i 之间相互独立,于是

$$\begin{aligned}
P\{X = k\} &= P(\bar{A_1}\bar{A_2}\cdots\bar{A}_{k-1}A_k) \\
&= P(\bar{A_1})P(\bar{A_2})\cdots P(\bar{A}_{k-1})P(A_k) \\
&= pq^{k-1}, \quad k = 1, 2, \cdots.
\end{aligned}$$

在例 2.8 中,随机变量 X 服从的分布称为几何分布.

若随机变量 X 的分布律为

$$P\{X = k\} = pq^{k-1}, \quad k = 1, 2, \cdots, \quad q = 1 - p,$$

其中 $p(0 < p < 1)$ 为参数,则称 X 服从**几何分布**,记为 $X \sim G(p)$.

几何分布因其分布律为几何级数 $\sum\limits_{k=1}^{\infty} pq^{k-1}$ 的一般项而得名.

几何分布描述的是试验首次成功的次数 X 所服从的分布,也可以解释为:在 n 重伯努利试验中,试验到第 k 次才取得第一次成功,前 $k-1$ 次皆失败. 在实际应用中有很多几何分布的例子,例如,射击手的命中率为 0.8,则首次击中目标的射击次数 $Y \sim G(0.8)$;掷一枚骰子,首次出现 2 点的投掷次数 $Z \sim G\left(\dfrac{1}{6}\right)$.

5. 超几何分布

第 1 章中的例 1.4 对应的随机变量服从超几何分布.

若随机变量 X 的分布律为

$$P\{X = k\} = \frac{C_M^k C_{N-M}^{n-k}}{C_N^n}, \quad k = 0, 1, 2, \cdots, r,$$

其中$r = \min\{M, n\}$，且$M \leqslant N$，$n \leqslant N$，n, N, M均为正整数，则称随机变量X服从**超几何分布**，记为$X \sim H(n, N, M)$.

有限总体N中的不放回抽样服从超几何分布，例如，有N件产品，其中M件不合格，从产品中不放回地抽取n件，则抽取的产品中不合格品的件数X服从超几何分布.

超几何分布与二项分布容易被混淆，我们需要分清楚两个分布之间的主要区别：超几何分布是不放回抽取，二项分布是放回抽取，因此，二项分布中各个事件之间是相互独立的，而超几何分布不独立. 两个分布之间也有联系，当总体的容量N非常大时，超几何分布近似于二项分布. 例如，仓库中有 10 万件产品，抽 20 件做检验，虽然是不放回抽样，但因为产品的总数远远大于被抽样的件数，所以"放回"与"不放回"的误差可以忽略不计，故可以用二项分布来近似超几何分布.

同步习题2.2

基础题

1. 设随机变量X的分布律为

$$P\{X = k\} = c\frac{\lambda^k}{k!}, \quad k = 1, 2, \cdots, \quad \lambda > 0,$$

求常数c的值.

2. 已知甲打靶命中率为$p_1(0 < p_1 < 1)$，乙打靶命中率为$p_2(0 < p_2 < 1)$，现从甲、乙两人中只选一人打一发，设靶被打中的次数$X \sim B(1, p)$，则p的值为多少？

3. 从学校乘汽车到火车站的途中有 3 个交通岗，假设在各个交通岗遇到红灯的事件是相互独立的，且概率都是$\frac{2}{5}$. 设X为途中遇到红灯的次数，求随机变量X的分布律.

4. 设随机变量X服从二项分布$B(2, p)$，随机变量Y服从二项分布$B(4, p)$. 若$P\{X \geqslant 1\} = \frac{8}{9}$，试求$P\{Y \geqslant 1\}$.

5. 某大学的校乒乓球队与数学系乒乓球队举行对抗赛. 校队的实力比系队强，当一个校队运动员与一个系队运动员比赛时，校队运动员获胜的概率为 0.6. 校、系双方商量对抗赛的方式，提出了以下 3 种方案：

（1）双方各出 3 人，比 3 局；

（2）双方各出 5 人，比 5 局；

（3）双方各出 7 人，比 7 局.

3 种方案均以比赛中获胜人数多的一方为胜利. 问：对系队来说，哪一种方案最有利？

6．一批产品的不合格品率为 0.02，现从中任取 40 件进行检查，若发现两件或两件以上不合格品就拒收这批产品．分别用以下方法求拒收的概率：

（1）用二项分布做精确计算；

（2）用泊松分布做近似计算．

7．设某批电子管的合格品率为 $\frac{3}{4}$，不合格品率为 $\frac{1}{4}$，现对该批电子管进行检测，设第 X 次首次检测到合格品，求 X 的分布律．

8．抛掷一枚不均匀的硬币，出现正面的概率为 $p(0 < p < 1)$，设随机变量 X 为一直抛掷到正、反面都出现时所需要的次数，求 X 的分布律．

提高题

1．设随机变量 X 只取正整数值，且 $P\{X = N\}$ 与 N^2 成反比，求 X 的分布律．

2．两名篮球队员轮流投篮，直到某人投中为止，如果第一名队员投中的概率为 0.4，第二名队员投中的概率为 0.6，求每名队员投篮次数的分布律．

3．某厂生产的产品不合格品率为 0.03，现要把产品装箱，若以不小于 0.9 的概率保证每箱中至少有 100 件合格品，那么每箱至少应装多少件产品？

4．3 人去看电影，他们决定用抛掷硬币的方式确定谁买票：每人抛掷一枚硬币，如果有人抛掷出的结果与其他两人不一样，那么由他买票；如果 3 人抛掷出的结果是一样的，那么就重新抛掷，一直这样下去，直到确定了由谁来买票为止．求以下事件的概率：

（1）进行到了第二轮，确定了由谁来买票；

（2）进行了 3 轮还没有确定买票的人．

▌ 2.3 连续型随机变量

上一节我们研究了离散型随机变量，它的取值为有限个或可列个，分布律能够完全刻画其统计规律．然而，在实际中有很多非离散型随机变量，如描述"寿命""温度""身高""体重""误差"等问题的随机变量，其取值可以充满某个区间，应该如何刻画其统计规律呢？在本节中，我们将介绍连续型随机变量及其分布．

2.3.1 连续型随机变量及其概率密度

连续型随机变量的定义如下．

定义 2.5 设 X 是随机变量，如果存在非负可积函数 $f(x)$，对任意的常数 $a,b(a \leqslant b)$，有

微课：连续型
随机变量

$$P\{a \leqslant X \leqslant b\} = \int_a^b f(x)\mathrm{d}x,$$

则称 X 为**连续型随机变量**，同时称 $f(x)$ 为 X 的**概率密度函数**，或简称为**概率密度**.

显然，连续型随机变量的概率值受概率密度 $f(x)$ 取值大小的影响，这跟物理中的"密度"很相似，"概率密度"因此得名.

根据上述定义，可以得到概率密度的以下性质.

（1）非负性：$f(x) \geqslant 0$.

（2）正则性：$\int_{-\infty}^{+\infty} f(x)\mathrm{d}x = 1$.

由定义还可以得到概率密度的几何意义：随机变量 X 落入区间 $[a,b]$ 内的概率等于曲线 $y = f(x)$ 在区间 $[a,b]$ 上形成的曲边梯形的面积. 而正则性表明，曲线 $y = f(x)$ 与 x 轴之间部分的面积为 1.

由分布函数的定义可知，连续型随机变量的分布函数可以表示为

$$F(x) = P\{X \leqslant x\} = \int_{-\infty}^x f(y)\mathrm{d}y.$$

由变上限积分的性质可知，在 $f(x)$ 的连续点处，$F'(x) = f(x)$. 因此，分布函数 $F(x)$ 与概率密度 $f(x)$ 可以相互求出.

根据定义还可以得到：连续型随机变量在某一个点 c 处的概率为 0，即

$$P\{X = c\} = \int_c^c f(x)\mathrm{d}x = 0,$$

因此，连续型随机变量落在某个区间内的概率不受区间端点处取值的影响，即

$$P\{a < X \leqslant b\} = P\{a \leqslant X < b\} = P\{a \leqslant X \leqslant b\} = P\{a < X < b\}$$

$$= \int_a^b f(x)\mathrm{d}x = F(b) - F(a).$$

例 2.9 车流中的"时间间隔"是指一辆车通过一个固定地点与下一辆车开始通过该固定地点之间的时间长度. 设 X 表示在大流量期间高速公路上相邻两辆车的时间间隔，X 的概率密度描述了高速公路上的交通流量规律，其表达式为

$$f(x) = \begin{cases} 0.15\mathrm{e}^{-0.15(x-0.5)}, & x \geqslant 0.5, \\ 0, & \text{其他}, \end{cases}$$

概率密度 $f(x)$ 的图形如图 2.2 所示，求时间间隔不大于 5s 的概率.

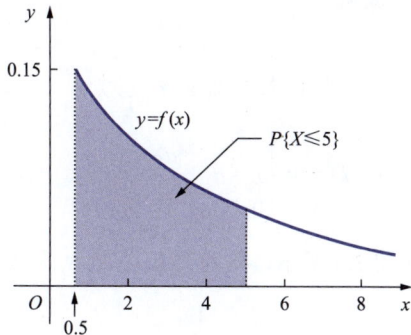

图 2.2

解 由题意可得

$$P\{X \leqslant 5\} = \int_{-\infty}^{5} f(x)\mathrm{d}x = \int_{0.5}^{5} 0.15\mathrm{e}^{-0.15(x-0.5)}\mathrm{d}x$$

$$= 0.15\mathrm{e}^{0.075}\int_{0.5}^{5} \mathrm{e}^{-0.15x}\mathrm{d}x = \mathrm{e}^{0.075}\left(-\mathrm{e}^{-0.15x}\Big|_{0.5}^{5}\right)$$

$$\approx 0.491.$$

例 2.10 某经销商销售一种特殊材料，一周内的销售量（单位：t）为连续型随机变量 X，其概率密度为

$$f(x) = \begin{cases} \dfrac{3}{2}(1-x^2), & 0 \leqslant x \leqslant 1, \\ 0, & 其他, \end{cases}$$

求：（1）分布函数 $F(x)$；（2）概率 $P\left\{\dfrac{1}{2} \leqslant X \leqslant 1\right\}$ 及 $P\left\{X > \dfrac{1}{3}\right\}$.

解 （1）当 $x < 0$ 时，$F(x) = 0$；

当 $0 \leqslant x < 1$ 时，$F(x) = \int_{-\infty}^{x} f(y)\mathrm{d}y = \int_{0}^{x} \dfrac{3}{2}(1-y^2)\mathrm{d}y = \dfrac{3}{2}\left(x - \dfrac{x^3}{3}\right)$；

当 $x \geqslant 1$ 时，$F(x) = 1$.

因此，

$$F(x) = \begin{cases} 0, & x < 0, \\ \dfrac{3}{2}\left(x - \dfrac{x^3}{3}\right), & 0 \leqslant x < 1, \\ 1, & x \geqslant 1. \end{cases}$$

（2）$P\left\{\dfrac{1}{2} \leqslant X \leqslant 1\right\} = F(1) - F\left(\dfrac{1}{2}\right) = 1 - \dfrac{11}{16} = \dfrac{5}{16}$.

$$P\left\{X > \dfrac{1}{3}\right\} = 1 - P\left\{X \leqslant \dfrac{1}{3}\right\} = 1 - F\left(\dfrac{1}{3}\right) = 1 - \dfrac{13}{27} = \dfrac{14}{27}.$$

2.3.2 常用的连续型随机变量

下面介绍 3 种常用的连续型随机变量.

1. 均匀分布

定义 2.6 设 X 为连续型随机变量，若其概率密度为

$$f(x) = \begin{cases} \dfrac{1}{b-a}, & a < x < b, \\ 0, & 其他, \end{cases}$$

微课：均匀分布

其中 $a, b(a<b)$ 为任意实数，如图 2.3 所示，则称随机变量 X 服从区间 (a,b) 上的均匀分布，记为 $X \sim U(a,b)$.

我们可以求出均匀分布 $U(a,b)$ 的分布函数为

$$F(x) = \begin{cases} 0, & x < a, \\ \dfrac{x-a}{b-a}, & a \leqslant x < b, \\ 1, & x \geqslant b. \end{cases}$$

$F(x)$ 的图形如图 2.4 所示.

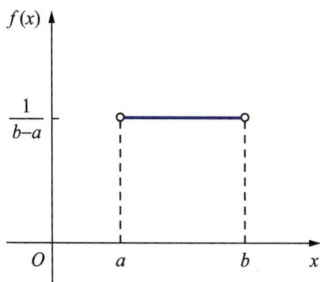

图 2.3

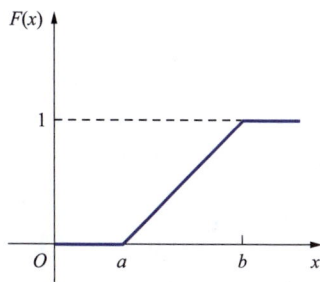

图 2.4

若 X 在 (a,b) 上服从均匀分布，则对 (a,b) 内的任一子区间 (c,d)，有

$$P\{c < X < d\} = \int_c^d \frac{1}{b-a} \mathrm{d}x = \frac{d-c}{b-a}.$$

上式表明，服从均匀分布的随机变量 X 的取值落在 (a,b) 内任一子区间 (c,d) 的概率为两个区间的长度之比，这与第 1 章介绍的几何概率是一致的.

均匀分布是概率统计中的一个重要分布，被广泛地应用于流行病学、遗传学、交通流量理论等概率模型中.

例 2.11 某食品厂生产一种产品，规定其质量的误差不能超过 3g. 设随机误差 X 服从 $(-3,3)$ 上的均匀分布，现任取出一件产品进行称重，求误差在 $-1\sim2$g 之间的概率.

解 因为 $X \sim U(-3,3)$，所以其概率密度为

$$f(x) = \begin{cases} \dfrac{1}{6}, & -3 < x < 3, \\ 0, & 其他. \end{cases}$$

所求概率为 $P\{-1 \leqslant X \leqslant 2\} = \displaystyle\int_{-1}^2 \frac{1}{6} \mathrm{d}x = \frac{2-(-1)}{6} = \frac{1}{2}$.

2. 指数分布

定义 2.7 设 X 为连续型随机变量，若其概率密度为

$$f(x) = \begin{cases} \lambda \mathrm{e}^{-\lambda x}, & x > 0, \\ 0, & 其他, \end{cases}$$

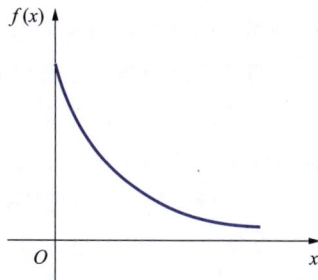

其中参数 $\lambda > 0$，$f(x)$ 的图形如图 2.5 所示，则称随机变量 X 服从参数为 λ 的**指数分布**，记为 $X \sim E(\lambda)$.

我们可以求出指数分布的分布函数为

$$F(x) = \begin{cases} 1 - \mathrm{e}^{-\lambda x}, & x > 0, \\ 0 & 其他. \end{cases}$$

图 2.5

$F(x)$ 的图形如图 2.6 所示.

我们先来看一个例子.

例 2.12 设随机变量 X 表示某餐馆从开门营业起到第一个顾客到达的等待时间（单位：min），若 X 服从指数分布，其概率密度为

$$f(x) = \begin{cases} 0.4\mathrm{e}^{-0.4x}, & x > 0, \\ 0, & \text{其他}. \end{cases}$$

求等待至多 5 min 的概率以及等待 3~4min 的概率.

图 2.6

解 由题意知 X 的分布函数为

$$F(x) = \begin{cases} 1 - \mathrm{e}^{-0.4x}, & x > 0, \\ 0, & \text{其他}, \end{cases}$$

可得

$$P\{X \leqslant 5\} = F(5) = 1 - \mathrm{e}^{-2} \approx 0.865,$$

$$P\{3 \leqslant X \leqslant 4\} = F(4) - F(3) = \mathrm{e}^{-1.2} - \mathrm{e}^{-1.6} \approx 0.099.$$

在现实生活中，指数分布的应用非常广泛，如可以表示产品的寿命以及随机服务系统中的服务时间或等待时间等，其在排队论和可靠性理论中具有广泛的应用.

3. 正态分布

下面介绍概率统计中非常重要的分布——正态分布.

定义 2.8 设 X 为连续型随机变量，若其概率密度为

$$f(x) = \frac{1}{\sqrt{2\pi}\sigma}\mathrm{e}^{-\frac{(x-\mu)^2}{2\sigma^2}}, \quad -\infty < x < +\infty,$$

微课：正态分布

其中 $\mu, \sigma(\sigma > 0)$ 为参数，则称随机变量 X 服从参数为 μ 和 σ^2 的**正态分布**，也叫**高斯分布**，记为 $X \sim N(\mu, \sigma^2)$.

正态分布的分布函数为

$$F(x) = P\{X \leqslant x\} = \frac{1}{\sqrt{2\pi}\sigma}\int_{-\infty}^{x} \mathrm{e}^{-\frac{(t-\mu)^2}{2\sigma^2}}\mathrm{d}t, \quad -\infty < x < +\infty.$$

正态分布的重要性体现在 3 个方面. 首先，它是自然界及工程技术中常见的分布之一，大量随机现象都服从或者近似服从正态分布，例如，正常人血液中的白细胞数，成年人的身高、体重、血压、视力、智商等数据，一个班某门课程的考试成绩，海浪的高度，一个地区的日耗电量，各种测量的误差，某地区的家庭年收入等，都服从正态分布. 还可以证明如果一个指标受到很多相互独立的随机因素影响，并且其中任何一个因素的影响效果都比较微弱，则该指标一定服从或近似服从正态分布，如炮弹的弹着点问题，这个结论将在后面的中心极限定理中进行详细介绍. 其次，正态分布有很多良好的性质，这些性质是其他分布所不具有的. 再次，正态分布可以作为许多分布的近似分布，相应的结论在后面的章节中会陆续介绍.

正态分布 $N(\mu, \sigma^2)$ 的概率密度的图形如图 2.7 所示.

从图 2.7 可以看出，概率密度 $f(x)$ 的图形关于 $x = \mu$ 对称，是轴对称图形，在 $x = \mu$ 处取到最大值，并且对于同样长度的区间，若区间离 μ 越远，则 X 落在这个区间内的概率越小.

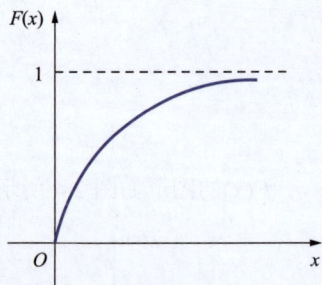

显然，$f(x)$ 的图形以 x 轴为渐近线，随着 x 的取值往两侧无限延伸，图形与 x 轴无限接近，但又不会相交.

当参数 μ 固定时，由图 2.8 可知，σ 的值越大，$f(x)$ 的图形就越平缓；σ 的值越小，$f(x)$ 的图形就越尖狭. 由此可见，参数 σ 的变化能改变图形的形状，称 σ 为形状参数.

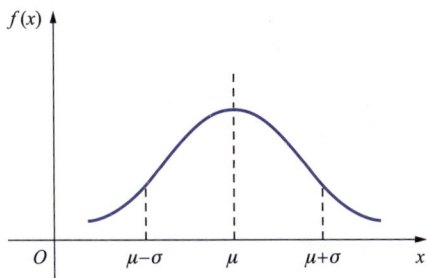

图 2.7

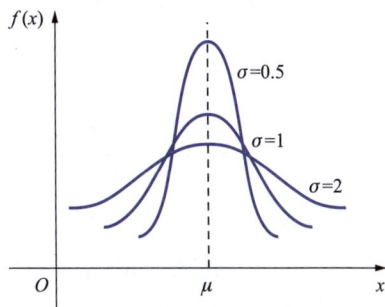

图 2.8

当参数 σ 固定时，由图 2.9 可知，随着 μ 值的变化，$f(x)$ 的图形的形状不改变，但位置发生左右平移，由此可见，参数 μ 的变化能改变图形的位置，称 μ 为位置参数.

从图 2.8 和图 2.9 可以看出，随着 μ 和 σ^2 的变化，概率密度 $f(x)$ 的图形发生变化，即随机变量 X 有不同的统计规律. 为了研究和计算的方便，我们取 $\mu = 0, \sigma^2 = 1$，这样就得到了标准正态分布（见图 2.10），记为 $X \sim N(0,1)$，其概率密度为

$$\varphi(x) = \frac{1}{\sqrt{2\pi}} e^{-\frac{x^2}{2}}, \quad -\infty < x < +\infty,$$

分布函数为

$$\Phi(x) = \frac{1}{\sqrt{2\pi}} \int_{-\infty}^{x} e^{-\frac{t^2}{2}} dt, \quad -\infty < x < +\infty.$$

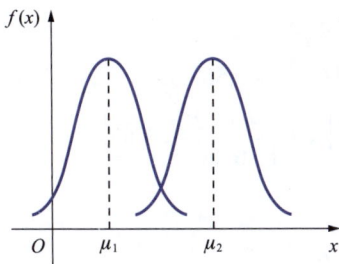

图 2.9

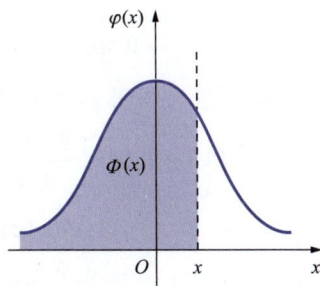

图 2.10

标准正态分布表如附表 2 所示，给出随机变量的取值 x，我们就可以通过查表得到相应的概率 $\Phi(x)$.

根据概率密度 $\varphi(x)$ 的对称性，可以得到 $\Phi(-x) = 1 - \Phi(x)$.

标准正态分布表只能解决标准正态分布的概率计算问题，对于一般的正态分布，该如何计算其概率呢？下面我们将介绍标准化定理，有了这个定理就可以把一般的正态分布转换为标准

正态分布，再通过查表计算其概率.

定理 2.2（标准化定理） 若 $X \sim N(\mu, \sigma^2)$，则 $Z = \dfrac{X-\mu}{\sigma} \sim N(0,1)$.

微课：标准化定理

下一节将给出此定理的简单证明.

利用标准化定理可以进行以下两个等价变化，其中 $x, a, b (a < b)$ 为任意实数：

$$F(x) = P\{X \leqslant x\} = P\left\{\frac{X-\mu}{\sigma} \leqslant \frac{x-\mu}{\sigma}\right\} = P\left\{Z \leqslant \frac{x-\mu}{\sigma}\right\} = \Phi\left(\frac{x-\mu}{\sigma}\right),$$

$$P\{a < X \leqslant b\} = P\left\{\frac{a-\mu}{\sigma} < \frac{X-\mu}{\sigma} \leqslant \frac{b-\mu}{\sigma}\right\} = \Phi\left(\frac{b-\mu}{\sigma}\right) - \Phi\left(\frac{a-\mu}{\sigma}\right).$$

设 $X \sim N(\mu, \sigma^2)$，查表（见附表 2）可得

$$P\{\mu - 3\sigma < X < \mu + 3\sigma\} = \Phi(3) - \Phi(-3) = 2\Phi(3) - 1 \approx 0.997,$$

即正态分布 $N(\mu, \sigma^2)$ 的随机变量以约 99.7% 的概率落在以 μ 为中心、以 3σ 为半径的区间内，落在区间外的概率非常小，可以忽略不计，这就是"3σ"法则.

例 2.13 汽车驾驶员在行驶时，对信号灯发出的制动信号快速做出反应，对于避免追尾碰撞至关重要. 有研究表明，驾驶员在行驶过程中对信号灯发出制动信号的反应时间服从正态分布，且 $\mu = 1.25\text{s}$，$\sigma = 0.46\text{s}$. 求驾驶员的制动反应时间在 1s 至 1.75s 之间的概率. 如果 2s 是一个非常长的反应时间，那么实际的制动反应时间超过这个值的概率是多少？

解 设随机变量 X 表示汽车驾驶员的制动反应时间，则 $X \sim N(1.25, 0.46^2)$. 所求概率为 $P\{1 \leqslant X \leqslant 1.75\}$，根据标准化定理可得

$$P\{1 \leqslant X \leqslant 1.75\} = P\left\{\frac{1-1.25}{0.46} \leqslant \frac{X-1.25}{0.46} \leqslant \frac{1.75-1.25}{0.46}\right\}$$

$$\approx P\left\{-0.54 \leqslant \frac{X-1.25}{0.46} \leqslant 1.09\right\} = \Phi(1.09) - \Phi(-0.54)$$

$$= \Phi(1.09) + \Phi(0.54) - 1$$

$$= 0.862\,1 + 0.705\,4 - 1 = 0.567\,5.$$

因此，驾驶员的制动反应时间在 1s 至 1.75s 之间的概率约为 0.567 5.

$$P\{X > 2\} = P\left\{\frac{X-1.25}{0.46} > \frac{2-1.25}{0.46}\right\} \approx P\left\{\frac{X-1.25}{0.46} > 1.63\right\}$$

$$= 1 - \Phi(1.63) = 0.051\,6.$$

因此，实际的制动反应时间超过 2s 的概率约为 0.051 6.

例 2.14 设某公司制造的绳索的抗断强度服从正态分布，其中 $\mu = 300\text{kg}$，$\sigma = 24\text{kg}$. 求常数 a，使抗断强度以不小于 95% 的概率大于 a.

解 由题意知，$P\{X > a\} \geqslant 0.95$.

根据标准化定理可得

$$P\{X > a\} = 1 - P\left\{\frac{X-300}{24} \leqslant \frac{a-300}{24}\right\} = 1 - \Phi\left(\frac{a-300}{24}\right) \geqslant 0.95,$$

由标准正态分布的对称性得

$$\Phi\left(\frac{300-a}{24}\right)\geqslant0.95.$$

通过逆向查表得 $\Phi(1.65)=0.95$，故

$$\Phi\left(\frac{300-a}{24}\right)\geqslant\Phi(1.65),$$

$$\frac{300-a}{24}\geqslant1.65,$$

解得 $a\leqslant260.4$.

同步习题 2.3

基础题

1. 已知随机变量 X 的概率密度为

$$f(x)=\begin{cases}x, & 0\leqslant x<1,\\2-x, & 1\leqslant x<2,\\0, & 其他.\end{cases}$$

（1）求分布函数 $F(x)$.

（2）求 $P\{X<0.5\}$，$P\{X>1.3\}$，$P\{0.2<X\leqslant1.2\}$.

2. 设连续型随机变量 X 的分布函数为

$$F(x)=\begin{cases}0, & x\leqslant0,\\x^2, & 0<x<1,\\1, & x\geqslant1.\end{cases}$$

求：（1）X 的概率密度 $f(x)$；（2）X 落入区间 $(0.3,0.7)$ 的概率.

3. 设随机变量 X 在 $(-1,1)$ 上服从均匀分布，求方程 $t^2-3Xt+1=0$ 有实根的概率.

4. 统计调查结果表明，某地区在 1875—1951 年期间，矿山发生 10 人或 10 人以上死亡的两次事故之间的时间间隔 X（单位：天）服从参数为 $\frac{1}{241}$ 的指数分布．求 $P\{50<X<100\}$.

5. 由某机器生产的螺栓的长度（单位：cm）服从正态分布 $N(10.05,0.06^2)$，若规定长度在范围 10.05 ± 0.12 内为合格品，求螺栓不合格的概率.

6. 某地区 18 岁女青年的血压服从正态分布 $N(110,12^2)$，任选一名 18 岁女青年，测量她的血压 X. 确定最小的 x，使 $P\{X>x\}\leqslant0.05$.

7. 设随机变量 $X\sim N(3,2^2)$，求 c 的值，使 $P\{X>c\}=P\{X<c\}$.

8. 设随机变量 $X\sim N(2,\sigma^2)$，且 $P\{2<X<4\}=0.3$，求 $P\{X<0\}$.

提高题

1. 设随机变量 X 的概率密度 $f(x)$ 满足 $f(1+x)=f(1-x)$，且 $\int_0^2 f(x)\mathrm{d}x=0.6$，求 $P\{X<0\}$．

2. 设随机变量 $X \sim U(a,b)(a,b>0)$，且 $P\{0<X<3\}=\dfrac{1}{4}$，$P\{X>4\}=\dfrac{1}{2}$．求：

（1）X 的概率密度；

（2）$P\{1<X<5\}$．

3. 设顾客在某银行窗口等待服务的时间 X（单位：min）服从指数分布，其概率密度为

$$f_X(x)=\begin{cases}\dfrac{1}{5}\mathrm{e}^{-\frac{x}{5}}, & x>0,\\[2mm] 0, & \text{其他．}\end{cases}$$

微课：第3题

某顾客在窗口等待服务，若超过 10min 他就离开．他一个月要到银行 5 次，以 Y 表示一个月内他未等到服务而离开窗口的次数．写出 Y 的分布律，并求 $P\{Y\geqslant 1\}$．

4. 测量误差 $X \sim N(0,10^2)$，现进行 100 次独立测量，求误差的绝对值超过 19.6 的次数不小于 3 的概率．

5. 某单位招聘员工，有 10 000 人报考．假设考试成绩服从正态分布，且已知 90 分以上有 359 人，60 分以下有 1 151 人．现按考试成绩从高分到低分依次录用 2 500 人，问：被录用的最低分是多少？

■ 2.4 随机变量函数的分布

在随机试验中，通过观察或试验能够得到随机变量的取值，但是我们需要研究的往往是随机变量的函数．例如，某品牌的手机在一年中销售的数量是一个随机变量，但我们关心的是这款手机给公司带来的利润，利润是销售量的函数；在液体压强的计算公式 $p=\rho g h$（g 为重力加速度，为常数）中，若液体深度 h 是随机变量，当液体密度 ρ 为固定常数时，液体压强 p 是液体深度 h 的函数．那么，如何利用已知随机变量的信息，得到随机变量函数的统计规律呢？我们将分别针对离散型随机变量和连续型随机变量进行讨论．

2.4.1 离散型随机变量函数的分布

例 2.15 设随机变量 X 表示某品牌手表的日走时误差（单位：s），其分布律如下．

X	-1	0	1	2
P	0.2	0.4	0.3	0.1

求 $Y=(X-1)^2$ 的分布律．

解 Y 可能的取值为 0，1，4．

由于
$$P\{Y=0\}=P\{X=1\}=0.3,$$
$$P\{Y=1\}=P\{X=0\}+P\{X=2\}=0.5,$$
$$P\{Y=4\}=P\{X=-1\}=0.2,$$

从而得到 Y 的分布律如下.

Y	0	1	4
P	0.3	0.5	0.2

一般情况下，若 X 是离散型随机变量，$g(x)$ 是实数 x 的函数，则当 X 取有限个或可列个值时，$Y=g(X)$ 也取有限个或可列个值. 根据离散型随机变量求解分布律的方法，首先确定 Y 的取值，再分别求出相应取值的概率，这样就得到了 Y 的分布律.

2.4.2 连续型随机变量函数的分布

1. 分布函数法

设连续型随机变量 X 的分布函数为 $F_X(x)$，即
$$F_X(x)=P\{X\leqslant x\},$$

微课：分布函数法

$y=g(x)$ 是实数 x 的函数，如何求随机变量 $Y=g(X)$ 的分布呢？

首先，求出随机变量 Y 的分布函数
$$F_Y(y)=P\{Y\leqslant y\}=P\{g(X)\leqslant y\},$$

由不等式 "$g(X)\leqslant y$" 得到关于 X 的不等式，则 $F_Y(y)$ 就可以利用已知的分布函数 $F_X(x)$ 来表示.

其次，当 $Y=g(X)$ 是连续型随机变量时，将分布函数 $F_Y(y)$ 关于 y 求导，就得到了 Y 的概率密度 $f_Y(y)=F_Y'(y)$；当 $Y=g(X)$ 不是连续型随机变量时，要根据函数 $g(x)$ 的特点做个案处理.

这种方法就称为**分布函数法**，它是求解连续型随机变量函数的分布函数的一般方法.

例 2.16 某设备内的温度 T 是随机变量，且 $T\sim N(100,4)$，已知 $M=\dfrac{1}{2}(T-10)$，试求 M 的分布.

解 由题意知，T 的概率密度为
$$f_T(t)=\frac{1}{2\sqrt{2\pi}}\mathrm{e}^{-\frac{(t-100)^2}{8}},\ -\infty<t<+\infty.$$

微课：例2.16

M 的分布函数记为 $F_M(y)$，则有
$$F_M(y)=P\{M\leqslant y\}=P\left\{\frac{1}{2}(T-10)\leqslant y\right\}$$
$$=P\{T\leqslant 2y+10\}=\int_{-\infty}^{2y+10}f_T(t)\mathrm{d}t.$$

将上式关于 y 求导，可得 M 的概率密度为
$$f_M(y)=f_T(2y+10)\times 2=2\times\frac{1}{2\sqrt{2\pi}}\mathrm{e}^{-\frac{(2y+10-100)^2}{8}}$$

$$= \frac{1}{\sqrt{2\pi}} e^{-\frac{(y-45)^2}{2}},$$

即 $M \sim N(45,1)$.

由此例可以得到正态分布随机变量的一个重要性质：若 $X \sim N(\mu, \sigma^2)$，则对于常数 $a, b (a \neq 0)$，有 $aX + b \sim N(a\mu + b, a^2\sigma^2)$. 特别地，当 $a = \frac{1}{\sigma}, b = -\frac{\mu}{\sigma}$ 时，得到 $\frac{X - \mu}{\sigma} \sim N(0,1)$，这就是上一节介绍的标准化定理的结论.

2. 公式法

利用分布函数法，可以推导出以下定理.

定理 2.3 设 X 是连续型随机变量，其概率密度为 $f_X(x)$，又函数 $g(x)$ 严格单调，其反函数 $h(y)$ 有连续导数，则 $Y = g(X)$ 是连续型随机变量，且其概率密度为

$$f_Y(y) = \begin{cases} f_X[h(y)] \cdot |h'(y)|, & \alpha < y < \beta, \\ 0, & \text{其他}. \end{cases}$$

其中，$\alpha = \min\{g(-\infty), g(+\infty)\}$，$\beta = \max\{g(-\infty), g(+\infty)\}$.

微课：公式法

利用定理 2.3 求解随机变量函数的分布，这种方法称为公式法.

例 2.17 设随机变量 X 表示某服务行业一位顾客的服务时间，X 服从指数分布，其概率密度为

$$f(x) = \begin{cases} e^{-x}, & x > 0, \\ 0, & \text{其他}. \end{cases}$$

求 $Y = e^X$ 的概率密度.

解 函数 $y = e^x$ 是单调函数，其反函数为 $x = \ln y$，$x' = \frac{1}{y}$，故 Y 的概率密度为

$$f_Y(y) = \begin{cases} \dfrac{1}{|y|} e^{-\ln y}, & \ln y > 0, \\ 0, & \text{其他} \end{cases} = \begin{cases} \dfrac{1}{y^2}, & y > 1, \\ 0, & \text{其他}. \end{cases}$$

应用公式法时，要注意函数 $g(x)$ 必须是单调可导的，若不满足这个条件，就可以用分布函数法处理，如例 2.18 所示.

例 2.18 设随机变量 $X \sim N(0,1)$，求 $Y = |X|$ 的概率密度.

解 对于 $y < 0$，有 $F_Y(y) = P\{Y \leqslant y\} = 0$.

当 $y \geqslant 0$ 时，有 $F_Y(y) = P\{Y \leqslant y\} = P\{|X| \leqslant y\} = P\{-y \leqslant X \leqslant y\}$

$$= \int_{-y}^{y} \frac{1}{\sqrt{2\pi}} e^{-\frac{x^2}{2}} dx = 2\int_{0}^{y} \frac{1}{\sqrt{2\pi}} e^{-\frac{x^2}{2}} dx.$$

因此，Y 的概率密度为

$$f_Y(y) = F_Y'(y) = \begin{cases} \sqrt{\dfrac{2}{\pi}} e^{-\frac{y^2}{2}}, & y \geqslant 0, \\ 0, & \text{其他}. \end{cases}$$

同步习题2.4

基础题

1. 已知离散型随机变量 X 的分布律如下.

X	-2	-1	0	1	3
P	$\dfrac{1}{5}$	$\dfrac{1}{6}$	$\dfrac{1}{5}$	$\dfrac{1}{15}$	$\dfrac{11}{30}$

求 $Y=|X|+2$ 的分布律.

2. 设随机变量 X 的分布律为 $P\{X=k\}=\dfrac{1}{2^k}$, $k=1,2,\cdots$, 求 $Y=\sin\left(\dfrac{\pi}{2}X\right)$ 的分布律.

3. 设随机变量 $X \sim U(0,5)$, 求 $Y=3X+2$ 的概率密度.

4. 设随机变量 X 的概率密度为

$$f_X(x)=\begin{cases}\dfrac{3}{2}x^2, & -1<x<1,\\ 0, & \text{其他}.\end{cases}$$

求随机变量 $Y=3-X$ 的概率密度.

5. 设随机变量 X 的概率密度为

$$f(x)=\begin{cases}|x|, & -1<x<1,\\ 0, & \text{其他}.\end{cases}$$

$Y=X^2+1$, 试求:

(1) Y 的概率密度 $f_Y(y)$;

(2) $P\left\{-1<Y<\dfrac{3}{2}\right\}$.

提高题

1. 设随机变量 X 的概率密度为

$$f(x)=\dfrac{1}{2}\mathrm{e}^{-|x|}, \quad -\infty<x<+\infty,$$

求 $Y=X^2$ 的概率密度.

2. 设 X 服从参数为 2 的指数分布, 证明: 随机变量 $Y_1=1-\mathrm{e}^{-2X}$ 与 $Y_2=\mathrm{e}^{-2X}$ 同分布.

3. 设随机变量 X 的概率密度为

$$f(x)=\begin{cases}\dfrac{1}{9}x^2, & 0<x<3,\\ 0, & \text{其他}.\end{cases}$$

微课: 第3题

随机变量

$$Y = \begin{cases} 2, & X \leqslant 1, \\ X, & 1 < X < 2, \\ 1, & X \geqslant 2. \end{cases}$$

（1）求 Y 的分布函数．

（2）求概率 $P\{X \leqslant Y\}$．

4．设随机变量 X 的概率密度为

$$f(x) = \begin{cases} \dfrac{2x}{\pi^2}, & 0 < x < \pi, \\ 0, & \text{其他．} \end{cases}$$

求 $Y = \sin X$ 的概率密度．

5．设圆的直径 D 服从 $(0,1)$ 上的均匀分布，求圆的面积 Y 的概率密度．

第 2 章思维导图

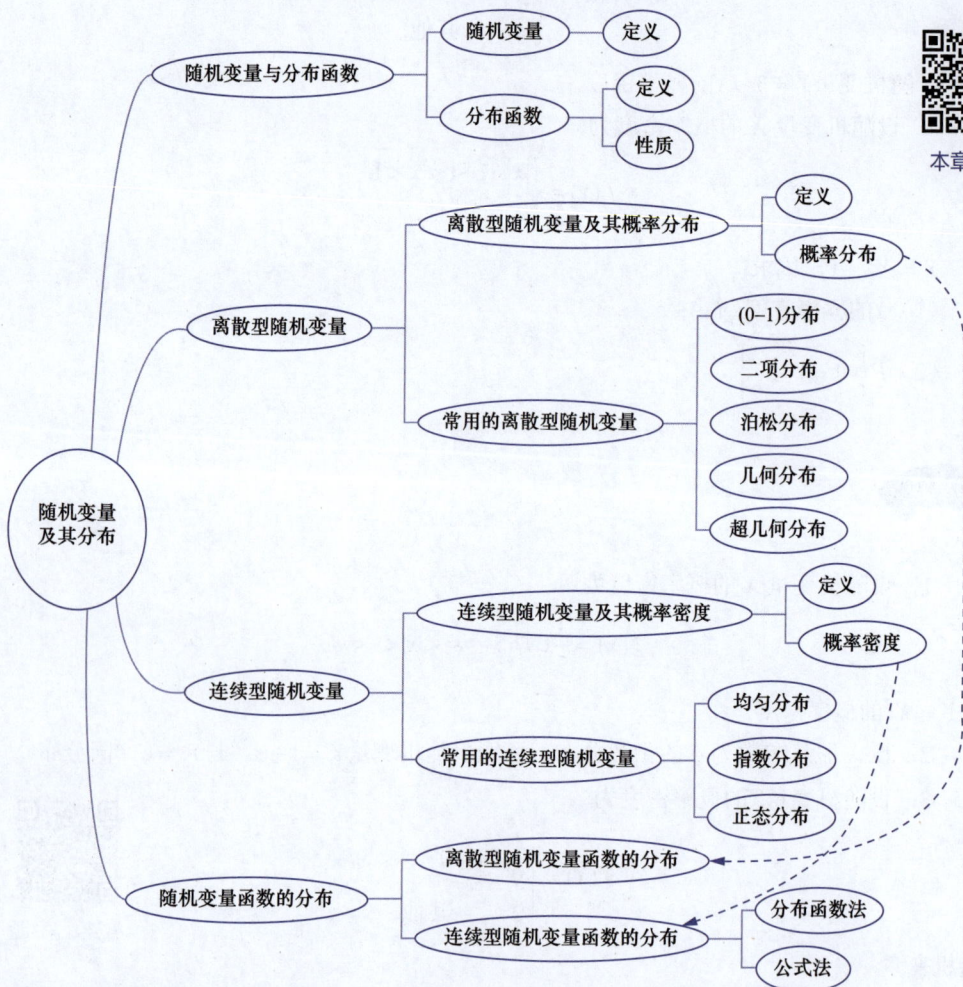

本章小结

第 2 章总复习题

1. 选择题：（1）~（5）小题，每小题 4 分，共 20 分. 下列每小题给出的 4 个选项中，只有一个选项是符合题目要求的.

（1）设随机变量 X 满足 $X^3 \sim N(1,7^2)$，记标准正态分布函数为 $\Phi(x)$，则 $P\{1 < X < 2\}$ 的值为（　　）.

A. $\Phi(2) - \Phi(1)$　　　B. $\Phi(\sqrt[3]{2}) - \Phi(1)$　　　C. $\Phi(1) - 0.5$　　　D. $\Phi(\sqrt[3]{3}) - \Phi(\sqrt[3]{2})$

（2）设连续型随机变量 X 的概率密度为 $f(x) = \begin{cases} 2x, & 0 < x < 1, \\ 0, & \text{其他}, \end{cases}$ 则随机变量 $Y = X^2$ 的概率密度为（　　）.

A. $f_Y(y) = \begin{cases} \dfrac{1}{2}, & 0 < y < 2, \\ 0, & \text{其他} \end{cases}$　　　B. $f_Y(y) = \begin{cases} 2e^{-y^2}, & y > 0, \\ 0, & \text{其他} \end{cases}$

C. $f_Y(y) = \begin{cases} 1, & 0 < y < 1, \\ 0, & \text{其他} \end{cases}$　　　D. $f_Y(y) = \begin{cases} e^{-y}, & y > 0, \\ 0, & \text{其他} \end{cases}$

（3）（2010104）设 $f_1(x)$ 为标准正态分布的概率密度，$f_2(x)$ 为 $(-1,3)$ 上的均匀分布的概率密度. 若

$$f(x) = \begin{cases} af_1(x), & x \leqslant 0, \\ bf_2(x), & x > 0 \end{cases} \quad (a > 0, b > 0)$$

为概率密度，则 a,b 应满足（　　）.

A. $2a + 3b = 4$　　　B. $3a + 2b = 4$　　　C. $a + b = 1$　　　D. $a + b = 2$

（4）设随机变量 X 的概率密度为 $f(x)$，则下列函数中是概率密度的是（　　）.

A. $f(2x)$　　　B. $f^2(x)$　　　C. $2xf(x^2)$　　　D. $3x^2f(x^3)$

（5）设随机变量 X 的概率密度 $f(x)$ 满足 $f(-x) = f(x)$，$F(x)$ 是 X 的分布函数，则对任意的实数 a，下列式子中成立的是（　　）.

A. $F(-a) = 1 - \displaystyle\int_0^a f(x)\mathrm{d}x$　　　B. $F(-a) = \dfrac{1}{2} - \displaystyle\int_0^a f(x)\mathrm{d}x$

C. $F(-a) = F(a)$　　　D. $F(-a) = 2F(a) - 1$

2. 填空题：（6）～（10）小题，每小题 4 分，共 20 分.

（6）设随机变量 X 的分布律为 $P\{X=k\}=\dfrac{c}{k!}\mathrm{e}^{-2}$，$k=0,1,2,\cdots$，则常数 $c=$ _____ .

（7）设随机变量 X 的分布律为 $P\{X=k\}=\theta(1-\theta)^{k-1}$，$k=1,2,\cdots$，其中 $0<\theta<1$. 若 $P\{X\leq 2\}=\dfrac{5}{9}$，则 $P\{X=3\}=$ _____ .

（8）设某时间段内通过路口的车流量 X 服从泊松分布，已知该时间段内没有车通过的概率为 $\dfrac{1}{\mathrm{e}}$，则该时间段内至少有 2 辆车通过的概率为 _____ .

（9）设随机变量 X 在 $(1,6)$ 上服从均匀分布，则方程 $x^2+X\cdot x+1=0$ 有实根的概率是 _____ .

（10）设随机变量 X 的概率密度为 $f(x)=A\mathrm{e}^{-x^2+x}$ $(-\infty<x<+\infty)$，则常数 $A=$ _____ .

3. 解答题：（11）～（16）小题，每小题 10 分，共 60 分.

（11）设在时间 t（单位：min）内，通过某十字路口的汽车数量服从参数与 t 成正比的泊松分布. 已知在 1min 内没有汽车通过的概率是 0.2，求在 2min 内有多于一辆汽车通过的概率.

（12）设随机变量 X 服从参数为 $\lambda(\lambda>0)$ 的指数分布，且 $P\{X\leq 1\}=\dfrac{1}{2}$，试求：

① 参数 λ；

② $P\{X>2\mid X>1\}$.

（13）设随机变量 $X\sim U(0,2)$，求随机变量 $Y=X^2$ 在 $(0,4)$ 内的概率密度 $f_Y(y)$.

（14）某城市每天用电量不超过 100 万度，以 X 表示每天的耗电率（用电量除以 100 万度），其概率密度为

$$f(x)=\begin{cases}12x(1-x)^2, & 0<x<1,\\ 0, & \text{其他}.\end{cases}$$

若该城市每天的供电量仅有 80 万度，求供电量不满足需要的概率. 如果每天的供电量是 90 万度，求供电量不满足需要的概率.

（15）某车间有同类设备 100 台，各台设备工作互不影响. 如果每台设备发生故障的概率是 0.01，且一台设备的故障可以由一个人处理. 问：至少配备多少名维修工，才能保证设备发生故障时不能及时维修的概率小于 0.01？

（16）设随机变量 X 服从参数为 1 的指数分布，试求：

① $Y_1=|X|$ 的分布函数 $F_1(y)$；

② $Y_2=3X+2$ 的概率密度 $f_2(y)$.

03

第 3 章
多维随机变量及其分布

在第 2 章中，我们学习了单个随机变量，它将随机试验的结果与一维实数对应起来，我们把单个随机变量称为**一维随机变量**. 但是，在许多实际问题中，一维随机变量不能满足研究的需要，很多随机试验的结果往往受到多个因素的影响，例如：GDP（国内生产总值）受到消费、投资、政府购买和净出口的影响；在量子力学中，当微观粒子处于某一状态时，它的力学量受到坐标、动量、角动量和能量的影响；消费者在购买一件商品时，要同时考虑它的外观、性能及价格等因素；飞机的重心在空中的位置是由 3 个坐标来决定的. 在以上例子中，我们把与随机试验结果相对应的多个随机变量称为**多维随机变量**. 在多维随机变量中，以二维随机变量为代表，本章主要研究二维随机变量的统计规律，并介绍二维随机变量中两个随机变量之间的相互关系.

本章导学

■ 3.1 二维随机变量及其分布

3.1.1 二维随机变量

定义 3.1 设 E 是随机试验，$X = X(\omega)$ 和 $Y = Y(\omega)$ 是定义在同一个样本空间 $S = \{\omega\}$ 上的随机变量，则称 (X, Y) 为**二维随机变量**或二维随机向量.

二维随机变量 (X, Y) 的性质不仅与 X 和 Y 有关，还依赖于两个随机变量之间的相互关系，因此要将随机变量 (X, Y) 作为一个整体进行研究.

3.1.2 二维随机变量的联合分布函数

定义 3.2 设 (X, Y) 为二维随机变量，对于任意的 $(x, y) \in \mathbf{R}^2$，称

$$F(x, y) = P\{X \leqslant x, Y \leqslant y\}$$

为二维随机变量 (X, Y) 的**联合分布函数**，简称为**分布函数**.

微课：联合分布函数

联合分布函数描述了二维随机变量的统计规律. 若将 (X, Y) 看作平面直角坐标系上的随机点，那么 $F(x, y) = P\{X \leqslant x, Y \leqslant y\}$ 的几何意义就是随机点落入图 3.1 中阴影部分的概率，即落入点 (x, y) 左下方区域内的概率.

根据联合分布函数 $F(x, y)$ 的定义，可以求出随机点 (X, Y) 落入图 3.2 中阴影部分矩形区域的概率：

$$P\{x_1 < X \le x_2, y_1 < Y \le y_2\} = F(x_2, y_2) - F(x_1, y_2) - F(x_2, y_1) + F(x_1, y_1).$$

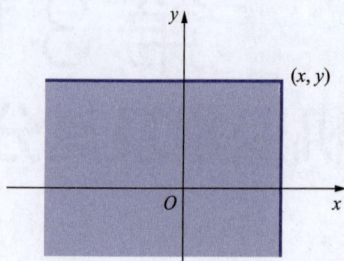

图 3.1

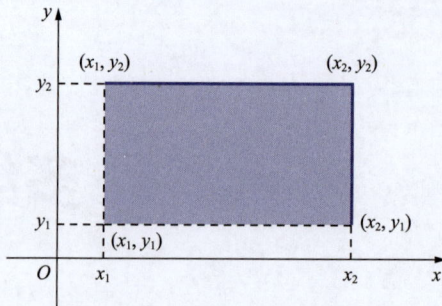

图 3.2

因此，随机变量 (X, Y) 落入任意矩形区域内的概率，一定可以通过 (X, Y) 的联合分布函数 $F(x, y)$ 表示出来. 但是，如果落入圆形区域或三角形区域，就无法用联合分布函数 $F(x, y)$ 表示其概率了，那么应该如何表示呢？这要根据具体的情况进行分析.

联合分布函数 $F(x, y)$ 具有与一维随机变量的分布函数类似的性质，具体性质如下.

（1）单调性：对 x 或 y 都是单调不减的.

（2）有界性：对任意的 x 和 y，有 $0 \le F(x, y) \le 1$，并且

$$F(-\infty, y) = \lim_{x \to -\infty} F(x, y) = 0,$$

$$F(x, -\infty) = \lim_{y \to -\infty} F(x, y) = 0,$$

$$F(+\infty, +\infty) = \lim_{\substack{x \to +\infty \\ y \to +\infty}} F(x, y) = 1.$$

（3）右连续：对 x 或 y 都是右连续的，即

$$F(x + 0, y) = F(x, y),$$

$$F(x, y + 0) = F(x, y).$$

（4）对任意的 (x_1, y_1) 和 (x_2, y_2)，其中 $x_1 < x_2, y_1 < y_2$，有

$$F(x_2, y_2) - F(x_1, y_2) - F(x_2, y_1) + F(x_1, y_1) \ge 0.$$

二维随机变量也有离散型和连续型两种类型，为了研究它们的统计规律，仍然可以借助"分布律"和"概率密度"这两个有用的工具.

3.1.3 二维离散型随机变量及其分布

定义 3.3 若二维随机变量 (X, Y) 只取有限个或可列个数对 (x_i, y_j)，则称 (X, Y) 为**二维离散型随机变量**，称 $p_{ij} = P\{X = x_i, Y = y_j\}(i, j = 1, 2, \cdots)$ 为 (X, Y) 的**联合分布律**或**联合概率分布**，简称为**分布律**或**概率分布**.

由概率的性质，可以得到联合分布律的以下性质.

（1）非负性：$p_{ij} \ge 0, \ i, j = 1, 2, \cdots$.

（2）正则性：$\sum_i \sum_j p_{ij} = 1$.

与一维随机变量的分布律类似，二维联合分布律也可以用如下形式表示.

X \ Y	y_1	y_2	$\cdots$	y_j	$\cdots$
x_1	p_{11}	p_{12}	$\cdots$	p_{1j}	$\cdots$
x_2	p_{21}	p_{22}	$\cdots$	p_{2j}	$\cdots$
$\vdots$	$\vdots$	$\vdots$	$\vdots$	$\vdots$	$\vdots$
x_i	p_{i1}	p_{i2}	$\cdots$	p_{ij}	$\cdots$
$\vdots$	$\vdots$	$\vdots$	$\vdots$	$\vdots$	$\vdots$

利用联合分布律就可以求出二维离散型随机变量(X,Y)落入平面区域A中的概率：
$$P\{(X,Y) \in A\} = \sum_{(x_i, y_j) \in A} p_{ij}.$$

例 3.1 一家大型保险公司为一些客户提供服务，这些客户既购买了车险，又购买了财险.每种类型的保单都有一定的免赔额，车险的免赔额为 100 元或 250 元，财险的免赔额为 0 元、100 元或 200 元. 假设一个人同时购买了这两种保险，X 表示车险的免赔额，Y 表示财险的免赔额. 根据该保险公司的历史数据可以得到随机变量(X,Y)的联合分布律如下.

X \ Y	0	100	200
100	0.20	0.10	0.20
250	0.05	0.15	0.30

求：（1）客户财险的免赔额不低于 100 元的概率；（2）客户的免赔总额不超过 300 元的概率.

解 （1）财险的免赔额不低于 100 元即随机变量$Y \geqslant 100$，包含了$Y = 100$和$Y = 200$两种情况，这里X在 100 和 250 中任意取值，故

$P\{Y \geqslant 100\} = P\{X=100,Y=100\} + P\{X=100,Y=200\} + P\{X=250,Y=100\} + P\{X=250,Y=200\} = 0.75$.

（2）免赔总额不超过 300 元即$X + Y \leqslant 300$，由题意可得其概率为

$P\{X+Y \leqslant 300\} = P\{X=100,Y=0\} + P\{X=100,Y=100\} + P\{X=100,Y=200\} + P\{X=250,Y=0\} = 0.55$.

例 3.2 有 7 件外观相同的产品，经检测其中有 3 件一等品、2 件二等品、2 件三等品，任意选出 4 件产品，用X表示取到一等品的件数，用Y表示取到二等品的件数，求(X, Y)的联合分布律.

解 从 7 件产品中取出 4 件共有$C_7^4 = 35$种取法.

设X的取值为i，Y的取值为j，则在 4 件产品中，一等品有i件，二等品有j件，三等品有$4-i-j$件，因此

$$P\{X=i, Y=j\} = \frac{C_3^i C_2^j C_2^{4-i-j}}{35}, \quad i=0,1,2,3, \quad j=0,1,2, \quad i+j \leqslant 4.$$

由题意可得

$$P\{X=0, Y=2\} = \frac{C_3^0 C_2^2 C_2^2}{35} = \frac{1}{35},$$

$$P\{X=1, Y=1\} = \frac{C_3^1 C_2^1 C_2^2}{35} = \frac{6}{35},$$

$$P\{X=1, Y=2\} = \frac{C_3^1 C_2^2 C_2^1}{35} = \frac{6}{35},$$

$$P\{X=2, Y=0\} = \frac{C_3^2 C_2^0 C_2^2}{35} = \frac{3}{35},$$

$$P\{X=2, Y=1\} = \frac{C_3^2 C_2^1 C_2^1}{35} = \frac{12}{35},$$

$$P\{X=2, Y=2\} = \frac{C_3^2 C_2^2 C_2^0}{35} = \frac{3}{35},$$

$$P\{X=3, Y=0\} = \frac{C_3^3 C_2^0 C_2^1}{35} = \frac{2}{35},$$

$$P\{X=3, Y=1\} = \frac{C_3^3 C_2^1 C_2^0}{35} = \frac{2}{35},$$

$$P\{X=0, Y=0\} = P\{X=0, Y=1\} = P\{X=1, Y=0\} = P\{X=3, Y=2\} = 0.$$

从而得到 (X, Y) 的联合分布律如下.

X \ Y	0	1	2
0	0	0	$\frac{1}{35}$
1	0	$\frac{6}{35}$	$\frac{6}{35}$
2	$\frac{3}{35}$	$\frac{12}{35}$	$\frac{3}{35}$
3	$\frac{2}{35}$	$\frac{2}{35}$	0

3.1.4　二维连续型随机变量及其分布

定义 3.4　设 (X,Y) 为二维随机变量，若存在函数 $f(x,y)$，对于任意区域 A，满足

$$P\{(X,Y) \in A\} = \iint\limits_A f(x,y)\mathrm{d}x\mathrm{d}y,$$

微课：联合
概率密度

则称 (X,Y) 为二维连续型随机变量，称 $f(x,y)$ 为 (X,Y) 的**联合概率密度函数**，简称为**联合概率密度**.

在几何上，设 $z=f(x,y)$ 表示空间的一个曲面，则 $\iint\limits_A f(x,y)\mathrm{d}x\mathrm{d}y$ 表示以 $z=f(x,y)$ 为顶、以区域 A 为底的曲顶柱体的体积.

联合概率密度$f(x,y)$具有以下性质.

（1）非负性：$f(x,y)\geqslant 0$.

（2）正则性：$\int_{-\infty}^{+\infty}\int_{-\infty}^{+\infty}f(x,y)\mathrm{d}x\mathrm{d}y=1$.

对于二维连续型随机变量(X,Y)，联合分布函数与联合概率密度也可以相互求出：

若$f(x,y)$在点(x,y)处连续，$F(x,y)$为相应的联合分布函数，则有

$$\frac{\partial^2 F(x,y)}{\partial x\partial y}=f(x,y)\ ;$$

反之，若已知联合概率密度$f(x,y)$，则$F(x,y)=\int_{-\infty}^{x}\int_{-\infty}^{y}f(u,v)\mathrm{d}u\mathrm{d}v$.

例 3.3 一家公司的服务包括人工服务和自助服务. 在一天中，X表示人工服务所花费的时间，Y表示自助服务所花费的时间. 二维随机变量(X,Y)所有可能取值的集合为$D=\{(x,y)\,|\,0\leqslant x\leqslant 1,0\leqslant y\leqslant 1\}$（单位：h），$(X,Y)$的联合概率密度为

$$f(x,y)=\begin{cases}\dfrac{6}{5}(x+y^2), & 0\leqslant x\leqslant 1,0\leqslant y\leqslant 1,\\ 0, & \text{其他}.\end{cases}$$

求人工服务和自助服务的时间均不超过一刻钟的概率，即求$P\left\{0\leqslant X\leqslant\dfrac{1}{4},0\leqslant Y\leqslant\dfrac{1}{4}\right\}$.

解 $P\left\{0\leqslant X\leqslant\dfrac{1}{4},0\leqslant Y\leqslant\dfrac{1}{4}\right\}=\int_0^{\frac{1}{4}}\int_0^{\frac{1}{4}}\dfrac{6}{5}(x+y^2)\mathrm{d}x\mathrm{d}y$

$=\dfrac{6}{5}\int_0^{\frac{1}{4}}\int_0^{\frac{1}{4}}x\mathrm{d}x\mathrm{d}y+\dfrac{6}{5}\int_0^{\frac{1}{4}}\int_0^{\frac{1}{4}}y^2\mathrm{d}x\mathrm{d}y$

$=\dfrac{6}{20}\times\dfrac{x^2}{2}\bigg|_0^{\frac{1}{4}}+\dfrac{6}{20}\times\dfrac{y^3}{3}\bigg|_0^{\frac{1}{4}}$

$=\dfrac{7}{640}\approx 0.01.$

因此，人工服务和自助服务的时间均不超过一刻钟的概率约为0.01，这个概率是非常小的.

下面介绍二维连续型随机变量的两种常用分布.

1. 二维均匀分布

设G是平面上的一个有界区域，其面积为S_G，若随机变量(X,Y)的联合概率密度为

$$f(x,y)=\begin{cases}\dfrac{1}{S_G}, & (x,y)\in G,\\ 0, & \text{其他},\end{cases}$$

则称随机变量(X,Y)服从区域G上的**二维均匀分布**.

二维均匀分布相当于向平面区域G内随机地投点，若D为G的子区域，则点(X,Y)落入区域D内的概率与区域D的位置无关，只与D的面积有关，且概率值等于子区域D的面积与区域G的面积之比，即

$$P\{(X,Y)\in D\}=\iint\limits_{D}f(x,y)\mathrm{d}x\mathrm{d}y=\iint\limits_{(x,y)\in D}\dfrac{1}{S_G}\mathrm{d}x\mathrm{d}y$$

$$= \frac{1}{S_G} \iint\limits_{(x,y)\in D} 1 \mathrm{d}x\mathrm{d}y = \frac{S_D}{S_G}.$$

这也是第 1 章介绍过的几何概率问题.

例 3.4 设二维随机变量 (X,Y) 服从区域 G 上的均匀分布, 其中区域 G 是由 $x-y=0, x+y=2, y=0$ 所围成的三角形区域 (见图 3.3), 求随机变量 (X,Y) 落入区域 D 内的概率.

解 通过计算, 可求出区域 G 的面积 $S_G=1$. 从而联合概率密度为

$$f(x,y) = \begin{cases} 1, & 0 \leqslant y \leqslant x \leqslant 2-y, \\ 0, & \text{其他}. \end{cases}$$

可以求出区域 D 的面积为 $\frac{1}{2}$, 所以

$$P\{(X,Y)\in D\} = \iint\limits_{(x,y)\in D} 1 \mathrm{d}x\mathrm{d}y = \frac{1}{2}.$$

图 3.3

注意, 本例除了可运用联合概率密度 $f(x,y)$ 来计算概率, 还可以利用几何概率的结论——概率等于面积之比直接得出结果.

2. 二维正态分布

如果二维随机变量 (X,Y) 的联合概率密度为

$$f(x,y) = \frac{1}{2\pi\sigma_1\sigma_2\sqrt{1-\rho^2}} e^{-\frac{1}{2(1-\rho^2)}\left[\frac{(x-\mu_1)^2}{\sigma_1^2} - 2\rho\frac{(x-\mu_1)(y-\mu_2)}{\sigma_1\sigma_2} + \frac{(y-\mu_2)^2}{\sigma_2^2}\right]}, \quad -\infty < x, y < +\infty,$$

其中 5 个参数 $\mu_1, \mu_2, \sigma_1, \sigma_2, \rho$ 均为常数, 且 $-\infty < \mu_1, \mu_2 < +\infty$, $\sigma_1, \sigma_2 > 0$, $-1 \leqslant \rho \leqslant 1$, 则称 (X,Y) 服从**二维正态分布**, 记为 $(X,Y) \sim N(\mu_1, \mu_2, \sigma_1^2, \sigma_2^2, \rho)$. $f(x,y)$ 的图形如图 3.4 所示.

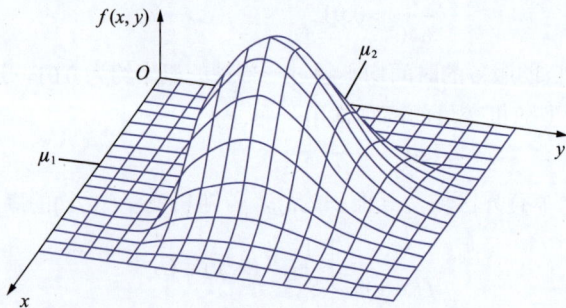

图 3.4

二维正态分布的联合概率密度虽然较复杂, 但它是一个在数学、物理和工程等领域都有广泛应用的分布, 有 "漂亮" 的结论, 无论在理论研究还是在实际应用中都具有重要的作用. 下一节还将介绍二维正态分布的边缘概率密度, 以及随机变量之间独立性的判定, 它们都有很重要的性质.

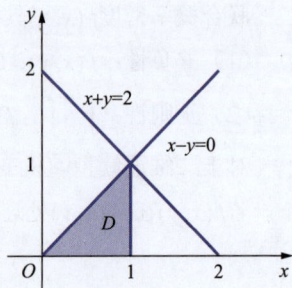

同步习题 3.1

基础题

1. 设(X, Y)为二维随机变量，用$F(x, y)$表示下列概率.

(1) $P\{a < X \leqslant b, c < Y \leqslant d\}$. (2) $P\{a \leqslant X \leqslant b, Y \leqslant y\}$. (3) $P\{X = a, Y \leqslant y\}$.

(4) $P\{X \leqslant a, Y < +\infty\}$.

2. 已知(X, Y)的联合分布律如下.

X \ Y	1	2	3
0	0.1	0.2	0.3
1	0.15	0	0.25

求概率$P\{X < 1\}$，$P\{Y \leqslant 2\}$，$P\{X \leqslant 1, Y < 2\}$.

3. 抛掷一枚均匀的硬币 3 次，以 X 表示出现正面的次数，以 Y 表示正面出现次数与反面出现次数之差的绝对值，求(X, Y)的联合分布律.

4. 从 1, 2, 3, 4 中任取一数记为 X，再从 1, 2, $\cdots$, X 中任取一数记为 Y，求(X, Y)的联合分布律.

5. 设二维连续型随机变量(X, Y)的分布函数为

$$F(x, y) = \begin{cases} (1 - e^{-3x})(1 - e^{-5y}), & x \geqslant 0, y \geqslant 0, \\ 0, & \text{其他.} \end{cases}$$

求(X, Y)的联合概率密度$f(x, y)$.

6. 设二维随机变量(X, Y)的联合概率密度为

$$f(x, y) = \begin{cases} k e^{-3x - 4y}, & x \geqslant 0, y \geqslant 0, \\ 0, & \text{其他.} \end{cases}$$

求：(1) 常数 k ；(2) (X, Y)的联合分布函数；(3) $P\{0 < X \leqslant 1, 0 < Y \leqslant 2\}$.

7. 设二维随机变量(X, Y)的联合概率密度为

$$f(x, y) = \frac{A}{\pi^2 (16 + x^2)(25 + y^2)},$$

求常数 A 及(X, Y)的联合分布函数.

8. 设二维随机变量(X, Y)的联合概率密度为

$$f(x, y) = \begin{cases} 6(1 - y), & 0 < x < y < 1, \\ 0, & \text{其他.} \end{cases}$$

求：(1) $P\{X > 0.5, Y > 0.5\}$；(2) $P\{X < 0.5\}$和$P\{Y < 0.5\}$.

9. 从 $(0,1)$ 中随机地取两个数,求其积不小于 $\dfrac{3}{16}$ 且其和不大于 1 的概率.

提高题

1. 证明:二元函数

$$F(x,y)=\begin{cases}1, & x+y\geq 0,\\ 0, & x+y<0\end{cases}$$

对每个变量单调不减、右连续,且 $F(-\infty,y)=F(x,-\infty)=0$,$F(+\infty,+\infty)=1$,但 $F(x,y)$ 并不是分布函数.

2. 设二维随机变量 (X,Y) 的联合概率密度为

$$f(x,y)=\begin{cases}\dfrac{1}{2}\sin(x+y), & 0\leq x<\dfrac{\pi}{2},0\leq y<\dfrac{\pi}{2},\\ 0, & \text{其他}.\end{cases}$$

求 (X,Y) 的联合分布函数 $F(x,y)$.

3. 设二维随机变量 (X,Y) 的联合概率密度为

$$f(x,y)=\begin{cases}4xy, & 0<x<1,0<y<1,\\ 0, & \text{其他}.\end{cases}$$

求:(1) $P\{X\leq Y\}$;(2) $P\{X+Y\geq 1\}$;(3) $P\left\{|Y-X|\geq\dfrac{1}{2}\right\}$;(4) $P\left\{X\text{与}Y\text{中至少有一个}\right.$

$\left.\text{小于}\dfrac{1}{2}\right\}$.

4. 设一个电子设备含有两个主要元件,分别以 X 和 Y 表示这两个主要元件的寿命(单位:h).若设其联合分布函数为

$$F(x,y)=\begin{cases}1-\mathrm{e}^{-0.01x}-\mathrm{e}^{-0.01y}+\mathrm{e}^{-0.01(x+y)}, & x\geq 0,y\geq 0,\\ 0, & \text{其他},\end{cases}$$

试求这两个元件的寿命都超过 120h 的概率.

■ 3.2 边缘分布与随机变量的独立性

联合分布描述的是二维随机变量 (X,Y) 的整体特性,除此之外,还需要考虑随机变量 X,Y 各自的分布,即边缘分布. 有了边缘分布,我们就可以讨论随机变量 X 和 Y 之间的某种关系. 本节还将介绍随机变量 X 与 Y 的独立性.

3.2.1 边缘分布函数

设二维随机变量(X,Y)的联合分布函数$F(x,y)$已知，则两个分量X和Y的分布函数可以由联合分布函数求得．事实上

$$F_X(x) = P\{X \leqslant x\} = P\{X \leqslant x, Y < +\infty\} = F(x, +\infty),$$

其中$-\infty < x < +\infty$，称$F_X(x)$为二维随机变量(X,Y)关于X的边缘分布函数．

同理可得$F_Y(y) = F(+\infty, y)$，其中$-\infty < y < +\infty$，称$F_Y(y)$为二维随机变量(X, Y)关于Y的边缘分布函数．

由以上定义可知，边缘分布函数$F_X(x), F_Y(y)$完全由联合分布函数$F(x, y)$确定．

3.2.2 边缘分布律

设二维离散型随机变量(X,Y)的联合分布律为

$$p_{ij} = P\{X = x_i, Y = y_j\}, \quad i, j = 1, 2, \cdots,$$

则二维随机变量(X,Y)关于X的边缘分布律为

$$P\{X = x_i\} = \sum_{j=1}^{+\infty} P\{X = x_i, Y = y_j\} = \sum_{j=1}^{+\infty} p_{ij}, \quad i = 1, 2, \cdots,$$

简记为$p_i.$；二维随机变量(X,Y)关于Y的边缘分布律为

$$P\{Y = y_j\} = \sum_{i=1}^{+\infty} P\{X = x_i, Y = y_j\} = \sum_{i=1}^{+\infty} p_{ij}, \quad j = 1, 2, \cdots,$$

简记为$p_{\cdot j}$．

由此可知，利用联合分布律就能得到二维随机变量(X,Y)关于单个随机变量X, Y的边缘分布律，且可以写成以下形式．

X \ Y	y_1	y_2	$\cdots$	y_j	$\cdots$	$p_i.$
x_1	p_{11}	p_{12}	$\cdots$	p_{1j}	$\cdots$	$p_1.$
x_2	p_{21}	p_{22}	$\cdots$	p_{2j}	$\cdots$	$p_2.$
$\vdots$	$\vdots$	$\vdots$	$\vdots$	$\vdots$	$\vdots$	$\vdots$
x_i	p_{i1}	p_{i2}	$\cdots$	p_{ij}	$\cdots$	$p_i.$
$\vdots$	$\vdots$	$\vdots$	$\vdots$	$\vdots$	$\vdots$	$\vdots$
$p_{\cdot j}$	$p_{\cdot 1}$	$p_{\cdot 2}$	$\cdots$	$p_{\cdot j}$	$\cdots$	1

例 3.5（续例 3.1） 在例 3.1 描述的情况中，求二维随机变量(X,Y)的边缘分布律．

解 车险的免赔额X可能的取值为 100 或 250，分别计算两种情况的概率：

$$P\{X = 100\} = P\{X = 100, Y = 0\} + P\{X = 100, Y = 100\} + P\{X = 100, Y = 200\} = 0.5,$$

$$P\{X = 250\} = P\{X = 250, Y = 0\} + P\{X = 250, Y = 100\} + P\{X = 250, Y = 200\} = 0.5.$$

故二维随机变量(X,Y)关于X的边缘分布律如下.

X	100	250
P	0.5	0.5

同理，可以求出二维随机变量(X,Y)关于Y的边缘分布律如下.

Y	0	100	200
P	0.25	0.25	0.5

3.2.3 边缘概率密度

设二维连续型随机变量(X,Y)的联合概率密度为$f(x,y)$，则可以求出(X,Y)关于X的边缘分布函数

$$F_X(x) = F(x, +\infty) = \int_{-\infty}^{x} \int_{-\infty}^{+\infty} f(u,v)\mathrm{d}u\mathrm{d}v = \int_{-\infty}^{x} \left[\int_{-\infty}^{+\infty} f(u,v)\mathrm{d}v \right] \mathrm{d}u,$$

对$F_X(x)$求导可得$f_X(x) = F_X'(x) = \int_{-\infty}^{+\infty} f(x,y)\mathrm{d}y$，称

$$f_X(x) = \int_{-\infty}^{+\infty} f(x,y)\mathrm{d}y \ (-\infty < x < +\infty)$$

为(X,Y)关于X的边缘概率密度.

同理可得(X,Y)关于Y的边缘概率密度$f_Y(y) = \int_{-\infty}^{+\infty} f(x,y)\mathrm{d}x \ (-\infty < y < +\infty)$.

例 3.6（续例 3.3） 在例 3.3 描述的情况中，求(X,Y)关于X和关于Y的边缘概率密度，以及$P\left\{ \frac{1}{4} \leqslant Y \leqslant \frac{3}{4} \right\}$.

解 当$x<0$或$x>1$时，因为$f(x,y)=0$，所以$f_X(x)=0$.

当$0 \leqslant x \leqslant 1$时，

$$f_X(x) = \int_{-\infty}^{+\infty} f(x,y)\mathrm{d}y = \int_0^1 \frac{6}{5}(x+y^2)\mathrm{d}y = \frac{6}{5}x + \frac{2}{5}.$$

故(X,Y)关于X的边缘概率密度为$f_X(x) = \begin{cases} \dfrac{6}{5}x + \dfrac{2}{5}, & 0 \leqslant x \leqslant 1, \\ 0, & \text{其他}. \end{cases}$

同理可得(X,Y)关于Y的边缘概率密度为

$$f_Y(y) = \begin{cases} \dfrac{6}{5}y^2 + \dfrac{3}{5}, & 0 \leqslant y \leqslant 1, \\ 0, & \text{其他}. \end{cases}$$

因此，
$$P\left\{ \frac{1}{4} \leqslant Y \leqslant \frac{3}{4} \right\} = \int_{\frac{1}{4}}^{\frac{3}{4}} f_Y(y)\mathrm{d}y = \int_{\frac{1}{4}}^{\frac{3}{4}} \left(\frac{6}{5}y^2 + \frac{3}{5} \right)\mathrm{d}y = \frac{37}{80}.$$

3.2.4 随机变量的独立性

第 1 章介绍了两个事件相互独立的概念，由此可以引出两个随机变量相互独立的概念.

定义 3.5 设二维随机变量(X,Y)的联合分布函数为$F(x,y)$，且(X,Y)关于X,

微课：随机变量的独立性

Y 的边缘分布函数分别为 $F_X(x), F_Y(y)$，若对任意的一组取值 (x, y)，有 $F(x, y) = F_X(x) \cdot F_Y(y)$ 成立，则称随机变量 X 与 Y 是相互独立的.

由此定义可得，当随机变量 X 与 Y 相互独立时，$P\{X \leqslant x, Y \leqslant y\} = P\{X \leqslant x\} P\{Y \leqslant y\}$.

定理 3.1 设 (X, Y) 为二维离散型随机变量，对任意的 (x_i, y_j)，离散型随机变量 X 与 Y 相互独立等价于 $P\{X = x_i, Y = y_j\} = P\{X = x_i\} \cdot P\{Y = y_j\}$.

设 (X, Y) 为二维连续型随机变量，对任意的 (x, y)，连续型随机变量 X 与 Y 相互独立等价于 $f(x, y) = f_X(x) \cdot f_Y(y)$.

定义 3.5 和定理 3.1 给出的是二维随机变量相互独立的判定方法，此方法也可以推广到 n 维随机变量的独立性，在 3.4 节中将给出相关的定义.

需要注意的是，要判别 (X, Y) 中的 X 与 Y 相互独立，必须对"任意一组取值"都满足上述结论；若判别 X 与 Y 不相互独立，则只需要找到一组不满足上述结论的取值即可.

例 3.7 在左转车道上，每个信号周期内的私家车数量记为 X，公交车数量记为 Y，X 与 Y 都是随机变量，且 (X, Y) 的联合分布律如下.

X \ Y	0	1	2
0	0.025	0.015	0.010
1	0.050	0.030	0.020
2	0.125	0.075	0.050
3	0.150	0.090	0.060
4	0.100	0.060	0.040
5	0.050	0.030	0.020

问：随机变量 X 和 Y 是否相互独立？

解 由边缘分布律的定义可得 X 的分布律如下.

X	0	1	2	3	4	5
P	0.050	0.100	0.250	0.300	0.200	0.100

同理可得 Y 的分布律如下.

Y	0	1	2
P	0.500	0.300	0.200

可以验证，随机变量 (X, Y) 的任意一组取值都满足
$$P\{X = x_i, Y = y_j\} = P\{X = x_i\} \cdot P\{Y = y_j\},$$
故随机变量 X 和 Y 是相互独立的.

例 3.8（续例 3.6） 设二维随机变量 (X, Y) 的联合概率密度为
$$f(x, y) = \begin{cases} \dfrac{6}{5}(x + y^2), & 0 \leqslant x \leqslant 1, \ 0 \leqslant y \leqslant 1, \\ 0, & \text{其他}. \end{cases}$$

边缘概率密度在例 3.6 中已求出，判断随机变量 X 与 Y 是否相互独立.

解
$$f_X(x)f_Y(y)=\begin{cases}\dfrac{36}{25}xy^2+\dfrac{18}{25}x+\dfrac{12}{25}y^2+\dfrac{6}{25}, & 0\leqslant x\leqslant1,\ 0\leqslant y\leqslant1,\\ 0, & \text{其他}.\end{cases}$$

因为 $f(x,y)\neq f_X(x)f_Y(y)$，所以 X 与 Y 不相互独立.

在 3.1 节中，我们介绍了二维正态分布，通过本节学习，可以证明它具有以下结论（证明略）.

（1）若 $(X,Y)\sim N(\mu_1,\mu_2,\sigma_1^2,\sigma_2^2,\rho)$，则 $X\sim N(\mu_1,\sigma_1^2)$，$Y\sim N(\mu_2,\sigma_2^2)$. 反之不然.

（2）若 $(X,Y)\sim N(\mu_1,\mu_2,\sigma_1^2,\sigma_2^2,\rho)$，则 X 与 Y 相互独立的充要条件为 $\rho=0$.

例 3.9 设二维随机变量 (X,Y) 服从二维正态分布 $N(1,0,1,1,0)$，求 $P\{XY-Y<0\}$.

解 根据二维正态分布的结论可知：$X\sim N(1,1)$，$Y\sim N(0,1)$.

由于 $\rho=0$，故 X 与 Y 相互独立，所以

$$P\{XY-Y<0\}=P\{(X-1)Y<0\}$$
$$=P\{X<1,Y>0\}+P\{X>1,Y<0\}$$
$$=P\{X<1\}P\{Y>0\}+P\{X>1\}P\{Y<0\}.$$

由正态分布的对称性可知，

$$P\{X<1\}=P\{X>1\}=\frac{1}{2},\quad P\{Y>0\}=P\{Y<0\}=\frac{1}{2}.$$

于是

$$P\{XY-Y<0\}=\frac{1}{2}\times\frac{1}{2}+\frac{1}{2}\times\frac{1}{2}=\frac{1}{2}.$$

同步习题 3.2

基础题

1. 设二维随机变量 (X,Y) 的联合分布函数为
$$F(x,y)=\begin{cases}1-\mathrm{e}^{-x}-\mathrm{e}^{-y}+\mathrm{e}^{-x-y-\lambda xy}, & x>0,y>0,\\ 0, & \text{其他},\end{cases}$$
其中 $\lambda>0$. 求 (X,Y) 关于 X 和关于 Y 的边缘分布函数.

2. 设二维离散型随机变量 (X,Y) 可能的取值为 $(0,0),(-1,1),(-1,2),(1,0)$，且取这些值的概率分别为 $\dfrac{1}{6},\dfrac{1}{3},\dfrac{1}{12},\dfrac{5}{12}$. 求 X 和 Y 的分布律.

3. 已知二维均匀分布的联合概率密度为
$$f(x,y)=\begin{cases}\dfrac{1}{\pi}, & x^2+y^2\leqslant1,\\ 0, & \text{其他}.\end{cases}$$

求边缘概率密度.

　　4. 设二维随机变量(X,Y)的联合概率密度为

$$f(x,y)=\begin{cases}e^{-y}, & 0<x<y,\\ 0, & \text{其他}.\end{cases}$$

求$f_X(x)$和$f_Y(y)$，并判断X和Y是否相互独立.

　　5. 设二维离散型随机变量(X,Y)的联合分布律如下.

X \ Y	1	2	3
1	$\dfrac{1}{6}$	$\dfrac{1}{9}$	$\dfrac{1}{18}$
2	$\dfrac{1}{3}$	α	β

　　问：α,β取什么值时X与Y相互独立？

　　6. 设随机变量X与Y相互独立，其概率密度分别为

$$f_X(x)=\begin{cases}e^{-x}, & x>0,\\ 0, & \text{其他},\end{cases}\qquad f_Y(y)=\begin{cases}e^{-y}, & y>0,\\ 0, & \text{其他}.\end{cases}$$

求(X,Y)的联合概率密度.

提高题

　　1. 设随机变量X和Y相互独立，二维随机变量(X,Y)的联合分布律及关于X和关于Y的边缘分布律的部分数值如下，请将剩余数值补全.

X \ Y	y_1	y_2	y_3	$p_{i\cdot}$
x_1		$\dfrac{1}{8}$		
x_2	$\dfrac{1}{8}$			
$p_{\cdot j}$	$\dfrac{1}{6}$			

　　2. 设二维随机变量(X,Y)在边长为a的正方形内服从均匀分布，该正方形的对角线为坐标轴，求边缘概率密度.

　　3. 判断以下两个不同的联合概率密度是否有相同的边缘概率密度，并再列举出其他的例子.

$$f(x,y)=\begin{cases}x+y, & 0\leqslant x\leqslant 1,\ 0\leqslant y\leqslant 1,\\ 0, & \text{其他}.\end{cases}$$

$$g(x,y) = \begin{cases} (0.5+x)(0.5+y), & 0 \leqslant x \leqslant 1, \, 0 \leqslant y \leqslant 1, \\ 0, & \text{其他}. \end{cases}$$

*3.3 条件分布

在前面的两节中,我们介绍了联合分布与边缘分布,例如,考察某城市的全体居民,从中随机地抽取一个居民,假设该居民的收入和支出分别为随机变量 X 和 Y,则 X, Y 各自的分布为边缘分布,(X,Y) 的分布为联合分布. 对联合分布与边缘分布的研究有助于我们了解这个城市收入与支出的情况,除此之外,我们还希望了解在收入固定时支出的分布规律,例如,当 $X = 5\,000$(元)时,Y 的分布,也就是条件分布. 很显然,是否有 "$X = 5\,000$" 这个条件,支出 Y 的分布是不一样的,因此,对条件分布的研究非常有必要,它突显了在一个随机变量取值固定的条件下,另一个随机变量的统计规律.

3.3.1 二维离散型随机变量的条件分布律

定义 3.6 设二维离散型随机变量 (X,Y),其联合分布律为

$$p_{ij} = P\{X = x_i, Y = y_j\}, \quad i, j = 1, 2, \cdots,$$

微课:条件分布律

关于 Y 的边缘分布律为 $P\{Y = y_j\} = \sum_{i=1}^{+\infty} p_{ij} = p_{\cdot j}, \; j = 1, 2, \cdots$,称

$$p_{i|j} = P\{X = x_i \mid Y = y_j\} = \frac{P\{X = x_i, Y = y_j\}}{P\{Y = y_j\}} = \frac{p_{ij}}{p_{\cdot j}}, \quad i = 1, 2, \cdots$$

为在 $Y = y_j$ 条件下随机变量 X 的**条件分布律**.

同理,(X,Y) 关于 X 的边缘分布律为 $P\{X = x_i\} = \sum_{j=1}^{+\infty} p_{ij} = p_{i\cdot}, \; i = 1, 2, \cdots$,称

$$p_{j|i} = P\{Y = y_j \mid X = x_i\} = \frac{P\{X = x_i, Y = y_j\}}{P\{X = x_i\}} = \frac{p_{ij}}{p_{i\cdot}}, \quad j = 1, 2, \cdots$$

为在 $X = x_i$ 条件下随机变量 Y 的**条件分布律**.

由定义 3.6 可知,若已知联合分布律与边缘分布律,便可以求出条件分布律.

特别地,当随机变量 X 与 Y 相互独立时,条件分布律就等于其相应的边缘分布律,即 $p_{i|j} = p_{i\cdot}, \; p_{j|i} = p_{\cdot j}$.

例 3.10 一个加油站既有自助服务,又有人工服务. 在一次加油中,设 X 表示特定时间内自助加油使用的油枪数量,Y 表示人工加油使用的油枪数量. 随机变量 (X,Y) 的联合分布律如下.

X \ Y	0	1	2
0	0.10	0.04	0.02
1	0.08	0.20	0.06
2	0.06	0.14	0.30

当 $X=1$ 时，求 Y 的条件分布律.

解 由联合分布律可以求出：$P\{X=1\}=0.08+0.20+0.06=0.34$.

根据条件分布律的定义可知，

$$P\{Y=0|X=1\}=\frac{P\{X=1,Y=0\}}{P\{X=1\}}=\frac{0.08}{0.34}=\frac{4}{17},$$

$$P\{Y=1|X=1\}=\frac{P\{X=1,Y=1\}}{P\{X=1\}}=\frac{0.20}{0.34}=\frac{10}{17},$$

$$P\{Y=2|X=1\}=\frac{P\{X=1,Y=2\}}{P\{X=1\}}=\frac{0.06}{0.34}=\frac{3}{17}.$$

所以，当 $X=1$ 时，Y 的条件分布律如下.

Y	0	1	2
$P\{Y|X=1\}$	$\frac{4}{17}$	$\frac{10}{17}$	$\frac{3}{17}$

3.3.2 二维连续型随机变量的条件概率密度

我们先看一个例子.

设二维连续型随机变量 (X,Y) 的概率密度为

$$f(x,y)=\begin{cases}3x, & 0<x<1,0<y<x,\\0, & 其他.\end{cases}$$

求概率 $P\left\{Y\leqslant\frac{1}{8}\Big|X=\frac{1}{4}\right\}$.

分析 $P\left\{Y\leqslant\frac{1}{8}\Big|X=\frac{1}{4}\right\}$ 是否等于 $\dfrac{P\left\{X=\frac{1}{4},Y\leqslant\frac{1}{8}\right\}}{P\left\{X=\frac{1}{4}\right\}}$ 呢?

因为 $P\left\{X=\frac{1}{4}\right\}=0$，所以 $P\left\{Y\leqslant\frac{1}{8}\Big|X=\frac{1}{4}\right\}\neq\dfrac{P\left\{X=\frac{1}{4},Y\leqslant\frac{1}{8}\right\}}{P\left\{X=\frac{1}{4}\right\}}$.

本例中，(X,Y) 是二维连续型随机变量，因为 X,Y 在一点处的概率为零，即 $P\{X=x\}=0$,

微课：条件
概率密度

$P\{Y = y\} = 0$，所以不能直接代入条件概率公式．对于这样的问题应该如何求解概率呢？通过下面的学习我们将找到答案．

定义 3.7　设二维连续型随机变量(X, Y)的联合概率密度为$f(x, y)$，其关于X, Y的边缘概率密度分别为$f_X(x)$和$f_Y(y)$，则称$f_{X|Y}(x \mid y) = \dfrac{f(x, y)}{f_Y(y)}$与$F_{X|Y}(x \mid y) = \displaystyle\int_{-\infty}^{x} \dfrac{f(u, y)}{f_Y(y)} \mathrm{d}u$为在给定$Y = y$条件下，$X$的条件概率密度和条件分布函数．

在这里，$F_{X|Y}(x \mid y) = P\{X \leqslant x \mid Y = y\}$．

同理，称$f_{Y|X}(y \mid x) = \dfrac{f(x, y)}{f_X(x)}$与$F_{Y|X}(y \mid x) = \displaystyle\int_{-\infty}^{y} \dfrac{f(x, v)}{f_X(x)} \mathrm{d}v$为在给定$X = x$条件下，$Y$的条件概率密度和条件分布函数．

利用定义 3.7 就可以解答前面提出的问题，如例 3.11 所示．

例 3.11　设二维连续型随机变量(X, Y)的联合概率密度为

$$f(x, y) = \begin{cases} 3x, & 0 < x < 1, 0 < y < x, \\ 0, & \text{其他．} \end{cases}$$

求概率$P\left\{Y \leqslant \dfrac{1}{8} \,\middle|\, X = \dfrac{1}{4}\right\}$．

解　先求边缘概率密度．

$$f_X(x) = \int_{-\infty}^{+\infty} f(x, y) \mathrm{d}y$$

$$= \begin{cases} \displaystyle\int_0^x 3x \mathrm{d}y, & 0 < x < 1, \\ 0, & \text{其他．} \end{cases} = \begin{cases} 3x^2, & 0 < x < 1, \\ 0, & \text{其他．} \end{cases}$$

再求条件概率密度．

当$0 < x < 1$时，

$$f_{Y|X}(y \mid x) = \frac{f(x, y)}{f_X(x)} = \begin{cases} \dfrac{1}{x}, & 0 < y < x, \\ 0, & \text{其他．} \end{cases}$$

当$x = \dfrac{1}{4}$时，

$$f_{Y|X}\left(y \,\middle|\, x = \frac{1}{4}\right) = \begin{cases} 4, & 0 < y < \dfrac{1}{4}, \\ 0, & \text{其他．} \end{cases}$$

所以，$P\left\{Y \leqslant \dfrac{1}{8} \,\middle|\, X = \dfrac{1}{4}\right\} = \displaystyle\int_{-\infty}^{\frac{1}{8}} f_{Y|X}\left(y \,\middle|\, x = \frac{1}{4}\right) \mathrm{d}y = \int_0^{\frac{1}{8}} 4 \mathrm{d}y = \frac{1}{2}$．

同步习题 3.3

基础题

1. 设二维随机变量 (X,Y) 的联合分布律如下.

X \ Y	0	1
0	a	c
1	b	0.5

已知 $P\{Y=1|X=0\}=\dfrac{1}{2}$，$P\{X=1|Y=0\}=\dfrac{1}{3}$，求常数 a,b,c 的值.

2. 设某食品公司 5 月和 6 月方便面的订单数分别为 X 和 Y，根据以往的资料得 (X,Y) 的联合分布律如下（单位：亿桶）.

X \ Y	0.64	0.65	0.66	0.67
0.64	0.07	0.08	0.06	0.07
0.65	0.04	0.06	0.09	0.08
0.66	0.05	0.05	0.04	0.06
0.67	0.06	0.07	0.05	0.07

求 5 月的订单数为 0.64 亿桶时，6 月订单数的条件分布律.

3. 设二维随机变量 (X,Y) 的联合概率密度为

$$f(x,y)=\begin{cases} \dfrac{1}{2x^2 y}, & 1\leqslant x<+\infty,\ \dfrac{1}{x}<y<x, \\ 0, & \text{其他}. \end{cases}$$

求条件概率密度 $f_{X|Y}(x\,|\,y)$ 和 $f_{Y|X}(y\,|\,x)$.

4. 设二维随机变量 (X,Y) 的联合概率密度为

$$f(x,y)=\begin{cases} 1, & |y|<x,\ 0<x<1, \\ 0, & \text{其他}. \end{cases}$$

求条件概率密度 $f_{X|Y}(x\,|\,y)$.

提高题

1. 设随机变量 X 在区间 $(0,1)$ 内服从均匀分布，在 $X=x(0<x<1)$ 条件下，随机变量 Y 在区间 $(0,x)$ 内服从均匀分布. 求：

（1）二维随机变量(X,Y)的联合概率密度；

（2）(X,Y)关于 Y 的边缘概率密度；

（3）概率$P\{X+Y>1\}$.

2. 用 X 表示某医院一天出生的婴儿数，Y 表示其中的男婴数，设 (X,Y) 的联合分布律为

$$P\{X=n,Y=m\}=\frac{e^{-14}(7.14)^m(6.86)^{n-m}}{m!(n-m)!},$$

其中$m=0,1,2,\cdots,n,\ \ n=0,1,2,\cdots$. 求条件分布律.

3. 设二维随机变量(X,Y)的联合概率密度为

$$f(x,y)=Ae^{-2x^2+2xy-y^2},\ -\infty<x<+\infty,\ -\infty<y<+\infty,$$

求常数 A 及条件概率密度$f_{Y|X}(y\,|\,x)$.

4. 设二维随机变量(X,Y)服从区域 G 上的均匀分布，其中 G 是由$x-y=0,x+y=2,y=0$所围成的三角形区域（见图 3.5）. 求条件概率密度$f_{X|Y}(x\,|\,y)$.

5. 设二维随机变量(X,Y)的联合概率密度为

$$f(x,y)=\begin{cases}\dfrac{21}{4}x^2y,&x^2\leqslant y\leqslant1,\\0,&\text{其他}.\end{cases}$$

求条件概率$P\{Y\geqslant0.75\,|\,X=0.5\}$.

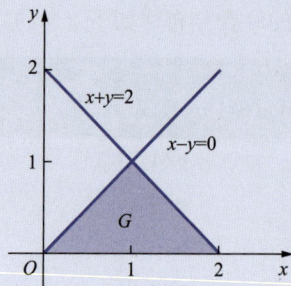

图 3.5

3.4　二维随机变量函数的分布

在第 2 章中，我们讨论了一维随机变量函数的分布，在实际生活中，很多变量受到两个或两个以上随机变量的影响. 例如，导体的电阻公式为$R=\rho L/S$，电阻率ρ是常数，电阻受到长度 L 和横截面积 S 的影响；直角三角形的斜边长为$c=\sqrt{a^2+b^2}$，即斜边长是两个直角边长的函数；某汽车公司生产 3 种型号的汽车，公司总收入是这 3 种汽车产量的函数. 这些例子在实际生活中还有很多，因此，研究多维随机变量函数的分布有一定的应用价值.

下面我们先着重讨论二维离散型随机变量函数和二维连续型随机变量函数的分布，然后简要介绍 n 维随机变量.

3.4.1　二维离散型随机变量函数的分布

例 3.12　设二维随机变量(X,Y)的分布律如下.

X \ Y	-2	1	3
-1	$\dfrac{1}{25}$	$\dfrac{3}{25}$	$\dfrac{12}{25}$
1	$\dfrac{2}{25}$	$\dfrac{4}{25}$	$\dfrac{3}{25}$

求：（1）$Z=X+Y$ 的分布律；（2）$Z = X^2 + Y$ 的分布律.

解 （1）Z 可能的取值为 $-3, -1, 0, 2, 4$.

$$P\{Z = -3\} = P\{X = -1, Y = -2\} = \frac{1}{25},$$

$$P\{Z = -1\} = P\{X = 1, Y = -2\} = \frac{2}{25},$$

$$P\{Z = 0\} = P\{X = -1, Y = 1\} = \frac{3}{25},$$

$$P\{Z = 2\} = P\{X = -1, Y = 3\} + P\{X = 1, Y = 1\} = \frac{16}{25},$$

$$P\{Z = 4\} = P\{X = 1, Y = 3\} = \frac{3}{25}.$$

$Z = X + Y$ 的分布律如下.

Z	-3	-1	0	2	4
P	$\dfrac{1}{25}$	$\dfrac{2}{25}$	$\dfrac{3}{25}$	$\dfrac{16}{25}$	$\dfrac{3}{25}$

（2）Z 可能的取值为 $-1, 2, 4$.

与（1）类似，可以得到 $Z = X^2 + Y$ 的分布律如下.

Z	-1	2	4
P	$\dfrac{3}{25}$	$\dfrac{7}{25}$	$\dfrac{15}{25}$

从例 3.12 可以看出，求二维离散型随机变量函数的分布律的方法与求一维离散型随机变量函数的分布律是一样的：首先确定所有可能的取值，其次分别求出所有取值的概率，再进行整理便得到了随机变量函数的分布律.

3.4.2 二维连续型随机变量函数的分布

设 (X, Y) 是二维连续型随机变量，$g(x, y)$ 是二元函数，则 $Z = g(X, Y)$ 是一维随机变量. 已知 (X, Y) 的联合概率密度 $f(x, y)$，应该如何求 $Z = g(X, Y)$ 的分布呢？不同的二元函数表达式有不同的计算方法，一般情况下，Z 的分布函数为

$$F_Z(z) = P\{Z \leqslant z\} = P\{g(X, Y) \leqslant z\} = \iint\limits_{g(x, y) \leqslant z} f(x, y)\mathrm{d}x\mathrm{d}y.$$

当 Z 为连续型随机变量时，对分布函数求导可以得到 Z 的概率密度，即有

$$f_Z(z) = F_Z'(z).$$

下面我们针对几种二元函数的情况分别进行讨论.

1. 和的分布

定理 3.2　设二维连续型随机变量 (X,Y) 的联合概率密度为 $f(x,y)$，则 $Z = X + Y$ 的概率密度为

$$f_Z(z) = \int_{-\infty}^{+\infty} f(x, z-x)dx$$

或

微课：和的分布

$$f_Z(z) = \int_{-\infty}^{+\infty} f(z-y, y)dy.$$

若 X 与 Y 相互独立，二维连续型随机变量 (X,Y) 关于 X,Y 的边缘概率密度分别为 $f_X(x)$ 和 $f_Y(y)$，则 $Z = X + Y$ 的概率密度为 $f_Z(z) = \int_{-\infty}^{+\infty} f_X(x)f_Y(z-x)dx$ 或 $f_Z(z) = \int_{-\infty}^{+\infty} f_X(z-y)f_Y(y)dy$，并称这两个公式为**卷积公式**，记为 $f_Z = f_X * f_Y$.

*证明　$Z = X + Y$ 的分布函数为

$$F_Z(z) = P\{X+Y \leqslant z\} = \iint_{x+y \leqslant z} f(x,y)dxdy = \int_{-\infty}^{+\infty}\left[\int_{-\infty}^{z-y} f(x,y)dx\right]dy.$$

令 $x = t - y$，则

$$\int_{-\infty}^{z-y} f(x,y)dx = \int_{-\infty}^{z} f(t-y,y)dt.$$

所以

$$F_Z(z) = \int_{-\infty}^{+\infty}\left[\int_{-\infty}^{z} f(t-y,y)dt\right]dy = \int_{-\infty}^{z}\left[\int_{-\infty}^{+\infty} f(t-y,y)dy\right]dt.$$

再将 $F_Z(z)$ 关于 z 求导，得到 Z 的概率密度为

$$f_Z(z) = \int_{-\infty}^{+\infty} f(z-y,y)dy.$$

同理，可以得到概率密度的另一个等价表达式为

$$f_Z(z) = \int_{-\infty}^{+\infty} f(x, z-x)dx.$$

例 3.13　设二维随机变量 (X,Y) 的概率密度为

$$f(x,y) = \begin{cases} 2-x-y, & 0 < x < 1, 0 < y < 1. \\ 0, & 其他. \end{cases}$$

求 $Z = X + Y$ 的概率密度 $f_Z(z)$.

解　$f_Z(z) = \int_{-\infty}^{+\infty} f(x, z-x)dx$，其中

$$f(x, z-x) = \begin{cases} 2-z, & 0 < x < 1, 0 < z-x < 1, \\ 0, & 其他. \end{cases}$$

当 $z \leqslant 0$ 或 $z \geqslant 2$ 时，$f_Z(z) = 0$.

当 $0 < z < 1$ 时，$f_Z(z) = \int_0^z (2-z)dx = z(2-z)$.

当 $1 \leqslant z < 2$ 时，$f_Z(z) = \int_{z-1}^1 (2-z)dx = (2-z)^2$.

因此，$Z=X+Y$ 的概率密度为

$$f_Z(z) = \begin{cases} z(2-z), & 0<z<1, \\ (2-z)^2, & 1\leqslant z<2, \\ 0, & \text{其他}. \end{cases}$$

注意，本题若用公式 $f_Z(z) = \int_{-\infty}^{+\infty} f(z-y,y)\mathrm{d}y$ 计算，也能得到相同的结果.

例 3.14 设随机变量 X 与 Y 独立同分布，都服从标准正态分布 $N(0,1)$，求 $Z = X + Y$ 的分布.

解 由卷积公式，得

$$f_Z(z) = \int_{-\infty}^{+\infty} f_X(x)f_Y(z-x)\mathrm{d}x$$

$$= \frac{1}{2\pi} \int_{-\infty}^{+\infty} \mathrm{e}^{-\frac{x^2}{2}} \cdot \mathrm{e}^{-\frac{(z-x)^2}{2}} \mathrm{d}x$$

$$= \frac{1}{2\pi} \mathrm{e}^{-\frac{z^2}{4}} \int_{-\infty}^{+\infty} \mathrm{e}^{-\left(x-\frac{z}{2}\right)^2} \mathrm{d}x.$$

令 $\frac{t}{\sqrt{2}} = x - \frac{z}{2}$，得

$$f_Z(z) = \frac{1}{2\sqrt{2}\pi} \mathrm{e}^{-\frac{z^2}{4}} \int_{-\infty}^{+\infty} \mathrm{e}^{-\frac{t^2}{2}} \mathrm{d}t = \frac{1}{2\sqrt{\pi}} \mathrm{e}^{-\frac{z^2}{4}}.$$

上式是 $N(0,2)$ 的概率密度，故 $Z \sim N(0,2)$.

本题也可以用公式 $f_Z(z) = \int_{-\infty}^{+\infty} f_X(z-y)f_Y(y)\mathrm{d}y$ 计算，可以得到相同的结果.

将例 3.14 的结论推广，可以得到正态分布的可加性：若随机变量 X 与 Y 相互独立，且 $X \sim N(\mu_1, \sigma_1^2)$，$Y \sim N(\mu_2, \sigma_2^2)$，则 $X + Y \sim N(\mu_1 + \mu_2, \sigma_1^2 + \sigma_2^2)$；对于不全为零的实数 k_1, k_2，则有 $k_1 X + k_2 Y \sim N(k_1\mu_1 + k_2\mu_2, k_1^2\sigma_1^2 + k_2^2\sigma_2^2)$.

这个结论还可以推广到 n 个随机变量：若 $X_i \sim N(\mu_i, \sigma_i^2)(i=1,2,\cdots,n)$，并且 $X_1, X_2, \cdots, X_n$ 相互独立，$k_1, k_2, \cdots, k_n$ 是不全为零的实数，则随机变量 $k_1 X_1 + k_2 X_2 + \cdots + k_n X_n \sim N\left(\sum_{i=1}^{n} k_i\mu_i, \sum_{i=1}^{n} k_i^2\sigma_i^2\right)$.

微课：正态分布
的可加性

例 3.15 设办理某项金融业务需要经过 3 个阶段，每个阶段所需的时间分别为 X_1, X_2, X_3，若 $X_1 \sim N(40,10)$，$X_2 \sim N(50,12)$，$X_3 \sim N(60,14)$，且 X_1, X_2, X_3 相互独立，求 $P\{X_1 + X_2 + X_3 \leqslant 160\}$ 和 $P\{X_1 + X_2 \geqslant 2X_3\}$.

解 因为 $X_1 + X_2 + X_3 \sim N(150,36)$，所以

$$P\{X_1 + X_2 + X_3 \leqslant 160\} = \Phi\left(\frac{160-150}{6}\right) = \Phi(1.67) = 0.952\,5.$$

由于 $P\{X_1 + X_2 \geqslant 2X_3\} = P\{X_1 + X_2 - 2X_3 \geqslant 0\}$，而 $X_1 + X_2 - 2X_3 \sim N(-30,78)$，所以

$$P\{X_1 + X_2 \geqslant 2X_3\} = P\{X_1 + X_2 - 2X_3 \geqslant 0\} = 1 - \Phi\left[\frac{0-(-30)}{8.832}\right] = 1 - \Phi(3.40) = 0.000\,3.$$

*2. 积的分布和商的分布

定理 3.3 设二维连续型随机变量 (X,Y) 的联合概率密度为 $f(x,y)$，则 $Z = XY, Z = \dfrac{Y}{X}$ 的概率密度分别为

$$f_{XY}(z) = \int_{-\infty}^{+\infty} \frac{1}{|x|} f\left(x, \frac{z}{x}\right) \mathrm{d}x,$$

$$f_{Y/X}(z) = \int_{-\infty}^{+\infty} |x| f(x, xz) \mathrm{d}x.$$

若 X 与 Y 相互独立，二维连续型随机变量 (X,Y) 关于 X,Y 的边缘概率密度分别为 $f_X(x)$ 和 $f_Y(y)$，则 $Z = XY, Z = \dfrac{Y}{X}$ 的概率密度分别为

$$f_{XY}(z) = \int_{-\infty}^{+\infty} \frac{1}{|x|} f_X(x) f_Y\left(\frac{z}{x}\right) \mathrm{d}x,$$

$$f_{Y/X}(z) = \int_{-\infty}^{+\infty} |x| f_X(x) f_Y(xz) \mathrm{d}x,$$

称这两个公式为积的分布公式与商的分布公式.

积的分布公式与商的分布公式也可以用分布函数法证明.

例 3.16 设随机变量 X 与 Y 独立同分布，其概率密度为

$$f(x) = \begin{cases} \mathrm{e}^{-x}, & x > 0, \\ 0, & \text{其他.} \end{cases}$$

求 $Z = \dfrac{Y}{X}$ 的概率密度.

解 因为

$$f_X(x) = f_Y(x) = \begin{cases} \mathrm{e}^{-x}, & x > 0, \\ 0, & \text{其他,} \end{cases}$$

所以当满足 $\begin{cases} x > 0, \\ xz > 0, \end{cases}$ 即 $\begin{cases} x > 0, \\ z > 0 \end{cases}$ 时，被积函数取非零值.

由公式 $f_{Y/X}(z) = \int_{-\infty}^{+\infty} |x| f_X(x) f_Y(xz) \mathrm{d}x$，可得如下情况.

当 $z > 0$ 时，$f_Z(z) = \int_0^{+\infty} x \mathrm{e}^{-x} \mathrm{e}^{-xz} \mathrm{d}x = \int_0^{+\infty} x \mathrm{e}^{-x(z+1)} \mathrm{d}x = \dfrac{1}{(z+1)^2}.$

当 $z \leqslant 0$ 时，$f_Z(z) = 0.$

所以，$f_Z(z) = \begin{cases} \dfrac{1}{(z+1)^2}, & z > 0, \\ 0, & \text{其他.} \end{cases}$

3. 最大值和最小值的分布

定理 3.4 设随机变量 X 与 Y 相互独立，其分布函数分别为 $F_X(x)$ 和 $F_Y(y)$，则 $M = \max\{X, Y\}$ 和 $N = \min\{X, Y\}$ 的分布函数分别为 $F_M(z) = F_X(z) F_Y(z)$ 和 $F_N(z) = 1 - [1 - F_X(z)][1 - F_Y(z)].$

证明 由于 $\{\max(X,Y)\leqslant z\}=\{X\leqslant z,Y\leqslant z\}$，所以

$$F_M(z)=P\{M\leqslant z\}=P\{\max(X,Y)\leqslant z\}=P\{X\leqslant z,Y\leqslant z\}$$
$$=P\{X\leqslant z\}P\{Y\leqslant z\}=F_X(z)F_Y(z),$$

即

$$F_M(z)=F_X(z)F_Y(z).$$

而

$$F_N(z)=P\{N\leqslant z\}=1-P\{\min(X,Y)>z\}$$
$$=1-P\{X>z,Y>z\}=1-P\{X>z\}P\{Y>z\}$$
$$=1-[1-P\{X\leqslant z\}][1-P\{Y\leqslant z\}]$$
$$=1-[1-F_X(z)][1-F_Y(z)],$$

微课：最大值和
最小值的分布

即

$$F_N(z)=1-[1-F_X(z)][1-F_Y(z)].$$

定理 3.4 的结论可以进行如下推广.

设 n 个随机变量 $X_1,X_2,\cdots,X_n$ 相互独立，其分布函数为 $F_{X_i}(x_i)$，$i=1,2,\cdots,n$，则 $M=\max\{X_1,X_2,\cdots,X_n\}$ 和 $N=\min\{X_1,X_2,\cdots,X_n\}$ 的分布函数分别为 $F_M(z)=F_{X_1}(z)F_{X_2}(z)\cdots F_{X_n}(z)$ 和 $F_N(z)=1-[1-F_{X_1}(z)][1-F_{X_2}(z)]\cdots[1-F_{X_n}(z)]$. 特别地，当 n 个随机变量 $X_1,X_2,\cdots,X_n$ 独立同分布时，其分布函数均为 $F(x)$，则 M 和 N 的分布函数分别为 $F_M(z)=[F(z)]^n$ 和 $F_N(z)=1-[1-F(z)]^n$.

对于连续型随机变量，求出最大值、最小值的分布函数后，再对分布函数求导，就可以求出其概率密度.

例 3.17 一系统中有 3 个同种型号的半导体元件，设其寿命为 $X_i(i=1,2,3)$，寿命的概率密度为

$$f(x)=\begin{cases}\theta e^{-\theta x}, & x>0,\\ 0, & \text{其他},\end{cases}$$

其中 $\theta>0$. 求在并联与串联两种情况下系统寿命的概率密度.

解 在并联情况下，系统的寿命是 3 个半导体元件中寿命最大的；在串联情况下，系统的寿命是 3 个半导体元件中寿命最小的.

由题意知，X_1,X_2,X_3 同分布，且分布函数均为

$$F(x)=\begin{cases}1-e^{-\theta x}, & x>0,\\ 0, & \text{其他}.\end{cases}$$

令 $M=\max\{X_1,X_2,X_3\}$，则 M 为并联时系统的寿命.

$$F_M(z)=[F(z)]^3$$
$$=\begin{cases}(1-e^{-\theta z})^3, & z>0,\\ 0, & \text{其他}.\end{cases}$$

于是 M 的概率密度为

$$f_M(z) = F_M'(z) = \begin{cases} 3\theta e^{-\theta z}(1-e^{-\theta z})^2, & z > 0, \\ 0, & \text{其他}. \end{cases}$$

令 $N = \min\{X_1, X_2, X_3\}$，则 N 为串联时系统的寿命.

$$F_N(z) = 1 - [1 - F(z)]^3$$

$$= \begin{cases} 1 - e^{-3\theta z}, & z > 0, \\ 0, & \text{其他}. \end{cases}$$

于是 N 的概率密度为

$$f_N(z) = F_N'(z) = \begin{cases} 3\theta e^{-3\theta z}, & z > 0, \\ 0, & \text{其他}. \end{cases}$$

*3.4.3 n 维随机变量

n 维随机变量是二维随机变量的推广，很多二维随机变量的有关概念可以推广至 n 维随机变量.

定义 3.8 设 $X_1, X_2, \cdots, X_n$ 是定义在同一个样本空间 E 上的 n 个随机变量，则称 $(X_1, X_2, \cdots, X_n)$ 为 **n 维随机变量**或 **n 维随机向量**.

定义 3.9 设 $(X_1, X_2, \cdots, X_n)$ 为 n 维随机变量，对于任意的 $(x_1, x_2, \cdots, x_n) \in \mathbf{R}^n$，称

$$F(x_1, x_2, \cdots, x_n) = P\{X_1 \leqslant x_1, X_2 \leqslant x_2, \cdots, X_n \leqslant x_n\}$$

为 n 维随机变量 $(X_1, X_2, \cdots, X_n)$ 的**联合分布函数**.

n 维随机变量也有 n 维离散型和 n 维连续型两种类型，仿照 3.1 节中的方法可以定义相应的联合分布律和联合概率密度.

定义 3.10 若 n 维随机变量 $(X_1, X_2, \cdots, X_n)$ 只取有限个或可列个值 $(x_1, x_2, \cdots, x_n) \in \mathbf{R}^n$，则称 $(X_1, X_2, \cdots, X_n)$ 为 n 维离散型随机变量，称

$$p(x_1, x_2, \cdots, x_n) = P\{X_1 = x_1, X_2 = x_2, \cdots, X_n = x_n\}$$

为 n 维离散型随机变量 $(X_1, X_2, \cdots, X_n)$ 的**联合分布律**. 若存在非负可积函数 $f(x_1, x_2, \cdots, x_n)$，对于 n 维空间中的任意区域 G，总有

$$P\{(X_1, X_2, \cdots, X_n) \in G\} = \underset{G}{\int \cdots \int} f(x_1, x_2, \cdots, x_n) \mathrm{d}x_1 \cdots \mathrm{d}x_n$$

成立，则称 $(X_1, X_2, \cdots, X_n)$ 为 n 维连续型随机变量，称 $f(x_1, x_2, \cdots, x_n)$ 为 n 维连续型随机变量 $(X_1, X_2, \cdots, X_n)$ 的**联合概率密度**.

定义 3.11 设 n 维随机变量 $(X_1, X_2, \cdots, X_n)$ 的联合分布函数为 $F(x_1, x_2, \cdots, x_n)$，$F_{X_i}(x_i)$ 为 $(X_1, X_2, \cdots, X_n)$ 关于 X_i 的边缘分布函数. 如果对于任意的 $(x_1, x_2, \cdots, x_n) \in \mathbf{R}^n$，都有

$$F(x_1, x_2, \cdots, x_n) = \prod_{i=1}^{n} F_{X_i}(x_i),$$

则称$X_1, X_2, \cdots, X_n$相互独立.

设$(X_1, X_2, \cdots, X_n)$为离散型随机变量,对于所有可能的取值$(x_1, x_2, \cdots, x_n)$, $X_1, X_2, \cdots, X_n$相互独立等价于

$$P\{X_1 = x_1, X_2 = x_2, \cdots, X_n = x_n\} = \prod_{i=1}^{n} P\{X_i = x_i\}.$$

设$(X_1, X_2, \cdots, X_n)$为连续型随机变量,对于任意的$(x_1, x_2, \cdots, x_n) \in \mathbf{R}^n$, $X_1, X_2, \cdots, X_n$相互独立等价于

$$f(x_1, x_2, \cdots, x_n) = \prod_{i=1}^{n} f_{X_i}(x_i).$$

在后面将要介绍的统计相关内容中,样本的各个分量相互独立就是指各个随机变量之间相互独立.

同步习题 3.4

基础题

1. 设二维随机变量(X, Y)的分布律如下.

X \ Y	−1	0	2
0	0.1	0.2	0
1	0.3	0.05	0.1
2	0.15	0	0.1

求$Z = X^2 + Y^2$的分布律.

2. 设随机变量X与Y独立同分布,其分布律为

$$P\{X = n\} = P\{Y = n\} = \frac{1}{2^n}, \quad n = 1, 2, \cdots,$$

求$Z = X + Y$的分布律.

3. 设随机变量(X, Y)的联合概率密度为

$$f(x, y) = \begin{cases} x + y, & 0 < x < 1, 0 < y < 1, \\ 0, & \text{其他}. \end{cases}$$

求$Z = X + Y$的概率密度.

4. 设随机变量X与Y相互独立,且都服从$(-a, a)$上的均匀分布$(a > 0)$. 求$Z = XY$的概率密度.

5. 设二维随机变量 (X,Y) 的联合概率密度为

$$f(x,y)=\begin{cases} xe^{-x(1+y)}, & x>0, y>0, \\ 0, & \text{其他}. \end{cases}$$

求 $Z=XY$ 的概率密度.

6. 设随机变量 X 与 Y 相互独立,且都服从参数为 λ 的指数分布. 求 $Z=\dfrac{X}{Y}$ 的概率密度.

7. 从 1,2,3 中不放回地任取两个数,记第一个数为 X,第二个数为 Y,并令 $\xi=\max\{X,Y\}, \eta=\min\{X,Y\}$. 求:

(1) (X,Y) 的联合分布律及边缘分布律;

(2) (ξ,η) 的联合分布律及边缘分布律.

提高题

1. 设随机变量 X 与 Y 相互独立,X 的概率分布为 $P\{X=1\}=P\{X=-1\}=\dfrac{1}{2}$,$Y$ 服从参数为 λ 的泊松分布. 令 $Z=XY$,求 Z 的概率分布.

2. 设随机变量 X 与 Y 相互独立,X 的分布律为 $P\{X=i\}=\dfrac{1}{3}$,$i=-1,0,1$,Y 的概率密度为 $f_Y(y)=\begin{cases} 1, & 0\leqslant y<1, \\ 0, & \text{其他}. \end{cases}$ 令 $Z=X+Y$,求 Z 的概率密度 $f_Z(z)$.

3. 设随机变量 X 与 Y 相互独立,X 服从参数为 1 的指数分布,Y 的概率分布为 $P\{Y=-1\}=p, P\{Y=1\}=1-p, 0<p<1$. 令 $Z=XY$.

(1) 求 Z 的概率密度.

(2) 判断 X 与 Z 是否相互独立.

微课:第3题

第 3 章思维导图

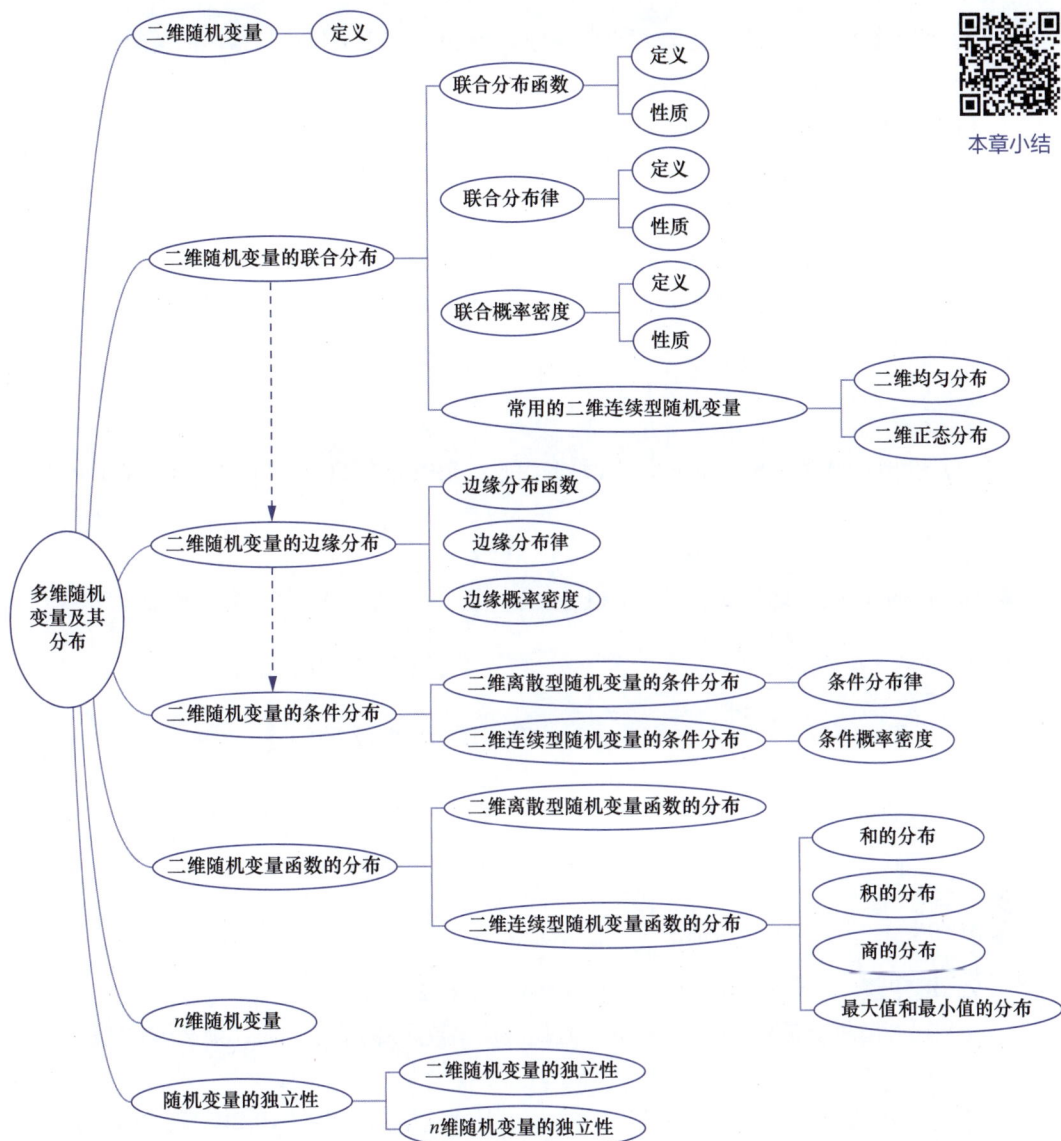

本章小结

中国数学学者

个人成就

数学家, 中国科学院院士, 曾任山东大学数学研究所所长. 潘承洞和潘承彪合著的《哥德巴赫猜想》一书, 是 "猜想" 研究历史上第一部全面、系统的学术专著. 潘承洞对 Bombieri 定理的发展做出了重要贡献. 为了最终解决哥德巴赫猜想, 潘承洞提出了一个新的探索途径, 其中的误差项简单明确, 便于直接处理.

潘承洞

第3章总复习题

1. 选择题：（1）~（5）小题，每小题4分，共20分．下列每小题给出的4个选项中，只有一个选项是符合题目要求的.

（1）设随机变量 (X,Y) 的联合分布函数为 $F(x,y)$，其边缘分布函数为 $F_X(x)$ 和 $F_Y(y)$，则概率 $P\{X>1,Y>1\}=$（　　）.

A．$1-F(1,1)$ 　　　　　　　　　　B．$1-F_X(1)-F_Y(1)$

C．$F(1,1)-F_X(1)-F_Y(1)+1$ 　　　D．$F(1,1)+F_X(1)+F_Y(1)-1$

（2）设随机变量 X 和 Y 相互独立，且都服从区间 $(0,1)$ 上的均匀分布，则 $P\{X^2+Y^2\leqslant1\}=$（　　）.

A．$\dfrac{1}{4}$ 　　　　B．$\dfrac{1}{2}$ 　　　　C．$\dfrac{\pi}{8}$ 　　　　D．$\dfrac{\pi}{4}$

（3）设相互独立的两个随机变量 X 和 Y 均服从指数分布 $E(1)$，则 $P\{1<\min(X,Y)<2\}$ 的值为（　　）.

A．$e^{-1}-e^{-2}$ 　　B．$1-e^{-1}$ 　　C．$1-e^{-2}$ 　　D．$e^{-2}-e^{-4}$

（4）（1999103）设随机变量 X 与 Y 相互独立，且 $X\sim N(0,1)$，$Y\sim N(1,1)$，则（　　）.

A．$P\{X+Y\leqslant0\}=\dfrac{1}{2}$ 　　　　B．$P\{X+Y\leqslant1\}=\dfrac{1}{2}$

C．$P\{X-Y\leqslant0\}=\dfrac{1}{2}$ 　　　　D．$P\{X-Y\leqslant1\}=\dfrac{1}{2}$

（5）设随机变量 X 和 Y 相互独立，它们的概率分布均为 $B\left(1,\dfrac{1}{2}\right)$，则 $P\{X=Y\}$ 的值为（　　）.

A．0 　　　　　　B．$\dfrac{1}{4}$ 　　　　C．$\dfrac{1}{2}$ 　　　　D．1

2. 填空题：（6）~（10）小题，每小题4分，共20分.

（6）已知随机变量 X 与 Y 相互独立，且均服从参数为 λ 的泊松分布，则 $Z=X+Y$ 服从的分布为 ＿＿＿＿.

（7）已知随机变量 X 和 Y 相互独立，且 $X\sim U(0,1)$，$Y\sim U(0,2)$，则 $P\{X<Y\}=$ ＿＿＿＿ .

（8）设随机变量 X 的概率密度为 $f(x)=\begin{cases}\dfrac{1}{4}, & -2<x<0, \\ \dfrac{1}{2}, & 0\leqslant x<1, \\ 0, & \text{其他.}\end{cases}$ 记 $F(x,y)$ 为二维随机变量 (X,X^2) 的分布函数，则 $F(-1,4)=$ ＿＿＿＿.

（9）（2006104）设随机变量 X 与 Y 相互独立，且均服从区间 $(0,3)$ 上的均匀分布，则 $P\{\max(X,Y)\leqslant1\}=$ ＿＿＿＿.

（10）设随机变量 (X,Y) 的概率密度为 $f(x,y)=\begin{cases}6x, & 0\leqslant x\leqslant y\leqslant 1,\\ 0, & \text{其他},\end{cases}$ 则 $P\{X+Y\leqslant 1\}=$

_____.

3. 解答题： （11）～（16）小题，每小题 10 分，共 60 分.

（11）设二维随机变量 (X,Y) 在 xOy 平面上由曲线 $y=x$ 与 $y=x^2$ 所围成的区域内服从均匀分布，求 $P\left\{0<X<\dfrac{1}{2},0<Y<\dfrac{1}{2}\right\}$.

（12）已知随机变量 $X_i(i=1,2)$ 同分布，且分布律如下.

X_i	−1	0	1
P	$\dfrac{1}{4}$	$\dfrac{1}{2}$	$\dfrac{1}{4}$

又知 $P\{X_1X_2=0\}=1$，求 $P\{X_1=X_2\}$.

（13）（2005109）设二维随机变量 (X,Y) 的联合概率密度为

$$f(x,y)=\begin{cases}1, & 0<x<1,0<y<2x,\\ 0, & \text{其他}.\end{cases}$$

微课：第（13）题

求：①边缘概率密度 $f_X(x)$ 和 $f_Y(y)$；②$Z=2X-Y$ 的概率密度 $f_Z(z)$.

（14）（2001107）设某班车起点站上车人数 X 服从参数为 $\lambda(\lambda>0)$ 的泊松分布，每位乘客在中途下车的概率为 $p(0<p<1)$，且中途下车与否相互独立，以 Y 表示在中途下车的人数，求：

① 在发车时有 n 个乘客的条件下，中途有 m 个乘客下车的概率；

② 二维随机变量 (X,Y) 的联合分布律.

（15）设随机变量 X 和 Y 相互独立，且 $X\sim N(0,1)$，$Y\sim U(-1,1)$，试求 $Z=X+Y$ 的概率密度 $f_Z(z)$.

（16）（2016106）设随机变量 X_1,X_2,X_3 独立同分布，且概率密度为

$$f(x)=\begin{cases}\dfrac{3x^2}{\theta^3}, & 0<x<\theta,\\ 0, & \text{其他},\end{cases}$$

其中 $0<\theta<+\infty$. 令 $T=\max\{X_1,X_2,X_3\}$，求 T 的概率密度.

第 4 章
数字特征与极限定理

随机变量的分布函数、分布律或概率密度虽然能完整地描述随机变量的统计规律，但在实际问题中，随机变量的分布往往不容易确定，而且有些问题并不需要知道随机变量分布规律的全貌，只需要知道它的某些特征就够了．例如，考察 LED 灯管的质量时，常常关注的是 LED 灯管的平均寿命，这说明随机变量的平均值是一个重要的数量指标．又例如，比较两台机床生产精度的高低，不仅要看它们生产的零件的平均尺寸，还必须考察每个零件尺寸与平均尺寸的偏离程度，只有偏离程度较小的才是精度高的，这说明随机变量与其平均值偏离的程度也是一个重要的数量指标．这些刻画随机变量某种特征的数量指标称为随机变量的**数字特征**，它们在理论和实践上都具有重要的意义．本章将介绍常用的随机变量数字特征——**数学期望**、**方差**、**协方差**和**相关系数**，以及它们的实际应用．除此之外，还将介绍大数定律与中心极限定理．

本章导学

4.1 数学期望

如何定义随机变量的平均值？我们先从一个实际例子入手．

例 4.1 甲、乙两人用相同的设备生产同一种产品，设甲、乙两人各生产 10 组产品，每组中出现的废品件数分别记为 X, Y，废品件数与相应的组数记录分别如表 4.1 和表 4.2 所示．

表 4.1

废品件数 X	0	1	2	3
组数	4	3	2	1

表 4.2

废品件数 Y	0	1	2
组数	3	5	2

问：甲、乙两人谁的技术好些？

解 从上面的统计表很难立即看出结果，我们可以从两人的每组平均废品数来评定其技术优劣．甲的每组平均废品数为

$$\frac{0\times4+1\times3+2\times2+3\times1}{10}=0\times0.4+1\times0.3+2\times0.2+3\times0.1=1（件），$$

乙的每组平均废品数为

$$\frac{0\times3+1\times5+2\times2}{10}=0\times0.3+1\times0.5+2\times0.2=0.9\text{（件）},$$

故从每组的平均废品数看，乙的技术优于甲.

以甲的计算为例，$0.4,0.3,0.2,0.1$是事件$\{X=k\},k=0,1,2,3$在 10 次试验中发生的频率，当试验次数相当大时，这些频率接近于事件$\{X=k\}$在一次试验中发生的概率p_k，则上述平均废品数可表示为$\sum\limits_{k=0}^{3}kp_k$. 由此我们引入随机变量平均值的一般概念——数学期望.

4.1.1 随机变量的数学期望

定义 4.1 设离散型随机变量X的分布律为

$$P\{X=x_k\}=p_k,\ \ k=1,2,\cdots,$$

若级数$\sum\limits_{k=1}^{+\infty}x_k p_k$绝对收敛，则称其和为随机变量$X$的数学期望，简称期望或均值，记为$E(X)$或$\mu_X$，即

微课：随机变量的数学期望

$$E(X)=\sum_{k=1}^{+\infty}x_k p_k.$$

随机变量X的数学期望$E(X)$完全是由X的分布律确定的，而不应受X的可能取值的排列次序的影响，因此要求级数$\sum\limits_{k=1}^{+\infty}x_k p_k$绝对收敛，以保证数学期望的唯一性.

上述内容可以推广到连续型随机变量，有以下定义.

定义 4.2 设连续型随机变量X的概率密度为$f(x)$，若积分$\int_{-\infty}^{+\infty}xf(x)\mathrm{d}x$绝对收敛，则称该积分值为随机变量$X$的数学期望，简称期望或均值，记为$E(X)$或$\mu_X$，即

$$E(X)=\int_{-\infty}^{+\infty}xf(x)\mathrm{d}x.$$

例 4.2 求下列离散型随机变量的数学期望：

（1）(0-1) 分布；（2）泊松分布.

解 （1）设随机变量 X 服从 (0-1) 分布，其分布律如下.

X	0	1
P	$1-p$	p

可得

$$E(X)=0\times(1-p)+1\times p=p.$$

（2）设随机变量 X 服从参数为λ的泊松分布，即$X\sim P(\lambda)$，其分布律为

$$P\{X=k\}=\frac{\lambda^k}{k!}\mathrm{e}^{-\lambda},\ \ k=0,1,2,\cdots,\ \ \lambda>0,$$

则

$$E(X)=\sum_{k=0}^{+\infty}kp_k=\sum_{k=0}^{+\infty}k\cdot\frac{\lambda^k}{k!}\mathrm{e}^{-\lambda}$$

$$= \lambda e^{-\lambda} \sum_{k=1}^{+\infty} \frac{\lambda^{k-1}}{(k-1)!} = \lambda e^{-\lambda} \sum_{k=0}^{+\infty} \frac{\lambda^k}{k!} = \lambda e^{-\lambda} \cdot e^{\lambda} = \lambda.$$

例 4.3 求下列连续型随机变量的数学期望:

(1)指数分布;(2)正态分布.

解 (1)设随机变量 X 服从参数为 λ 的指数分布,即 $X \sim E(\lambda)$,其概率密度为

$$f(x) = \begin{cases} \lambda e^{-\lambda x}, & x > 0, \\ 0, & x \leqslant 0, \end{cases}$$

则

$$E(X) = \int_{-\infty}^{+\infty} xf(x)\mathrm{d}x = \int_0^{+\infty} x \cdot \lambda e^{-\lambda x}\mathrm{d}x$$

$$= (-xe^{-\lambda x})\Big|_0^{+\infty} + \int_0^{+\infty} e^{-\lambda x}\mathrm{d}x = -\frac{1}{\lambda}e^{-\lambda x}\Big|_0^{+\infty} = \frac{1}{\lambda}.$$

(2)设随机变量 X 服从正态分布,即 $X \sim N(\mu, \sigma^2)$,其概率密度为

$$f(x) = \frac{1}{\sqrt{2\pi}\sigma}e^{-\frac{(x-\mu)^2}{2\sigma^2}}, -\infty < x < +\infty,$$

则

$$E(X) = \int_{-\infty}^{+\infty} x \cdot \frac{1}{\sqrt{2\pi}\sigma}e^{-\frac{(x-\mu)^2}{2\sigma^2}}\mathrm{d}x$$

$$= \frac{1}{\sqrt{2\pi}\sigma}\int_{-\infty}^{+\infty}(x-\mu)e^{-\frac{(x-\mu)^2}{2\sigma^2}}\mathrm{d}x + \frac{1}{\sqrt{2\pi}\sigma}\int_{-\infty}^{+\infty}\mu e^{-\frac{(x-\mu)^2}{2\sigma^2}}\mathrm{d}x$$

$$= \frac{1}{\sqrt{2\pi}\sigma}\int_{-\infty}^{+\infty}te^{-\frac{t^2}{2\sigma^2}}\mathrm{d}t + \mu\int_{-\infty}^{+\infty}\frac{1}{\sqrt{2\pi}\sigma}e^{-\frac{(x-\mu)^2}{2\sigma^2}}\mathrm{d}x = \mu.$$

例 4.4 某保险公司规定,如果投保人在一年内遭遇所投保事件,则保险公司赔偿投保人 a 元. 设投保人在一年内遭遇所投保事件的概率为 p,为使保险公司的平均收益达到 a 的 10%,该保险公司应要求投保人缴纳多少保险费?

解 设投保人应缴纳保险费 x 元. 记保险公司的收益为 Y,其分布律如下.

Y	x	$x-a$
P	$1-p$	p

故

$$E(Y) = x \cdot (1-p) + (x-a) \cdot p.$$

令 $x \cdot (1-p) + (x-a) \cdot p = 10\%a$,解得 $x = a\left(p + \frac{1}{10}\right)$.

4.1.2 随机变量函数的数学期望

在实际问题中,常常需要求出随机变量函数的数学期望,例如,飞机某部位受到的压力 $F = kV^2$(其中 V 是风速,$k > 0$ 且为常数),如何利用 V 的分布求出 F 的数学期望?一种方法是先求出 F 的分布,再根据数学期望的定义求出 $E(F)$,但一般情况下 F 的分布不容易得到. 那么,是否可以不求 F 的分布,而

微课:随机变量
函数的数学期望

直接由 V 的分布得到 $E(F)$？下面的定理可解决此类问题.

定理 4.1 设有随机变量 X 的函数 $Y = g(X)$，且 $E[g(X)]$ 存在.

（1）若 X 为离散型随机变量，其分布律为 $P\{X = x_k\} = p_k$，$k = 1, 2, \cdots$，则

$$E(Y) = E[g(X)] = \sum_{k=1}^{+\infty} g(x_k) p_k.$$

（2）若 X 为连续型随机变量，其概率密度为 $f(x)$，则

$$E(Y) = E[g(X)] = \int_{-\infty}^{+\infty} g(x) f(x) \mathrm{d}x.$$

该定理说明，在求 $Y = g(X)$ 的数学期望时，不必知道 Y 的分布，而只需知道 X 的分布即可. 该定理还可以推广到两个或多个随机变量的函数的情况.

定理 4.2 设有随机变量 (X, Y) 的函数 $Z = g(X, Y)$，且 $E[g(X, Y)]$ 存在.

（1）若 (X, Y) 为离散型随机变量，其联合分布律为

$$P\{X = x_i, Y = y_i\} = p_{ij}, \quad i, j = 1, 2, \cdots,$$

则

$$E(Z) = E[g(X, Y)] = \sum_{i=1}^{+\infty} \sum_{j=1}^{+\infty} g(x_i, y_j) p_{ij}.$$

（2）若 (X, Y) 为连续型随机变量，其联合概率密度为 $f(x, y)$，则

$$E(Z) = E[g(X, Y)] = \int_{-\infty}^{+\infty} \int_{-\infty}^{+\infty} g(x, y) f(x, y) \mathrm{d}x \mathrm{d}y.$$

例 4.5 一家商店以每台 500 元的价格购买了 3 台相同型号的手写板，并准备以每台 1 000 元的价格出售. 对于指定期限内未售出的手写板，制造商同意以每台 200 元的价格回购. 设指定期限内售出的手写板数量为 X，其分布律如下.

X	0	1	2	3
P	0.1	0.2	0.3	0.4

求该商店的平均利润.

解 设该商店的利润为 Y，根据题意，有

$$Y = g(X) = 1\,000X + 200(3 - X) - 1\,500 = 800X - 900.$$

故

$$E(Y) = E[g(X)] = \sum_k (800 x_k - 900) p_k$$

$$= (-900) \times 0.1 + (-100) \times 0.2 + 700 \times 0.3 + 1\,500 \times 0.4 = 700\,(\text{元}).$$

例 4.6（例 2.10 续） 经销商销售一种特殊材料，一周内的销售量（单位：t）为连续型随机变量 X，其概率密度为

$$f(x) = \begin{cases} \dfrac{3}{2}(1 - x^2), & 0 \leqslant x \leqslant 1, \\ 0, & \text{其他.} \end{cases}$$

销售价格 Y 是 X 的函数，$Y = 50X^2$（万元 /t），求 Y 的数学期望.

解 由 $E(Y) = E[g(X)] = \int_{-\infty}^{+\infty} g(x) f(x) \mathrm{d}x$，得

$$E(Y) = E(50X^2) = \int_{-\infty}^{+\infty} 50x^2 f(x)\mathrm{d}x = \int_0^1 50x^2 \cdot \frac{3}{2}(1-x^2)\mathrm{d}x = 10 \ (万元).$$

例 4.7 设二维随机变量(X,Y)的分布律如下.

X \ Y	1	2
1	0.25	0.32
2	0.08	0.35

求$E(X^2 + Y)$.

解 $E(X^2 + Y) = \sum_i \sum_j (x_i^2 + y_j)p_{ij}$

$= (1^2+1)\times 0.25 + (1^2+2)\times 0.32 + (2^2+1)\times 0.08 + (2^2+2)\times 0.35 = 3.96.$

例 4.8 设二维随机变量(X,Y)的联合概率密度为

$$f(x,y) = \begin{cases} x+y, & 0\leqslant x\leqslant 1, 0\leqslant y\leqslant 1, \\ 0, & 其他. \end{cases}$$

求$E(X), E(Y), E(XY)$.

解
$$E(X) = \int_{-\infty}^{+\infty}\int_{-\infty}^{+\infty} xf(x,y)\mathrm{d}x\mathrm{d}y = \int_0^1 \mathrm{d}x\int_0^1 x(x+y)\mathrm{d}y = \frac{7}{12},$$

$$E(Y) = \int_{-\infty}^{+\infty}\int_{-\infty}^{+\infty} yf(x,y)\mathrm{d}x\mathrm{d}y = \int_0^1 \mathrm{d}y\int_0^1 y(x+y)\mathrm{d}x = \frac{7}{12},$$

$$E(XY) = \int_{-\infty}^{+\infty}\int_{-\infty}^{+\infty} xyf(x,y)\mathrm{d}x\mathrm{d}y = \int_0^1 \mathrm{d}x\int_0^1 xy(x+y)\mathrm{d}y = \frac{1}{3}.$$

例 4.9 某工厂每天从电力公司得到的电能X（单位：kW）服从$[10, 30]$上的均匀分布，该工厂每天对电能的需要量Y（单位：kW）服从$[10, 20]$上的均匀分布，其中X与Y相互独立. 设工厂从电力公司得到的每千瓦电能可取得 300 元利润，如工厂用电量超过电力公司所提供的数量，就要使用自备发电机提供的附加电能来补充，使用附加电能时每千瓦电能只能取得 100 元利润. 问：该工厂一天中获得利润的数学期望是多少？

微课：例4.9

解 设Z为一天中该工厂获得的利润，由题意得

$$Z = g(X,Y) = \begin{cases} 300Y, & Y\leqslant X, \\ 300X + 100(Y-X), & Y>X, \end{cases}$$

即

$$Z = g(X,Y) = \begin{cases} 300Y, & Y\leqslant X, \\ 200X + 100Y, & Y>X. \end{cases}$$

(X,Y)的联合概率密度为

$$f(x,y) = \begin{cases} \dfrac{1}{200}, & 10\leqslant x\leqslant 30, 10\leqslant y\leqslant 20, \\ 0, & 其他, \end{cases}$$

故

$$E(Z) = E[g(X,Y)] = \int_{-\infty}^{+\infty}\int_{-\infty}^{+\infty} g(x,y)f(x,y)\mathrm{d}x\mathrm{d}y$$

$$= \frac{1}{200}\left[\int_{10}^{20}\mathrm{d}y\int_{10}^{y}(200x+100y)\mathrm{d}x + \int_{10}^{20}\mathrm{d}y\int_{y}^{30}300y\mathrm{d}x\right] \approx 4\,333\;（元），$$

即该工厂一天中获得利润的数学期望是 4 333 元.

4.1.3 数学期望的性质

由数学期望的定义和随机变量函数的数学期望，很容易得到数学期望的下列性质.

（1）设 C 为常数，则 $E(C)=C$.

（2）设 C 为常数，X 为随机变量，则 $E(CX)=CE(X)$.

（3）设 X,Y 为任意两个随机变量，则 $E(X+Y)=E(X)+E(Y)$.

这一性质可以推广到任意有限多个随机变量之和的情形，即

$$E(X_1 + X_2 + \cdots + X_n) = E(X_1) + E(X_2) + \cdots + E(X_n).$$

（4）设 X,Y 为相互独立的随机变量，则 $E(XY) = E(X)E(Y)$.

这一性质可以推广到任意有限多个相互独立的随机变量之积的情形，即若 $X_1,X_2,\cdots,X_n$ 为相互独立的随机变量，则有

$$E(X_1X_2\cdots X_n) = E(X_1)E(X_2)\cdots E(X_n).$$

例 4.10 已知随机变量 $X \sim N(5,10^2)$，求 $Y = 3X + 5$ 的数学期望 $E(Y)$.

解 由于 X 服从正态分布 $N(5,10^2)$，则 $E(X) = 5$. 由数学期望的性质得

$$E(Y) = E(3X + 5) = 3E(X) + 5 = 20.$$

例 4.11 利用数学期望的性质求解例 4.5.

解 因为 $Y = 800X - 900$，而

$$E(X) = 0 \times 0.1 + 1 \times 0.2 + 2 \times 0.3 + 3 \times 0.4 = 2\;（台），$$

所以根据数学期望的性质，有

$$E(Y) = 800E(X) - 900 = 700\;（元）.$$

同步习题 4.1

基础题

1. 设随机变量 X 的分布律如下.

X	−2	0	2
P	0.4	0.3	0.3

求 $E(X), E(X^2), E(3X^2 + 5)$.

2．设轮船横向摇摆的随机振幅 X 的概率密度为

$$f(x) = \begin{cases} \dfrac{1}{\sigma^2} \mathrm{e}^{-\frac{x^2}{2\sigma^2}}, & x > 0, \\ 0, & \text{其他}. \end{cases}$$

求 $E(X)$．

3．设随机变量 X 服从参数为 2 的泊松分布，求随机变量 $Y = 3X - 2$ 的数学期望．

4．设随机变量 X 服从参数为 1 的指数分布，求 $Y = X + \mathrm{e}^{-2X}$ 的数学期望．

5．设二维随机变量 (X, Y) 的分布律如下．

X＼Y	0	1
0	$\dfrac{1}{3}$	0
1	$\dfrac{1}{2}$	$\dfrac{1}{6}$

求 $E(2X + 3Y)$ 和 $E(XY)$．

6．设随机变量 (X, Y) 在区域 A 上服从均匀分布，其中 A 为由 x 轴和 y 轴及直线 $x + y + 1 = 0$ 所围成的区域．求 $E(X), E(-3X + 2Y), E(XY)$．

7．设随机变量 X, Y 相互独立，它们的概率密度分别为

$$f_X(x) = \begin{cases} 2x, & 0 \leqslant x \leqslant 1, \\ 0, & \text{其他}, \end{cases} \qquad f_Y(y) = \begin{cases} \mathrm{e}^{-(y-5)}, & y > 5, \\ 0, & \text{其他}. \end{cases}$$

求 $E(XY)$．

提高题

1．已知甲、乙两箱中装有同种产品，其中甲箱中装有 3 件合格品和 3 件次品，乙箱中仅装有 3 件合格品．从甲箱中任取 3 件产品放入乙箱后，求：

（1）乙箱中次品件数的数学期望；

（2）从乙箱中任取一件产品是次品的概率．

2．游客乘电梯从底层到电视塔顶层观光，电梯于每个正点的第 5 分钟、第 25 分钟和第 55 分钟从底层起行．假设一游客在早上 8 点的第 X 分钟到底层候电梯处，且 X 在 $[0, 60]$ 上服从均匀分布，求该游客等候时间的数学期望．

3．设某种商品每周的需求量 X 服从区间 $[10, 30]$ 上的均匀分布，而经销商店进货数量为区间 $[10, 30]$ 中的某一整数，经销商店每销售一单位商品可获利 500 元．若供大于求，则降价处理，每处理一单位商品亏损 100 元；若供不应求，则可从外部调剂供应，此时每一单位商品仅获利 300 元．为使经销商店所获利润的期望值不少于 9 280 元，试确定最少进货量．

4．设随机变量 X 与 Y 相互独立，且都服从参数为 1 的指数分布，记

$$U = \max\{X, Y\}, \quad V = \min\{X, Y\}.$$

（1）求 V 的概率密度 $f_V(v)$.

（2）求 $E(U+V)$.

5. 设随机变量 X 的概率密度为

$$f(x) = \begin{cases} 2^{-x} \ln 2, & x > 0, \\ 0, & x \leqslant 0. \end{cases}$$

微课：第5题

对 X 进行独立重复的观测，直到第 2 个大于 3 的观测值出现时停止，记 Y 为观测次数，求 $E(Y)$.

4.2 方差

数学期望体现了随机变量取值的平均水平，它是随机变量的重要数字特征. 但仅仅知道数学期望是不够的，还需要知道随机变量取值的波动程度，即随机变量所取的值与它的数学期望的偏离程度. 例如，有一批电子管，其平均寿命 $E(X)$=10 000h，但仅由这一指标还不能判断这批电子管质量的好坏，还需要考察电子管寿命 X 与 $E(X)$ 的偏离程度，若偏离程度较小，则电子管质量比较稳定. 因此，研究随机变量与其平均值的偏离程度是十分重要的. 那么用什么量去表示这种偏离程度呢？显然，可用随机变量 $|X - E(X)|$ 的平均值 $E[|X - E(X)|]$ 来表示，但为了运算方便，通常用 $E\{[X - E(X)]^2\}$ 来表示 X 与 $E(X)$ 的偏离程度.

4.2.1 随机变量的方差

定义 4.3 设 X 为随机变量，若 $E\{[X - E(X)]^2\}$ 存在，则称之为 X 的方差，记为 $D(X)$ 或 σ_X^2，即

$$D(X) = E\{[X - E(X)]^2\}.$$

称 $\sqrt{D(X)}$ 为 X 的标准差或均方差，记为 σ_X.

由定义可知，随机变量 X 的方差反映了 X 的取值与其数学期望的偏离程度. 若 $D(X)$ 较小，则 X 取值比较集中；反之，则 X 取值比较分散. 因此，方差 $D(X)$ 是刻画 X 取值分散程度的一个数字特征.

微课：方差的
定义及计算公式

因为方差是随机变量 X 的函数的数学期望，所以，若 X 为离散型随机变量，其分布律为

$$P\{X = x_k\} = p_k, \quad k = 1, 2, \cdots,$$

则

$$D(X) = \sum_{k=1}^{+\infty} [x_k - E(X)]^2 p_k;$$

若 X 为连续型随机变量，其概率密度为 $f(x)$，则

$$D(X) = \int_{-\infty}^{+\infty} [x - E(X)]^2 f(x) \mathrm{d}x.$$

在计算方差时，用下面的公式更为简便：

$$D(X) = E(X^2) - [E(X)]^2.$$

实际上，

$$\begin{aligned} D(X) &= E\{[X - E(X)]^2\} = E\{X^2 - 2XE(X) + [E(X)]^2\} \\ &= E(X^2) - 2E(X)E(X) + [E(X)]^2 \\ &= E(X^2) - [E(X)]^2. \end{aligned}$$

例 4.12 求下列离散型随机变量的方差：

（1）(0–1) 分布；（2）泊松分布．

解 （1）$X \sim (0\text{–}1)$ 分布，上一节已求出 $E(X) = p$，而

$$E(X^2) = 1^2 \times p + 0^2 \times (1-p) = p,$$

所以

$$D(X) = E(X^2) - [E(X)]^2 = p - p^2 = p(1-p) = pq,$$

其中 $q = 1 - p$．

（2）$X \sim P(\lambda)$，上一节已求出 $E(X) = \lambda$，而

$$E(X^2) = \sum_{k=0}^{+\infty} (k^2 p_k) = \sum_{k=0}^{+\infty} \left(k^2 \cdot \frac{\lambda^k}{k!} \mathrm{e}^{-\lambda} \right) = \sum_{k=1}^{+\infty} \left[k(k-1) \frac{\lambda^k}{k!} \mathrm{e}^{-\lambda} \right] + \sum_{k=1}^{+\infty} \left(k \frac{\lambda^k}{k!} \mathrm{e}^{-\lambda} \right)$$

$$= \lambda^2 \mathrm{e}^{-\lambda} \sum_{k=2}^{+\infty} \frac{\lambda^{k-2}}{(k-2)!} + \lambda = \lambda^2 + \lambda,$$

所以

$$D(X) = E(X^2) - [E(X)]^2 = \lambda^2 + \lambda - \lambda^2 = \lambda.$$

例 4.13 求下列连续型随机变量的方差：

（1）均匀分布；（2）指数分布．

解 （1）设随机变量 X 在 $[a, b]$ 上服从均匀分布，即 $X \sim U[a, b]$，其概率密度为

$$f(x) = \begin{cases} \dfrac{1}{b-a}, & a \leqslant x \leqslant b, \\ 0, & \text{其他}. \end{cases}$$

$$E(X) = \int_a^b x \cdot \frac{1}{b-a} \mathrm{d}x = \frac{a+b}{2},$$

$$D(X) = E(X^2) - [E(X)]^2 = \int_a^b x^2 \cdot \frac{1}{b-a} \mathrm{d}x - \left(\frac{a+b}{2} \right)^2 = \frac{(b-a)^2}{12}.$$

（2）设 $X \sim E(\lambda)$，上一节已求出 $E(X) = \dfrac{1}{\lambda}$，则

$$D(X) = E(X^2) - [E(X)]^2 = \int_0^{+\infty} x^2 \cdot \lambda \mathrm{e}^{-\lambda x} \mathrm{d}x - \left(\frac{1}{\lambda} \right)^2 = \frac{2}{\lambda^2} - \frac{1}{\lambda^2} = \frac{1}{\lambda^2}.$$

例 4.14 甲、乙两台机床同时加工某种零件，它们每生产 1 000 件产品所出现的次品数分别用 X_1, X_2 表示，其分布律如下．问：哪一台机床的加工质量较好？

X_1, X_2	0	1	2	3
$P(X_1)$	0.7	0.2	0.06	0.04
$P(X_2)$	0.8	0.06	0.04	0.1

解 因为

$$E(X_1) = 0 \times 0.7 + 1 \times 0.2 + 2 \times 0.06 + 3 \times 0.04 = 0.44,$$

$$E(X_2) = 0 \times 0.8 + 1 \times 0.06 + 2 \times 0.04 + 3 \times 0.1 = 0.44,$$

所以甲、乙两台机床加工的平均水平不相上下. 而

$$D(X_1) = E(X_1^2) - [E(X_1)]^2 = 0.606\,4,$$

$$D(X_2) = E(X_2^2) - [E(X_2)]^2 = 0.926\,4,$$

由 $D(X_1) < D(X_2)$ 可知，甲机床的加工质量较好.

4.2.2 方差的性质

由方差的定义和公式，很容易得到方差的下列性质.

（1）设 C 为常数，则 $D(C) = 0$.

（2）设 X 为随机变量，C 为常数，则有 $D(CX) = C^2 D(X)$.

（3）设随机变量 X 与 Y 相互独立，则有 $D(X+Y) = D(X) + D(Y)$.

性质（3）可推广到有限多个相互独立的随机变量之和的情形，即若 $X_1, X_2, \cdots, X_n$ 相互独立，则有

$$D(X_1 + X_2 + \cdots + X_n) = D(X_1) + D(X_2) + \cdots + D(X_n).$$

例 4.15 设随机变量 X 和 Y 相互独立，且 X 服从参数为 $\frac{1}{2}$ 的指数分布，Y 服从参数为 9 的泊松分布，求 $D(X - 2Y + 1)$.

解 因为 X 服从参数为 $\frac{1}{2}$ 的指数分布，Y 服从参数为 9 的泊松分布，故

$$D(X) = 4, \ D(Y) = 9.$$

根据方差的性质，可得

$$D(X - 2Y + 1) = D(X) + 4D(Y) = 40.$$

数学期望和方差的性质可以简化数字特征的计算过程，尤其对于某些特殊的随机变量，可以尝试将随机变量 X 分解为若干个随机变量的和，然后利用性质求出 X 的数学期望和方差，这样可使复杂问题简单化. 下面以二项分布的数学期望和方差为例进行说明.

设随机变量 X 服从参数为 n, p 的二项分布，即 $X \sim B(n, p)$，其分布律为

$$P\{X = k\} = C_n^k p^k q^{n-k}, \ k = 0, 1, 2, \cdots, n, \ \text{其中 } 0 < p < 1, \ p + q = 1.$$

如果利用公式求 $E(X)$ 与 $D(X)$，计算起来比较麻烦，利用性质则简单多了.

在 n 重伯努利试验中，每次试验事件 A 发生的概率为 p，不发生的概率为 $q = 1-p$，若引入随机变量

微课：二项分布的数学期望和方差

$$X_i = \begin{cases} 1, & \text{第} i \text{次试验事件} A \text{发生}, \\ 0, & \text{第} i \text{次试验事件} A \text{不发生}, \end{cases} \quad i = 1, 2, \cdots, n,$$

则事件 A 发生的次数为 $X = X_1 + X_2 + \cdots + X_n$. 其中，$X \sim B(n, p)$，$X_i \sim (0-1)$ 分布，且 $X_1, X_2, \cdots, X_n$ 是相互独立的.

而

$$E(X_i) = p, \ D(X_i) = pq,$$

于是由数学期望和方差的性质可得

$$E(X) = E(X_1 + X_2 + \cdots + X_n) = E(X_1) + E(X_2) + \cdots + E(X_n) = nE(X_i) = np,$$

$$D(X) = D(X_1 + X_2 + \cdots + X_n) = D(X_1) + D(X_2) + \cdots + D(X_n) = nD(X_i) = npq.$$

对于一些重要分布，其数字特征往往与分布中的参数有关，在实际问题中经常用到．表 4.3 列出了常见分布的数字特征，大家要尽量掌握．

表 **4.3**

分布	分布律或概率密度	数学期望	方差
0–1 分布	$P\{X=1\}=p,\ \ P\{X=0\}=q,$ $0<p<1,\ \ p+q=1$	p	pq
二项分布	$P\{X=k\}=C_n^k p^k q^{n-k},\ \ k=0,1,2,\cdots,n,$ $0<p<1,\ \ p+q=1$	np	npq
几何分布	$P\{X=k\}=pq^{k-1},\ \ k=1,2,\cdots,$ $p+q=1$	$\dfrac{1}{p}$	$\dfrac{q}{p^2}$
泊松分布	$P\{X=k\}=\dfrac{\lambda^k}{k!}\mathrm{e}^{-\lambda},\ \ k=0,1,2,\cdots,\ \ \lambda>0$	λ	λ
均匀分布	$f(x)=\begin{cases}\dfrac{1}{b-a}, & a<x<b,\\ 0, & \text{其他}\end{cases}$	$\dfrac{a+b}{2}$	$\dfrac{(b-a)^2}{12}$
正态分布	$f(x)=\dfrac{1}{\sqrt{2\pi}\sigma}\mathrm{e}^{-\frac{(x-\mu)^2}{2\sigma^2}},\ -\infty<x<+\infty$	μ	σ^2
指数分布	$f(x)=\begin{cases}\lambda\mathrm{e}^{-\lambda x}, & x>0,\ \ \lambda>0\\ 0, & x\leqslant 0,\end{cases}$	$\dfrac{1}{\lambda}$	$\dfrac{1}{\lambda^2}$

同步习题 4.2

基础题

1．设随机变量 X 的分布律如下．

X	–2	0	2
P	0.4	0.3	0.3

求 $D(X)$ 和 $D(\sqrt{10}X-5)$．

2．在相同条件下，用甲、乙两种仪器检测某种成分的含量，检测结果分别用 X_1,X_2 表示，由以往大量检测结果得知，X_1,X_2 的分布律如下．问：哪一种仪器的检测精度较高？

X_1,X_2	48	49	50	51	52
$P(X_1)$	0.1	0.1	0.6	0.1	0.1
$P(X_2)$	0.2	0.2	0.2	0.2	0.2

3. 已知随机变量 X 的分布函数为

$$F(x) = \begin{cases} 0, & x \leqslant 0, \\ \dfrac{x}{4}, & 0 < x \leqslant 4, \\ 1, & x > 4. \end{cases}$$

求 $E(X), D(X)$.

4. 设随机变量 X 与 Y 相互独立，且 $X \sim N(1,2)$，$Y \sim N(1,4)$，求 $D(XY)$.

5. 设随机变量 X 服从参数为 λ 的指数分布，求 $P\{X > \sqrt{D(X)}\}$.

6. 设随机变量 $X_1, X_2, \cdots, X_n$ 独立同分布，其数学期望 $E(X_i) = \mu$，方差 $D(X_i) = \sigma^2$，$i = 1, 2, \cdots, n$. 令 $\bar{X} = \dfrac{1}{n} \sum_{i=1}^{n} X_i$，求 $E(\bar{X}), D(\bar{X})$.

提高题

1. 某生产线上每个产品不合格的概率为 $p (0 < p < 1)$，各产品合格与否相互独立. 当出现一个不合格品时，即停机检修. 设开机后第一次停机时已生产产品个数为 X，求 X 的数学期望 $E(X)$ 和方差 $D(X)$.

2. 某加油站的客户可以用以下 3 种方式支付费用：移动支付（A）、加油卡支付（B）、现金支付（C）. 已知 $P(A) = 0.5, P(B) = 0.2, P(C) = 0.3$，假设客户之间相互独立. 问：在随机挑选的 100 名客户中，用加油卡支付的人数的数学期望和方差是多少？不用现金支付的人数的数学期望和方差是多少？

3. 设 X, Y 是两个相互独立且服从正态分布 $N\left(0, \dfrac{1}{2}\right)$ 的随机变量，求 $E(|X - Y|)$ 和 $D(|X - Y|)$.

4. 设随机变量 X 的概率密度为

$$f(x) = \begin{cases} \dfrac{1}{2} \cos \dfrac{x}{2}, & 0 \leqslant x \leqslant \pi, \\ 0, & \text{其他.} \end{cases}$$

对 X 进行 4 次独立重复观测，用 Y 表示观测值大于 $\dfrac{\pi}{3}$ 的次数，求 $E(Y^2)$.

5. 设 X 为随机变量，C 为常数，证明：$D(X) \leqslant E[(X - C)^2]$.

4.3 协方差与相关系数

在前两节中，我们介绍了一维随机变量的数字特征. 对于二维随机变量 (X, Y)，除了讨论随机变量 X 和 Y 各自的数学期望和方差，还需要研究描述 X 与 Y 之间相互关系的数字特征. 例如，假设某企业的广告支出 X 和销售收入 Y 都为随机变量，X 和 Y 往往是不独立的，我们需要

分析 X 与 Y 之间的依赖关系，即相关性. 本节介绍的协方差和相关系数就是用来描述 X 与 Y 之间相互关系的数字特征.

4.3.1　协方差与相关系数的概念

定义 4.4　设二维随机变量 (X,Y)，若 $E\{[X-E(X)][Y-E(Y)]\}$ 存在，则称它为随机变量 X 与 Y 的协方差，记为 $\mathrm{cov}(X,Y)$，或 σ_{XY}，即

$$\mathrm{cov}(X,Y) = E\{[X-E(X)][Y-E(Y)]\}.$$

当 $D(X) > 0, D(Y) > 0$ 时，

$$\rho_{XY} = \frac{\mathrm{cov}(X,Y)}{\sqrt{D(X)}\sqrt{D(Y)}}$$

称为随机变量 X 与 Y 的相关系数.

当 $\rho_{XY} = 0$ 时，称随机变量 X 与 Y 不相关或线性无关.

将随机变量 X 与 Y 标准化，得

$$X^* = \frac{X-E(X)}{\sqrt{D(X)}},\ Y^* = \frac{Y-E(Y)}{\sqrt{D(Y)}}.$$

由相关系数的定义，显然有 $\rho_{XY} = \mathrm{cov}(X^*, Y^*)$.

在实际应用中，协方差和相关系数是用来描述随机变量 X 与 Y 之间线性相关方向和依赖程度的数字特征.

由协方差的定义及数学期望的性质，可得协方差的计算公式

$$\mathrm{cov}(X,Y) = E(XY) - E(X)E(Y).$$

例 4.16　设保险公司对投保人的汽车保险和财产保险分别设定了免赔额（单位：元），现任选一位同时投汽车保险和财产保险的客户，X 表示其汽车保单的免赔额，Y 表示其财产保单的免赔额，随机变量 (X,Y) 的联合分布律如下.

X ＼ Y	0	100	200
100	0.2	0.1	0.2
250	0.05	0.15	0.3

求 $\mathrm{cov}(X,Y)$ 和 ρ_{XY}.

解　由联合分布律，可得随机变量 X, Y 的分布律如下.

X	100	250
P	0.5	0.5

Y	0	100	200
P	0.25	0.25	0.5

从而可得

$$E(X) = 100 \times 0.5 + 250 \times 0.5 = 175,$$

$$E(X^2) = 100^2 \times 0.5 + 250^2 \times 0.5 = 36\ 250,$$

$$D(X) = E(X^2) - [E(X)]^2 = 5\ 625.$$

同理可得

$$E(Y) = 125, \quad D(Y) = 6\ 875.$$

又

$$E(XY) = \sum_i \sum_j (x_i y_j) p_{ij} = 23\ 750,$$

故

$$\mathrm{cov}(X,Y) = E(XY) - E(X)E(Y) = 1\ 875,$$

$$\rho_{XY} = \frac{\mathrm{cov}(X,Y)}{\sqrt{D(X)}\sqrt{D(Y)}} \approx 0.302.$$

例 4.17 设随机变量(X,Y)在区域$D = \{(x,y) \mid x \geqslant 0,\ y \geqslant 0,\ x+y \leqslant 1\}$上服从均匀分布. 求$\mathrm{cov}(X,Y)$和$\rho_{XY}$.

解 因为区域D的面积为$\dfrac{1}{2}$，所以(X,Y)的概率密度为

$$f(x,y) = \begin{cases} 2, & (x,y) \in D, \\ 0, & (x,y) \notin D. \end{cases}$$

$$E(XY) = \int_{-\infty}^{+\infty}\int_{-\infty}^{+\infty} xy f(x,y)\mathrm{d}x\mathrm{d}y = \int_0^1 \mathrm{d}x \int_0^{1-x} 2xy\mathrm{d}y = \frac{1}{12},$$

$$E(X) = \int_{-\infty}^{+\infty}\int_{-\infty}^{+\infty} x f(x,y)\mathrm{d}x\mathrm{d}y = \int_0^1 \mathrm{d}x \int_0^{1-x} 2x\mathrm{d}y = \frac{1}{3},$$

$$E(X^2) = \int_{-\infty}^{+\infty}\int_{-\infty}^{+\infty} x^2 f(x,y)\mathrm{d}x\mathrm{d}y = \int_0^1 \mathrm{d}x \int_0^{1-x} 2x^2\mathrm{d}y = \frac{1}{6},$$

$$D(X) = E(X^2) - [E(X)]^2 = \frac{1}{18}.$$

同理可得

$$E(Y) = \frac{1}{3}, \quad D(Y) = \frac{1}{18}.$$

故

$$\mathrm{cov}(X,Y) = E(XY) - E(X)E(Y) = -\frac{1}{36},$$

$$\rho_{XY} = \frac{\mathrm{cov}(X,Y)}{\sqrt{D(X)}\sqrt{D(Y)}} = -\frac{1}{2}.$$

4.3.2 协方差与相关系数的性质

由协方差和相关系数的定义，以及数学期望和方差的性质，可得下列性质.

（1）$\mathrm{cov}(X,Y) = \mathrm{cov}(Y,X)$.

（2）$\mathrm{cov}(aX,bY) = ab\,\mathrm{cov}(X,Y)$，其中$a,b$为常数.

（3）$\operatorname{cov}(X+Y,Z) = \operatorname{cov}(X,Z)+\operatorname{cov}(Y,Z)$.

（4）$D(X\pm Y) = D(X)+D(Y)\pm 2\operatorname{cov}(X,Y)$.

（5）$|\rho_{XY}|\leqslant 1$.

（6）$|\rho_{XY}|=1$的充分必要条件是X与Y以概率1具有确定的线性关系，即$P\{Y=aX+b\}=1$，其中$a\neq 0$，a,b为常数.

由性质（5）、性质（6），可以进一步说明相关系数反映了随机变量之间的相互关系：$|\rho_{XY}|$越大，这时Y与X的线性关系就越密切，当$|\rho_{XY}|=1$时，Y与X就有确定的线性关系；反之，$|\rho_{XY}|$越小，说明Y与X的线性关系就越弱，若$|\rho_{XY}|=0$，则表明Y与X之间无线性关系，故称X与Y是不相关的. 可见，$|\rho_{XY}|$的大小确实是X与Y间线性关系强弱的一种度量.

设随机变量X与Y的相关系数ρ_{XY}存在，若X与Y相互独立，则有$\operatorname{cov}(X,Y)=0$，从而$\rho_{XY}=0$，即若$X$与$Y$相互独立，则$X$与$Y$不相关. 反之，若$X$与$Y$不相关，则$X$与$Y$不一定是相互独立的. 这说明"不相关"与"相互独立"是两个不同的概念，其含义是不同的，不相关只是就线性关系而言的，而相互独立是就一般关系而言的.

例 4.18 若$X\sim N(0,1)$，且$Y=X^2$，问：X与Y是否不相关？是否相互独立？

解 因为$X\sim N(0,1)$，概率密度$\varphi(x)=\dfrac{1}{\sqrt{2\pi}}\mathrm{e}^{-\frac{x^2}{2}}$为偶函数，所以

$$E(X)=E(X^3)=0.$$

于是由

$$\operatorname{cov}(X,Y)=E(XY)-E(X)E(Y)=E(X^3)-E(X)E(X^2)=0$$

得

$$\rho_{XY}=\frac{\operatorname{cov}(X,Y)}{\sqrt{D(X)}\sqrt{D(Y)}}=0.$$

微课：独立与不相关

这说明X与Y是不相关的. 但$Y=X^2$，显然，X与Y是不相互独立的.

设(X,Y)服从二维正态分布，即$(X,Y)\sim N(\mu_1,\mu_2,\sigma_1^2,\sigma_2^2,\rho)$，可以证明：$E(X)=\mu_1$，$D(X)=\sigma_1^2$，$E(Y)=\mu_2$，$D(Y)=\sigma_2^2$，$\operatorname{cov}(X,Y)=\rho\sigma_1\sigma_2$，$\rho_{XY}=\rho$.

在第3章我们已经知道，对二维正态随机变量(X,Y)来说，X与Y相互独立的充要条件为$\rho=0$，现在又知$\rho_{XY}=\rho$，故对二维正态随机变量(X,Y)来说，X与Y不相关等价于X与Y相互独立.

微课：二维正态随机变量的数字特征

例 4.19 已知$D(X)=4,D(Y)=1,\rho_{XY}=0.5$，求$D(3X-2Y)$.

解 由方差、协方差的性质及相关系数的定义可得

$$D(3X-2Y)=D(3X)+D(2Y)-2\operatorname{cov}(3X,2Y)=9D(X)+4D(Y)-12\operatorname{cov}(X,Y)$$

$$=9D(X)+4D(Y)-12\rho_{XY}\sqrt{D(X)}\sqrt{D(Y)}=9\times 4+4\times 1-12\times 0.5\times 2\times 1=28.$$

例 4.20 设随机变量X和Y相互独立且都服从正态分布$N(0,\sigma^2)$，已知

$$U=aX+bY,\quad V=aX-bY,$$

其中a,b为常数. 求U和V的相关系数ρ_{UV}.

解 因为X与Y相互独立，所以$\operatorname{cov}(X,Y)=0$. 由协方差的性质得

$$\text{cov}(U,V) = \text{cov}(aX + bY, aX - bY) = a^2 \text{cov}(X,X) - b^2 \text{cov}(Y,Y)$$

$$= a^2 D(X) - b^2 D(Y) = (a^2 - b^2)\sigma^2.$$

由方差的性质得

$$D(U) = D(V) = a^2 D(X) + b^2 D(Y) = (a^2 + b^2)\sigma^2.$$

故

$$\rho_{UV} = \frac{\text{cov}(U,V)}{\sqrt{D(U)}\sqrt{D(V)}} = \frac{a^2 - b^2}{a^2 + b^2}.$$

4.3.3 随机变量的矩

数学期望、方差、协方差和相关系数都是随机变量常用的数字特征，实际上它们都是某种**矩**，下面给出矩的一般定义．

定义 4.5 设 X 和 Y 是随机变量，若

$$E(X^k), \quad k = 1, 2, \cdots$$

存在，则称它为 X 的 k 阶原点矩．

若

$$E\{[X - E(X)]^k\}, \quad k = 1, 2, \cdots$$

存在，则称它为 X 的 k 阶中心矩．

若

$$E(X^k Y^l), \quad k, l = 1, 2, \cdots$$

存在，则称它为 X 和 Y 的 $k+l$ 阶混合矩．

若

$$E\{[X - E(X)]^k [Y - E(Y)]^l\}, \quad k, l = 1, 2, \cdots$$

存在，则称它为 X 和 Y 的 $k+l$ 阶混合中心矩．

由该定义可知，随机变量 X 的数学期望 $E(X)$ 是 X 的一阶原点矩，方差 $D(X)$ 是 X 的二阶中心矩，协方差 $\text{cov}(X, Y)$ 是 X 与 Y 的 1+1 阶混合中心矩．

同步习题 4.3

基础题

1. 设 (X,Y) 的联合概率分布如下．

X \ Y	−1	0	1
0	0.07	0.18	0.15
1	0.08	0.32	0.20

求 ρ_{XY}, $\mathrm{cov}(X^2, Y^2)$.

2. 设随机变量 (X,Y) 的联合概率分布如下.

X ＼ Y	0	1	2
0	$\dfrac{1}{4}$	0	$\dfrac{1}{4}$
1	0	$\dfrac{1}{3}$	0
2	$\dfrac{1}{12}$	0	$\dfrac{1}{12}$

求 $\mathrm{cov}(X-Y, Y)$.

3. 设二维随机变量 (X,Y) 的联合概率密度为

$$f(x,y) = \begin{cases} 8xy, & 0 \leqslant x \leqslant 1, 0 \leqslant y \leqslant x, \\ 0, & 其他. \end{cases}$$

求 $\mathrm{cov}(X, Y)$, ρ_{XY}.

4. 设二维随机变量 (X,Y) 服从 $N\left(1, 1, 4, 9, \dfrac{1}{2}\right)$, 求 $\mathrm{cov}(X, Y)$.

5. 设 $E(X) = E(Y) = 1, E(Z) = -1, D(X) = D(Y) = D(Z) = 1, \rho_{XY} = 0, \rho_{XZ} = \dfrac{1}{2}, \rho_{YZ} = -\dfrac{1}{2}$.

求：（1）$E(X + Y + Z)$；（2）$D(X + Y + Z)$.

6. 设随机变量 $\xi = aX + b, \eta = cY + d$, 且 a, c 同号, 证明：$\rho_{\xi\eta} = \rho_{XY}$.

提高题

1. 随机试验 E 有 3 种两两不相容的结果 A_1, A_2, A_3, 且 3 种结果发生的概率均为 $\dfrac{1}{3}$, 将试验 E 独立重复做 2 次, X 表示 2 次试验中结果 A_1 发生的次数, Y 表示 2 次试验中结果 A_2 发生的次数, 求 X 与 Y 的相关系数.

2. 设随机变量 $X_1, X_2, \cdots, X_n (n > 1)$ 独立同分布, 且其方差 $\sigma^2 > 0$. 令 $Y = \dfrac{1}{n}\sum_{i=1}^{n} X_i$, 求：
（1）$\mathrm{cov}(X_1, Y)$；（2）$D(X_1 + Y)$.

3. 设随机变量 X 与 Y 相互独立, X 的概率分布为 $P\{X = 1\} = P\{X = -1\} = \dfrac{1}{2}$, Y 服从参数为 λ 的泊松分布. 令 $Z = XY$, 求 $\mathrm{cov}(X, Z)$.

4. 假设二维随机变量 (X,Y) 在矩形 $G = \{(x,y)\,|\,0{\leqslant}x{\leqslant}2,\,0{\leqslant}y{\leqslant}1\}$ 上服从均匀分布，记

$$U = \begin{cases} 0, & 若 X \leqslant Y, \\ 1, & 若 X > Y, \end{cases} \qquad V = \begin{cases} 0, & 若 X \leqslant 2Y, \\ 1, & 若 X > 2Y. \end{cases}$$

（1）求 U 和 V 的联合概率分布；（2）求 U 和 V 的相关系数 ρ_{UV}.

5. 设随机变量 X 和 Y 的概率分布分别如下.

X	0	1
P	$\frac{1}{3}$	$\frac{2}{3}$

Y	−1	0	1
P	$\frac{1}{3}$	$\frac{1}{3}$	$\frac{1}{3}$

已知 $P\{X^2 = Y^2\} = 1$. 求：

（1）二维随机变量 (X,Y) 的联合概率分布；

（2）X 和 Y 的相关系数 ρ_{XY}.

6. 设 A,B 为两个随机事件，随机变量

$$X = \begin{cases} 1, & A 发生, \\ -1, & A 不发生, \end{cases} \qquad Y = \begin{cases} 1, & B 发生, \\ -1, & B 不发生. \end{cases}$$

证明：随机变量 X 与 Y 不相关的充要条件是 A 与 B 相互独立.

4.4　大数定律与中心极限定理

　　概率论与数理统计的研究内容是随机现象的统计规律性，而随机现象的统计规律性是通过大量的重复试验呈现出来的. 为了精确地描述这种规律性，本节将引入极限定理，其中最主要的是大数定律与中心极限定理，它们在概率论与数理统计的理论研究和实际应用中具有重要的意义.

4.4.1　切比雪夫不等式

　　定理 4.3（切比雪夫不等式） 设随机变量 X 的数学期望 $E(X)$ 和方差 $D(X)$ 都存在，则对于任意的 $\varepsilon > 0$，有

$$P\{\,|\,X - E(X)\,| \geqslant \varepsilon\} \leqslant \frac{D(X)}{\varepsilon^2}$$

或

$$P\{\,|\,X - E(X)\,| < \varepsilon\} \geqslant 1 - \frac{D(X)}{\varepsilon^2}.$$

　　由切比雪夫不等式可看出：当误差 ε 取定时，随着方差 $D(X)$ 的减小，X 围绕 $E(X)$ 取值的概率增大；反之，随着方差 $D(X)$ 的增大，X 围绕 $E(X)$ 取值的概率减小. 这进一步说明：方差 $D(X)$ 能描述 X 对于其均值 $E(X)$ 的偏离程度.

切比雪夫不等式对于理论研究和实际应用都具有重要的价值，它在理论上是证明大数定律的工具，在实际应用中可用于估计某些不便计算的概率.

例 4.21 设电站供电网有 10 000 个电灯，夜晚时每个电灯开灯的概率均为 0.7，假定所有电灯的开或关是相互独立的，试用切比雪夫不等式估计夜晚同时开着的电灯在 6 800~7 200 个的概率.

解 设 X 表示在夜晚同时开着的电灯数，则 X 服从 $n=10\ 000$，$p=0.7$ 的二项分布. 这时 $E(X) = np = 7\ 000$，$D(X) = npq = 2\ 100$，其中 $q = 1 - p = 0.3$. 由切比雪夫不等式可得

$$P\{6\ 800 < X < 7\ 200\} = P\{|X - 7\ 000| < 200\} \geqslant 1 - \frac{2\ 100}{200^2} \approx 0.95.$$

这个概率的近似值表明，在 10 000 个电灯中，同时开着的电灯在 6 800~7 200 个的概率大于 0.95. 而实际上，此概率可由二项分布求得精确值为 0.999 99. 由此可知，切比雪夫不等式虽可用来估计概率，但精度不够高.

4.4.2 大数定律

我们已经知道，在一定条件下多次重复进行某一试验，随机事件发生的频率随着次数的增多逐渐稳定在某一个常数附近，这一数值也就是随机事件的概率. 但到目前为止，我们还没有在理论上对这种稳定性给以说明. 另外，直观经验表明，大量观测值的算术平均值也具有稳定性，即在相同条件下随着观测次数的增多，观测值的算术平均值逐渐稳定在某一常数附近，这一数值就是观测值（看作随机变量）的数学期望. 概率论中用来阐述大量随机现象平均结果的稳定性的定理统称为大数定律.

微课：大数定律

定理 4.4（伯努利大数定律） 设 μ_n 是 n 次独立重复试验中事件 A 出现的次数，p 是事件 A 在每次试验中发生的概率，则 $\dfrac{\mu_n}{n}$ 当 $n \to +\infty$ 时依概率收敛于 p. 即对任意的 $\varepsilon > 0$，都有

$$\lim_{n \to +\infty} P\left\{\left|\frac{\mu_n}{n} - p\right| < \varepsilon\right\} = 1,$$

或

$$\lim_{n \to +\infty} P\left\{\left|\frac{\mu_n}{n} - p\right| \geqslant \varepsilon\right\} = 0.$$

伯努利大数定律从理论上说明了在进行大量重复试验时，随机事件的频率在它的概率附近摆动，即任一随机事件的频率具有稳定性，这就为概率的统计定义提供了理论依据，因此在实际问题中，当试验次数很大时，可以用事件 A 发生的频率作为概率 p 的近似值.

伯努利大数定律在后面的数理统计中有重要的作用：既然频率 $\dfrac{\mu_n}{n}$ 与概率 p 有较大偏差的可能性很小，那么我们就可以通过做大量的试验确定某事件发生的频率，并把它作为相应概率的估计值. 这种方法在第 6 章中会有所体现.

定理 4.5（辛钦大数定律） 设随机变量 $X_1, X_2, \cdots, X_n, \cdots$ 独立同分布，并且有数学期望 $E(X_i) = \mu$，则 $\overline{X}_n = \dfrac{1}{n}\sum_{i=1}^{n} X_i$ 在 $n \to +\infty$ 时依概率收敛于 μ，即对任意的 $\varepsilon > 0$，都有

$$\lim_{n \to +\infty} P\left\{ \left| \frac{1}{n} \sum_{k=1}^{n} X_i - \mu \right| < \varepsilon \right\} = 1,$$

或

$$\lim_{n \to +\infty} P\left\{ \left| \frac{1}{n} \sum_{k=1}^{n} X_i - \mu \right| \geqslant \varepsilon \right\} = 0.$$

辛钦大数定律表明：在试验次数无限增多的情况下，算术平均值与数学期望有较大偏差的可能性很小，故可以用算术平均值来估计期望．这就为第 6 章将要介绍的矩估计提供了重要的理论依据．

4.4.3　中心极限定理

在实际问题中，有许多随机现象可以看作由大量相互独立的因素综合影响的结果，即使每一个因素对该现象的影响都很微小，但是作为因素总和的随机变量，往往服从或近似服从正态分布．概率论中有关阐述大量独立随机变量和的极限分布是正态分布的定理称为中心极限定理，这里只介绍其中两个常用的定理．

定理 4.6（列维 – 林德伯格定理）　设随机变量 $X_1, X_2, \cdots, X_n, \cdots$ 独立同分布，且数学期望和方差为

$$E(X_i) = \mu, D(X_i) = \sigma^2, i = 1, 2, \cdots,$$

则对任意的 x 都有

$$\lim_{n \to +\infty} P\left\{ \frac{\sum\limits_{i=1}^{n} X_i - n\mu}{\sqrt{n}\sigma} \leqslant x \right\} = \int_{-\infty}^{x} \frac{1}{\sqrt{2\pi}} \mathrm{e}^{-\frac{t^2}{2}} \mathrm{d}t = \Phi(x).$$

该定理表明以下结论：

当 n 充分大时，$Z_n = \dfrac{\sum\limits_{i=1}^{n} X_i - n\mu}{\sqrt{n}\sigma}$ 近似服从标准正态分布 $N(0,1)$，即独立同分布的随机变量之和 $\sum\limits_{i=1}^{n} X_i$ 近似服从正态分布 $N(n\mu, n\sigma^2)$．

又因为 $Z_n = \dfrac{\sum\limits_{i=1}^{n} X_i - n\mu}{\sqrt{n}\sigma} = \dfrac{\frac{1}{n}\sum\limits_{i=1}^{n} X_i - \mu}{\sigma/\sqrt{n}} = \dfrac{\bar{X} - \mu}{\sigma/\sqrt{n}}$，所以上述结论可写成如下形式．

当 n 充分大时，$\dfrac{\bar{X} - \mu}{\sigma/\sqrt{n}}$ 近似服从标准正态分布 $N(0,1)$，即独立同分布的随机变量之算术平均值 $\bar{X}$ 近似服从正态分布 $N\left(\mu, \dfrac{\sigma^2}{n} \right)$．这是中心极限定理的另一表达形式，这一结论在数理统计中有重要应用．

如果在定理 4.6 中令 X_i 服从 (0–1) 分布，则二项分布 $Y_n = \sum\limits_{i=1}^{n} X_i$ 近似服从正态分布，由此可得到以下定理．

定理 4.7（棣莫弗 – 拉普拉斯定理） 设随机变量 Y_n 服从二项分布 $B(n,p)$，则对于任意的 x，有

$$\lim_{n \to +\infty} P\left\{ \frac{Y_n - np}{\sqrt{np(1-p)}} \leqslant x \right\} = \int_{-\infty}^{x} \frac{1}{\sqrt{2\pi}} e^{-\frac{t^2}{2}} dt = \Phi(x).$$

该定理表明，正态分布是二项分布的极限分布，当 n 充分大时，Y_n 近似服从 $N(np, np(1-p))$.

例 4.22 一台仪器同时收到 50 个信号 $W_i (i = 1, 2, \cdots, 50)$，设它们相互独立且都在区间 $(0,10)$ 上服从均匀分布，记 $W = \sum_{i=1}^{50} W_i$，求 $P\{W > 260\}$.

（解） 因为 $W_i \sim U(0,10)$，所以 $E(W_i) = 5, D(W_i) = \dfrac{25}{3}$.

由列维 – 林德伯格定理知，$W = \sum_{i=1}^{50} W_i$ 近似服从正态分布 $N\left(250, \dfrac{1\,250}{3}\right)$. 从而可得

$$P\{W > 260\} = 1 - P\{W \leqslant 260\}$$

$$\approx 1 - \Phi\left(\frac{260 - 250}{\sqrt{1\,250/3}}\right) = 1 - \Phi(0.489\,9)$$

$$\approx 1 - 0.687\,9 = 0.312\,1.$$

微课：列维–
林德伯格定
理及例 4.22

例 4.23 设某品牌汽车的尾气中氮氧化物排放量的数学期望为 0.9g/km，标准差为 1.9g/km，某出租车公司有这种车 100 辆，以 $\bar{X}$ 表示这些车辆的氮氧化物排放量的算术平均值，问：当 L 为何值时，$\bar{X} > L$ 的概率不超过 0.01？

（解） 设 X_i 表示第 i 辆车的氮氧化物排放量（$i = 1, 2, \cdots, 100$），则

$$E(X_i) = 0.9, \quad D(X_i) = 1.9^2.$$

由列维 – 林德伯格定理知，$\bar{X} = \dfrac{1}{n} \sum_{i=1}^{n} X_i$ 近似服从 $N\left(\mu, \dfrac{\sigma^2}{n}\right)$，即 $\bar{X}$ 近似服从 $N\left(0.9, \dfrac{1.9^2}{100}\right)$.

由

$$P\{\bar{X} > L\} = 1 - P\{\bar{X} \leqslant L\} \approx 1 - \Phi\left(\frac{L - 0.9}{0.19}\right) \leqslant 0.01,$$

得

$$\Phi\left(\frac{L - 0.9}{0.19}\right) \geqslant 0.99, \quad \frac{L - 0.9}{0.19} \geqslant 2.33,$$

从而得 $L \geqslant 1.342\,7\,(\text{g/km})$.

例 4.24 某研发部门的内部网络系统有 120 个终端，每个终端有 10% 的时间要与服务器交换数据. 如果同一时刻有超过 20 个终端与服务器交换数据，系统将发生数据传送堵塞. 假定各终端工作是相互独立的，问：系统发生堵塞现象的概率是多少？

（解） 设 X 为同时与服务器交换数据的终端数，则 $X \sim B(120, 0.1)$.

由棣莫弗 – 拉普拉斯定理知，X 近似服从 $N(np, np(1-p))$，即 X 近似服从 $N(12, 10.8)$.

微课：棣莫
弗–拉普拉斯
定理及例 4.24

$$P\{X > 20\} = 1 - P\{X \leq 20\} \approx 1 - \varPhi\left(\frac{20-12}{\sqrt{10.8}}\right)$$

$$\approx 1 - \varPhi(2.43) = 0.007\,5.$$

同步习题 4.4

基础题

1. 设随机变量X的方差为 2，试用切比雪夫不等式估计$P\{|X - E(X)| \geq 2\}$.

2. 设$X_1, X_2, \cdots, X_n, \cdots$独立同分布且均服从参数为 2 的指数分布，则当$n \to +\infty$时，$Y_n = \dfrac{1}{n}\sum\limits_{i=1}^{n} X_i^2$依概率收敛于什么值？

3. 某车间生产一种电子器件，月平均产量为 9 500 个，标准差为 100 个，试估计车间月产量为 9 000~10 000 个的概率.

4. 设有 50 台接收机，每台接收机收到的呼叫次数服从泊松分布$P(0.05)$，求 50 台接收机收到的呼叫次数总和大于 3 次的概率.

5. 设某特殊设备由 100 个同类型的电子模块组成，当设备运行时，各电子模块之间工作相互独立，只要有不少于 85 个电子模块正常工作，该设备就能正常运行. 若每个电子模块失灵的概率为 0.1，求该设备正常运行的概率.

提高题

1. 设随机变量X和Y的数学期望分别为 –2 和 2，方差分别为 1 和 4，而相关系数为 –0.5，试用切比雪夫不等式估计$P\{|X + Y| \geq 6\}$.

2. 某保险公司有 10 000 个客户参加某项保险，每个客户一年付 18 元保险费. 设在一年内每个客户出意外的概率为 0.006，出意外时保险公司要赔付 2 500 元. 问：保险公司亏本的概率是多少？

3. 某工厂有 200 台机器人，各机器人之间相互独立，若机器人出故障则需要维修工调试维护，设每台机器人出故障的概率为 0.05. 问：该工厂至少需要安排多少名维修工，才能以 90% 以上的概率保证全部机器人得到及时维护？

4. 假设一大批种子中良种占$\dfrac{1}{6}$，在其中任选 600 粒，求这 600 粒种子中，良种所占比例与$\dfrac{1}{6}$的差距小于 0.02 的概率.

5. 一生产线生产的产品成箱包装，每箱的质量是随机的，每箱之间相互独立，假设每箱平均重 50kg，标准差为 5kg，若用最大载重量为 5t 的汽车承运，问：每辆车最多可以装多少箱，才能保障不超载的概率大于 0.977？

第 4 章思维导图

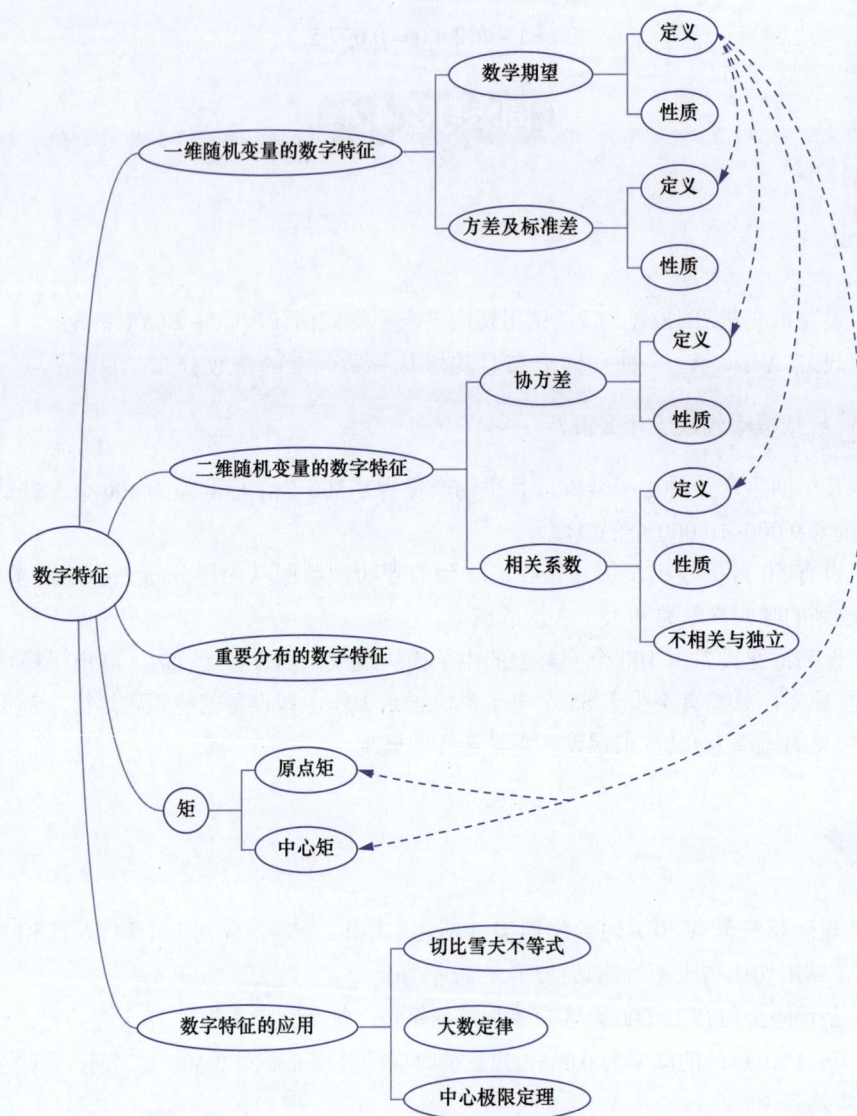

```
                                        ┌─ 定义
                            ┌─ 数学期望 ─┤
                            │           └─ 性质
        ┌─ 一维随机变量的数字特征 ─┤
        │                   │           ┌─ 定义
        │                   └─ 方差及标准差 ─┤
        │                               └─ 性质
        │
        │                               ┌─ 定义
        │                   ┌─ 协方差 ──┤
        │                   │           └─ 性质
   数字特征 ─┼─ 二维随机变量的数字特征 ─┤           ┌─ 定义
        │                   └─ 相关系数 ─┼─ 性质
        │                               └─ 不相关与独立
        │
        ├─ 重要分布的数字特征
        │
        │       ┌─ 原点矩
        ├─ 矩 ──┤
        │       └─ 中心矩
        │
        │               ┌─ 切比雪夫不等式
        └─ 数字特征的应用 ─┼─ 大数定律
                        └─ 中心极限定理
```

本章小结

中国数学学者

个人成就

数学家，中国科学院院士，山东大学数学研究所所长．彭实戈在控制论和概率论方面做出了突出贡献．他将 Feynman-Kac 路径积分理论推广到非线性情况并建立了动态非线性数学期望理论．

■ 彭实戈 ■

第4章总复习题

1. 选择题：（1）~（5）小题，每小题 4 分，共 20 分．下列每小题给出的 4 个选项中，只有一个选项是符合题目要求的．

（1）已知连续型随机变量 X 的概率密度为 $f(x) = \dfrac{1}{\sqrt{\pi}}\mathrm{e}^{-x^2+2x-1}$，则 $E(X), D(X)$ 分别为（　　）.

A. $0, \dfrac{1}{2}$ 　　　　 B. $1, \dfrac{1}{\sqrt{2}}$ 　　　　 C. $1, \dfrac{1}{2}$ 　　　　 D. $1, \dfrac{1}{4}$

（2）（2015104）设随机变量 X, Y 不相关，$E(X)=2, E(Y)=1, D(X)=3$，则 $E[X(X+Y-2)]$ 的值为（　　）.

A. 3 　　　　 B. 4 　　　　 C. 5 　　　　 D. 2

（3）设随机变量 (X,Y) 满足 $D(X+Y) = D(X-Y)$，则必有（　　）.

A. X 与 Y 相互独立 　　　　　　　　 B. X 与 Y 不相关

C. X 与 Y 不相互独立 　　　　　　　 D. $D(X) = 0$ 或 $D(Y) = 0$

（4）（2012104）将长度为 1m 的木棒随机地截成两段，两段长度的相关系数为（　　）.

A. 1 　　　　 B. $\dfrac{1}{2}$ 　　　　 C. $-\dfrac{1}{2}$ 　　　　 D. -1

微课：第（4）题

（5）设 X_1, X_2, Y 均为随机变量，已知 $\mathrm{cov}(X_1,Y) = -1, \mathrm{cov}(X_2,Y) = 3$，则 $\mathrm{cov}(X_1 + 2X_2, Y) = $（　　）.

A. 2 　　　　 B. 1 　　　　 C. 4 　　　　 D. 5

2. 填空题：（6）~（10）小题，每小题 4 分，共 20 分．

（6）已知随机变量 $X \sim N(0,1)$，则随机变量 $Y = 2X-1$ 的方差为 _____．

（7）设 X 为随机变量，且 $E(X) = -1, D(X) = 3$，则 $E(2X^2 - 3) = $ _____．

（8）（2003404）设随机变量 X 和 Y 的相关系数为 0.5，$E(X)=E(Y)=0$，$E(X^2) = E(Y^2) = 2$，则 $E[(X+Y)^2] = $ _____．

（9）设随机变量 X 服从参数为 λ 的泊松分布，且 $E[(X-1)(X-2)] = 1$，则 $\lambda = $ _____．

（10）（2003304）设随机变量 X 和 Y 的相关系数为 0.9，若 $Z = X - 0.4$，则 Y 与 Z 的相关系数为 _____．

3. 解答题：（11）~（16）小题，每小题 10 分，共 60 分．

（11）设随机变量 X 的概率密度为

$$f(x) = \begin{cases} a+bx^2, & 0 < x < 1, \\ 0, & \text{其他}. \end{cases}$$

已知 $E(X) = \dfrac{3}{5}$，求 $D(X)$．

（12）某公司收到供应商发来的 12 件包裹，其中 9 件为 A 类仪器、3 件为 B 类仪器，现在需要马上使用 A 类仪器，但是因为包裹外观相同，只能依次拆开包裹查找，求找到 A 类仪器之前已经拆开的包裹数的数学期望、方差和标准差.

（13）设随机变量 (X, Y) 的联合概率分布如下.

X \ Y	0	1	2
0	$\frac{1}{8}$	a	$\frac{1}{4}$
1	$\frac{1}{8}$	$\frac{1}{4}$	b

已知 $E(Y) = \frac{1}{2}$. 求：①常数 a, b；②ρ_{XY}.

（14）设随机变量 (X, Y) 的联合概率密度为

$$f(x, y) = \begin{cases} \frac{1}{8}(x + y), & 0 \leqslant x \leqslant 2, 0 \leqslant y \leqslant 2, \\ 0, & \text{其他}. \end{cases}$$

求 $E(X), E(Y), \rho_{XY}$.

（15）已知随机变量 X 和 Y 分别服从正态分布 $N(1, 3^2)$ 和 $N(0, 4^2)$，且 X 与 Y 的相关系数 $\rho_{XY} = -\frac{1}{2}$，设 $Z = \frac{X}{3} + \frac{Y}{2}$.

① 求 Z 的数学期望 $E(Z)$ 和方差 $D(Z)$.

② 求 X 与 Z 的相关系数 ρ_{XZ}.

（16）假设某种化学产品在任一批次中所含特定杂质的量为随机变量 X，其数学期望为 4g，标准差为 1.5g，各批次之间相互独立.

① 随机检查 50 批次，求杂质的平均值 $\bar{X}$ 在 3.5~3.8g 的概率.

② 随机检查 100 批次，求杂质的总量 T 不超过 425g 的概率.

05

第 5 章
统计量及其分布

在前面 4 章我们介绍了概率论的基本内容. 在概率论中, 随机变量及其概率分布完全刻画了随机现象的统计规律性, 而且概率分布通常被假定为已知的, 一切计算推理均基于这个分布进行, 但在实际问题中情况往往并非如此, 看下面这样一个例子.

本章导学

引例 某公司要采购一批产品, 设这批产品的次品率为 p (一般是未知的), 为了解产品质量, 从该批产品中随机抽取 n 件产品. 显然 p 的大小决定了该批产品的质量, 它直接影响采购行为的经济效益, 但这里 p 往往是未知的. 因此, 人们会对 p 提出一些问题, 示例如下.

（1）p 的大小如何？

（2）能否认为 p 满足要求, 比如 $p \leqslant 5\%$？

这些问题超出了概率论的范畴, 需要用数理统计的方法去解决. 数理统计以概率论为理论基础, 根据试验或观测得到的数据, 对所研究的随机现象的统计规律性做出合理的推断, 进而为做出某种决策或采取某种行动提供依据和建议.

数理统计的内容非常丰富, 本书只介绍参数估计、假设检验两部分内容, 主要研究如何利用样本数据来估计、检验总体分布或其中的参数. 例如, 某厂商声称其产品能效等级达到一级, 那么其产品的能效等级究竟为多少？厂商声称的一级能效等级是否可信呢？这就需要通过对该厂商生产的产品进行抽样, 然后利用数理统计的知识结合抽样数据进行估计和检验.

本章我们介绍总体、样本及统计量等基本概念, 并讨论一些常用的统计量及抽样分布, 为学习统计推断（参数估计和假设检验）打好基础.

■ 5.1 总体、样本及统计量

5.1.1 总体与样本

在一个统计问题中, 把研究对象的全体称为**总体**, 构成总体的每个成员称为**个体**. 对于实际问题, 总体中的个体是一些实在的人或物. 比如, 我们要研究某学校学生的身高情况, 则该学校的全体学生构成问题的总体, 而每一个学生即是一个个体. 事实上, 每一个学生有许多特征, 如性别、年龄、身高、体重等, 而在该问题中, 我们关心的只是该学校学生的身高如何, 对其他的特征暂不考虑. 这样, 每个学生（个体）所具有的数量指标——身高就是个体, 而所有身高全体被看成总体.

抛开实际背景, 总体就是一堆数, 这堆数有大有小, 有的出现机会多, 有的出现机会少,每个数可以看作某一随机变量 X 的值，因此，可以用一个概率分布来描述和归纳总体的统计规律性．从这个意义上说，**一个总体对应于一个随机变量 X**，我们对总体的研究就是对随机变量 X 的研究．今后我们不再区分总体与其对应的随机变量，统称为总体 X．

我们将个体记为 X_i，个体在被观察之前也是一个随机变量，而且在总体的范围内取值，因此，个体 X_i 与总体 X 具有相同的分布．比如，某学校所有学生的身高记为总体 X（单位：cm），且有 $P\{165 < X \leqslant 170\} = 0.47$，从该学校任意抽取一名学生，那么他的身高在区间 $(165,170]$ 的概率也是 0.47．同理，若一批产品的合格率为 0.97，那么任取一件产品，其合格的概率也是 0.97．因此，个体是与总体同分布的随机变量．

例 5.1 考察某厂的产品质量，将其产品分为合格品和不合格品，并以 0 表示合格品，以 1 表示不合格品．若以 p 表示不合格品率，那么总体是由一些"0"和一些"1"组成的，该总体可用一个参数为 p 的 (0–1) 分布表示，分布律如下．

X	0	1
P	$1-p$	p

不同的 p 反映了总体间的差异．从该总体中任取一个个体，那么它是不合格品的概率也是 p，它和总体是同分布的．

若总体中的个体数是有限的，则此总体称为**有限总体**；否则称为**无限总体**．在实际中，总体中的个体数大多是有限的，当个体数充分大时，将有限总体看作无限总体是一种合理抽象．

为了解总体的分布，在相同的条件下从总体中随机地抽取 n 个个体，记为 $X_1, X_2, \cdots, X_n$，我们将 $X_1, X_2, \cdots, X_n$ 称为来自总体 X 的一个**样本**，n 称为**样本容量**．样本在抽取以后经观测就有确定的观测值，用小写字母 $x_1, x_2, \cdots, x_n$ 表示，称为**样本值**．在这里 $X_1, X_2, \cdots, X_n$ 也可以看作对总体 X 的 n 次重复、独立的观察，因此有理由认为 $X_1, X_2, \cdots, X_n$ 是相互独立的．综上所述，我们给出以下定义．

定义 5.1 若样本 $X_1, X_2, \cdots, X_n$ 与所考察的总体具有相同的分布，且 $X_1, X_2, \cdots, X_n$ 相互独立，则称 $X_1, X_2, \cdots, X_n$ 为来自总体 X 的容量为 n 的**简单随机样本**，简称**样本**．

微课：样本的定义和性质

说明 对于有限总体，一般来说只有不放回抽样才能得到简单随机样本，但当总体的数量 N 比样本容量大得多时，亦可将不放回抽样得到的样本近似看作简单随机样本．

由定义 5.1 可得：若 $X_1, X_2, \cdots, X_n$ 为来自总体 X 的简单随机样本，则 $X_1, X_2, \cdots, X_n$ 的分布函数为

$$F^*(x_1, x_2, \cdots, x_n) = \prod_{i=1}^{n} F(x_i).$$

特别地，若总体 X 为离散型随机变量，其分布律为 $P\{X = x_i\} = p(x_i)$，x_i 取遍 X 所有可能取值，则样本的概率分布为

$$P\{X_1 = x_1, X_2 = x_2, \cdots, X_n = x_n\} = \prod_{i=1}^{n} p(x_i).$$

若总体 X 为连续型随机变量，其概率密度为 $f(x)$，则样本的概率密度为

$$f^*(x_1, x_2, \cdots, x_n) = \prod_{i=1}^{n} f(x_i).$$

5.1.2 统计量

数理统计的一个主要任务就是利用样本推断总体，那么如何利用样本呢？

设总体 $X \sim B(1, p)$，p 是一个未知参数，$X_1, X_2, \cdots, X_n$ 为取自总体 X 的简单随机样本，由于样本来自总体，所以样本自然含有总体各方面的信息，那么我们应该如何利用这一样本对 p 进行估计呢？这就需要对样本进行加工，常用的加工方法是构造样本的函数，即统计量.

微课：统计量的定义

定义 5.2 设 $X_1, X_2, \cdots, X_n$ 为取自某总体的简单随机样本，若样本函数 $T = T(X_1, \cdots, X_n)$ 中不含有任何未知参数，则称 T 为统计量. 统计量的分布称为抽样分布.

例如，设总体 X 服从正态分布，$E(X) = \mu$ 已知，$D(X) = \sigma^2$ 未知，X_1, X_2, X_3, X_4 是取自总体 X 的简单随机样本，则 $\dfrac{1}{4}\sum_{i=1}^{4} X_i, X_1^2 + X_2^2, \sum_{i=1}^{4}(X_i - \mu)^2$ 均为样本 X_1, X_2, X_3, X_4 的统计量，但 $\dfrac{\sum_{i=1}^{4} X_i - 4\mu}{\sigma}$ 不是该样本的统计量，因其含有未知参数 σ.

由于 $X_1, X_2, \cdots, X_n$ 都是随机变量，而统计量 $T = T(X_1, \cdots, X_n)$ 是随机变量的函数，因此统计量也是一个随机变量. 设 $x_1, x_2, \cdots, x_n$ 是样本 $X_1, X_2, \cdots, X_n$ 的样本值，则称 $T(x_1, \cdots, x_n)$ 是 $T(X_1, \cdots, X_n)$ 的观测值或统计值.

通常情况下，不同的问题需要构造不同的统计量，下面介绍一些常见的统计量.

定义 5.3 设 $X_1, X_2, \cdots, X_n$ 是总体 X 的简单随机样本，常用的统计量如下.

（1）样本均值：$\bar{X} = \dfrac{1}{n}\sum_{i=1}^{n} X_i$.

（2）样本方差：$S^2 = \dfrac{1}{n-1}\sum_{i=1}^{n}(X_i - \bar{X})^2$.

样本标准差：$S = \sqrt{\dfrac{1}{n-1}\sum_{i=1}^{n}(X_i - \bar{X})^2}$.

（3）样本 k 阶（原点）矩：$A_k = \dfrac{1}{n}\sum_{i=1}^{n} X_i^k$，$k = 1, 2, \cdots$.

（4）样本 k 阶中心矩：$B_k = \dfrac{1}{n}\sum_{i=1}^{n}(X_i - \bar{X})^k$，$k = 1, 2, \cdots$.

注 （1）$Q = \sum_{i=1}^{n}(X_i - \bar{X})^2 = \sum_{i=1}^{n} X_i^2 - n\bar{X}^2$ 称为样本的偏差平方和.

（2）$\bar{X} = A_1$，而 $S^2 = \dfrac{n}{n-1} B_2$，当 n 不大时，S^2 与 B_2 相差较大.

（3）通常针对不同的问题，需要构造不同的统计量，除了定义 5.3 提到的统计量，还有次序统计量、偏度、峰度等各种统计量，这里不再一一介绍.

例 5.2 从某班级的英语期末考试成绩中，随机抽取 10 名学生的成绩（单位：分），分别为 $100, 85, 70, 65, 90, 95, 63, 50, 77, 86$. 求样本均值、样本方差及二阶原点矩.

解
$$\bar{x} = \frac{1}{10}\sum_{i=1}^{10} x_i = \frac{1}{10}(100 + 85 + \cdots + 86) = 78.1,$$

$$s^2 = \frac{1}{n-1}\sum_{i=1}^{n}(x_i - \bar{x})^2 = \frac{1}{9}(21.9^2 + 6.9^2 + \cdots + 7.9^2) \approx 252.5,$$

$$A_2 = \frac{1}{n}\sum_{i=1}^{n}x_i^2 = \frac{1}{10}\sum_{i=1}^{10}x_i^2 = \frac{1}{10}(100^2 + 85^2 + \cdots + 86^2) = 6\,326.9.$$

样本均值 $\bar{X}$ 与样本方差 S^2 这两个统计量在数理统计中具有重要作用，且容易得出它们有以下重要性质.

性质 5.1 设总体 X 具有二阶矩，且 $E(X) = \mu, D(X) = \sigma^2 < +\infty$，$X_1, X_2, \cdots, X_n$ 为来自总体 X 的简单随机样本，$\bar{X}$ 和 S^2 分别是样本均值与样本方差，则

（1）$E(\bar{X}) = E(X) = \mu$；

（2）$D(\bar{X}) = \frac{1}{n}D(X) = \frac{\sigma^2}{n}$；

（3）$E(S^2) = D(X) = \sigma^2$.

证 明　（1）$E(\bar{X}) = E\left(\frac{1}{n}\sum_{i=1}^{n}X_i\right) = \frac{1}{n}\sum_{i=1}^{n}E(X_i) = \frac{n\mu}{n} = \mu.$

（2）$D(\bar{X}) = D\left(\frac{1}{n}\sum_{i=1}^{n}X_i\right) = \frac{1}{n^2}\sum_{i=1}^{n}D(X_i) = \frac{n\sigma^2}{n^2} = \frac{\sigma^2}{n}.$

（3）因为 $E(X_i^2) = D(X_i) + E^2(X_i) = \sigma^2 + \mu^2$，且 $E(\bar{X}^2) = D(\bar{X}) + E^2(\bar{X}) = \frac{\sigma^2}{n} + \mu^2$，所以

$$E(S^2) = \frac{1}{n-1}E\left[\sum_{i=1}^{n}(X_i - \bar{X})^2\right] = \frac{1}{n-1}E\left(\sum_{i=1}^{n}X_i^2 - n\bar{X}^2\right)$$

$$= \frac{1}{n-1}\left[n\mu^2 + n\sigma^2 - n\left(\mu^2 + \frac{\sigma^2}{n}\right)\right] = \sigma^2.$$

例 5.3 设总体 $X \sim B(m, \theta), X_1, X_2, \cdots, X_n$ 为来自该总体的简单随机样本，$\bar{X}$ 为样本均值，求 $E\left[\sum_{i=1}^{n}(X_i - \bar{X})^2\right].$

解　由性质 5.1 可得 $E(S^2) = D(X) = m\theta(1-\theta)$，从而

$$E\left[\sum_{i=1}^{n}(X_i - X)^2\right] = E[(n-1)S^2] = m(n-1)\theta(1-\theta).$$

同步习题 5.1

基础题

1．为了解数学系本科毕业生的就业情况，调查了 100 名 2018 年毕业的数学专业本科毕业生实习期满后的月薪情况，问：研究的总体是什么？样本是什么？样本容量是多少？

2. 设 $X_1, X_2, \cdots, X_n$ 是取自正态总体 $N(\mu, \sigma^2)$ 的简单随机样本，其中 μ 已知，σ^2 未知，判断下列量哪些是统计量.

$$\bar{X} = \frac{1}{n}\sum_{i=1}^{n}X_i, \quad \frac{1}{n-1}\sum_{i=1}^{n}(X_i - \bar{X})^2, \quad \frac{1}{\sigma^2}\sum_{i=1}^{n}X_i^2, \quad \frac{1}{n}\sum_{i=1}^{n}(X_i - \mu)^2, \quad \frac{1}{\sigma^2}\sum_{i=1}^{n}(X_i - \mu)^2.$$

3. 在一本书上随机地检查了 10 页，发现各页上的错误数如下.

$$4 \quad 5 \quad 6 \quad 0 \quad 3 \quad 1 \quad 4 \quad 2 \quad 1 \quad 4$$

试计算样本均值、样本方差和样本标准差.

4. 设 $X_1, X_2, \cdots, X_n$ 是来自参数为 λ 的指数分布的简单随机样本，试求 $E(\bar{X})$ 和 $D(\bar{X})$.

提高题

1. 设总体 X 服从参数为 λ 的指数分布，$X_1, X_2, \cdots, X_n$ 为取自 X 的简单随机样本，求该样本的概率密度.

2. 设 $X_1, X_2, \cdots, X_n$ 为来自总体 $N(\mu, \sigma^2)$ 的简单随机样本，记统计量 $T = \frac{1}{n}\sum_{i=1}^{n}X_i^2$，求 $E(T)$.

3. 设 $X_1, X_2, \cdots, X_n$ 为来自总体 $B(n, p)$ 的简单随机样本，$\bar{X}$ 和 S^2 分别是样本均值与样本方差，记统计量 $T = \bar{X} - S^2$，求 $E(T)$.

4. 设总体 X 的概率密度为

$$f(x; \theta) = \begin{cases} \dfrac{2x}{3\theta^2}, & \theta < x < 2\theta, \\ 0, & \text{其他,} \end{cases}$$

其中 θ 是未知参数. $X_1, X_2, \cdots, X_n$ 为取自总体 X 的简单随机样本，若 $E\left(c\sum_{i=1}^{n}X_i^2\right) = \theta^2$，求 c.

5. 设总体 X 的概率密度为 $f(x) = \dfrac{1}{2}e^{-|x|} (-\infty < x < +\infty)$，$X_1, X_2, \cdots, X_n$ 为取自总体 X 的简单随机样本，其方差为 S^2，求 $E(S^2)$.

■ 5.2 抽样分布

统计推断的主要内容是利用样本构造统计量，然后对关心的问题进行估计和检验，而这就要考虑统计量的分布，比如下面这样一个问题.

引例 某公司生产瓶装洗洁精，规定每瓶装 500mL，但是在实际灌装的过程中，总会出现一定的误差，误差要求控制在一定范围内. 假定灌装量的方差 $\sigma^2 = 1$，如果每箱装 25 瓶这样的洗洁精，问：25 瓶洗洁精的平均灌装量和标准值 500mL 相差不超过 0.3mL 的概率是多少？

要解决该问题显然要用到统计量 $\bar{X}$ 的分布. 统计量的分布称为抽样分布, 由于很多统计推断是基于正态总体假设的, 因此以标准正态随机变量为基础而构造的 3 个著名统计量在实际中具有广泛的应用, 它们连同正态分布被称为"四大抽样分布". 由于正态分布在概率论部分已经进行了详细的阐述, 接下来对另外三大分布进行详细介绍.

5.2.1 抽样分布及上侧 α 分位数 (点)

1. χ^2 分布 (卡方分布)

定义 5.4 设 $X_1, X_2, \cdots, X_n$ 是来自标准正态总体 $N(0,1)$ 的简单随机样本, 则称统计量

$$\chi^2 = X_1^2 + X_2^2 + \cdots + X_n^2$$

服从自由度为 n 的 χ^2 分布, 记为 $\chi^2 \sim \chi^2(n)$.

*利用随机变量函数的分布计算方法, 可以证明: $\chi^2(n)$ 分布的概率密度为

$$f(x) = \begin{cases} \dfrac{1}{2^{\frac{n}{2}} \Gamma\left(\dfrac{n}{2}\right)} x^{\frac{n}{2}-1} \mathrm{e}^{-\frac{n}{2}}, & x \geq 0, \\ 0, & x < 0. \end{cases}$$

其中, $\Gamma\left(\dfrac{n}{2}\right)$ 是 Γ 函数 $\Gamma(x) = \displaystyle\int_0^{+\infty} t^{x-1} \mathrm{e}^{-t} \mathrm{d}t$ 在 $x = \dfrac{n}{2}$ 处的值.

$f(x)$ 的图形如图 5.1 所示.

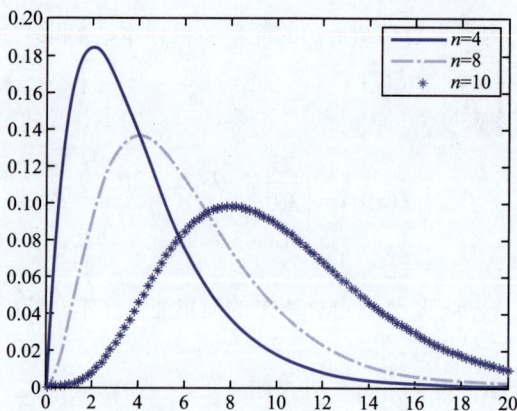

图 5.1

设 $X \sim \chi^2(n)$, 则有 $E(X) = n, D(X) = 2n$. 可以证明: 若 $X \sim \chi^2(n_1), Y \sim \chi^2(n_2)$, 且 X 与 Y 相互独立, 则 $X + Y \sim \chi^2(n_1 + n_2)$.

2. t 分布

定义 5.5 设 $X \sim N(0,1), Y \sim \chi^2(n)$, 且 X 与 Y 相互独立, 则称随机变量

$$T = \frac{X}{\sqrt{Y/n}}$$

服从自由度为 n 的 t 分布, 记为 $T \sim t(n)$. t 分布又称为学生 (Student) 分布.

*$t(n)$ 分布的概率密度为

$$f(x) = \frac{\Gamma[(n+1)/2]}{\sqrt{n\pi}\,\Gamma(n/2)}\left(1+\frac{x^2}{n}\right)^{-(n+1)/2}, \quad -\infty < x < +\infty.$$

$f(x)$ 的图形如图 5.2 所示.

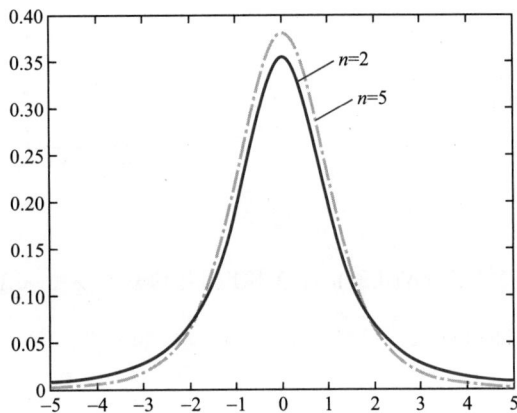

图 5.2

显然，t 分布的概率密度 $f(x)$ 是偶函数，其图形关于 $x = 0$ 对称. 利用 Γ 函数的性质可得

$$\lim_{n\to\infty} f(x) = \frac{1}{\sqrt{2\pi}}\,e^{-\frac{x^2}{2}}.$$

故当 n 充分大时，t 分布近似于 $N(0,1)$ 分布.

3. F 分布

定义 5.6 设 $U \sim \chi^2(n_1)$，$V \sim \chi^2(n_2)$，且 U 和 V 相互独立，则称随机变量

$$F = \frac{U/n_1}{V/n_2}$$

服从自由度为 (n_1, n_2) 的 F 分布，记为 $F \sim F(n_1, n_2)$.

*$F(n_1, n_2)$ 分布的概率密度为

$$f(x) = \begin{cases} \dfrac{\Gamma[(n_1+n_2)/2]}{\Gamma(n_1/2)\Gamma(n_2/2)}\left(\dfrac{n_1}{n_2}\right)\left(\dfrac{n_1}{n_2}x\right)^{\frac{n_1}{2}-1}\left(1+\dfrac{n_1}{n_2}x\right)^{-\frac{n_1+n_2}{2}}, & x \geqslant 0, \\ 0, & x < 0. \end{cases}$$

$f(x)$ 的图形如图 5.3 所示.

由 F 分布的定义知，若 $F \sim F(n_1, n_2)$，则 $\dfrac{1}{F} \sim F(n_2, n_1)$.

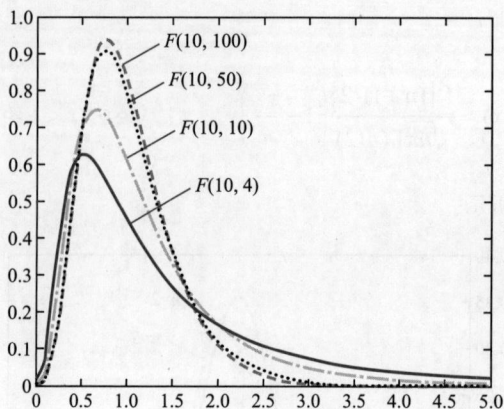

图 5.3

例 5.4 设 $X \sim N(0,3^2), Y \sim N(0,3^2)$，且 X 和 Y 相互独立，$X_1,\cdots,X_9$ 和 $Y_1,\cdots,Y_9$ 分别为来自 X 与 Y 的简单随机样本，求 $U = \dfrac{X_1 + \cdots + X_9}{\sqrt{Y_1^2 + \cdots + Y_9^2}}$ 的分布.

微课：例5.4

解 因为 $X \sim N(0,3^2)$，所以 $\dfrac{X_1 + X_2 + \cdots + X_9}{9} \sim N(0,1)$.

又因为 $Y \sim N(0,3^2)$，所以 $\dfrac{Y_i}{3} \sim N(0,1)$，$i = 1,2,\cdots,9$，进而有 $\dfrac{Y_1^2 + Y_2^2 + \cdots + Y_9^2}{9} \sim \chi^2(9)$.

故

$$U = \frac{X_1 + \cdots + X_9}{\sqrt{Y_1^2 + \cdots + Y_9^2}} = \frac{\dfrac{X_1 + \cdots + X_9}{9}}{\sqrt{\dfrac{Y_1^2 + \cdots + Y_9^2}{9^2}}} \sim t(9).$$

例 5.5 设 $X_1, X_2, \cdots, X_{15}$ 是来自总体 $N(0,2^2)$ 的简单随机样本，求统计量 $Y = \dfrac{X_1^2 + X_2^2 + \cdots + X_{10}^2}{2(X_{11}^2 + X_{12}^2 + \cdots + X_{15}^2)}$ 的分布.

解 由 $X_i \sim N(0,2^2)$ 知 $\dfrac{X_i}{2} \sim N(0,1)(i = 1,2,\cdots,15)$.

由 χ^2 分布的定义知

$$\frac{X_1^2 + X_2^2 + \cdots + X_{10}^2}{2^2} \sim \chi^2(10),$$

$$\frac{X_{11}^2 + X_{12}^2 + \cdots + X_{15}^2}{2^2} \sim \chi^2(5).$$

进而有

$$Y = \frac{X_1^2 + X_2^2 + \cdots + X_{10}^2}{2(X_{11}^2 + X_{12}^2 + \cdots + X_{15}^2)}$$

$$= \frac{\dfrac{X_1^2 + X_2^2 + \cdots + X_{10}^2}{2^2} \div 10}{\dfrac{X_{11}^2 + X_{12}^2 + \cdots + X_{15}^2}{2^2} \div 5} \sim F(10,5).$$

4. 上侧 α 分位数（点）

在数理统计中，经常会遇到临界值的求解问题，目前大部分采用上侧 α 分位数（点）作为临界值. 四大抽样分布都会涉及上侧 α 分位数的概念.

在数理统计中，已知分布和概率 α，求满足 $P\{X > x_\alpha\} = \alpha$ 的实数 x_α，这样的问题非常常见，其中 x_α 称为上侧 α 分位数（点），其定义如下.

微课：上侧 α 分位数的定义和性质

定义 5.7　设有随机变量 X，对于给定的 $\alpha(0 < \alpha < 1)$，若存在实数 x_α 满足

$$P\{X > x_\alpha\} = \alpha,$$

则称 x_α 为 X 的上侧 α 分位数（点）.

标准正态分布、自由度为 n 的卡方分布、自由度为 n 的 t 分布、自由度为 n_1, n_2 的 F 分布的上侧 α 分位数分别记为 $u_\alpha, \chi_\alpha^2(n), t_\alpha(n), F_\alpha(n_1, n_2)$，图形如图 5.4 所示. 即有

（1）$X \sim N(0,1)$，则 $P\{X > u_\alpha\} = \alpha$；

（2）$\chi^2 \sim \chi^2(n)$，则 $P\{\chi^2 > \chi_\alpha^2(n)\} = \alpha$；

（3）$T \sim t(n)$，则 $P\{T > t_\alpha(n)\} = \alpha$；

（4）$F \sim F(n_1, n_2)$，则 $P\{F > F_\alpha(n_1, n_2)\} = \alpha$.

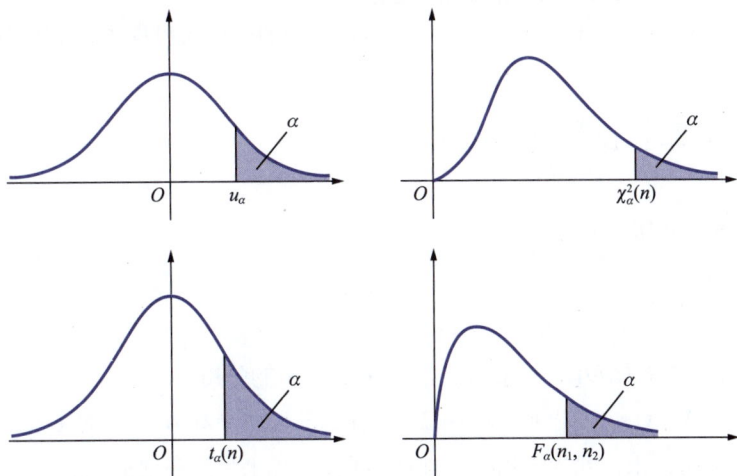

图 5.4

性质 5.2　（1）由标准正态分布和 t 分布的对称性有

$$u_{1-\alpha} = -u_\alpha,$$

$$t_{1-\alpha} = -t_\alpha.$$

（2）由 F 分布的定义可以得到

$$F_{1-\alpha}(n_1, n_2) = \frac{1}{F_\alpha(n_2, n_1)}.$$

（3）由于当 n 比较大时 t 分布近似于 $N(0,1)$，一般地，当 $n>45$ 时，有 $t_\alpha(n) \approx u_\alpha$.

各分布的上侧 α 分位数都可以通过本书后面的附表查询，示例如下.

由附表 3 可得

$$\chi_{0.01}^2(10) = 23.209, \quad 则 \chi_{0.005}^2(6) = 18.548.$$

由附表 4 可得

$$t_{0.95}(9) = -t_{0.05}(9) = -1.833\,1.$$

由附表 5 可得

$$F_{0.95}(12,9) = \frac{1}{F_{0.05}(9,12)} = \frac{1}{2.80} \approx 0.357.$$

结合上侧 α 分位数（点）的概念，对于标准正态分布有

$$\Phi(u_\alpha) = 1 - \alpha.$$

例如，$\Phi(1.96) = 0.975$，即 $u_{0.025} = 1.96$.

5.2.2 正态总体的抽样分布

统计量所服从的分布称为抽样分布，由于统计推断就是基于统计量及其抽样分布建立的，因此研究抽样分布是数理统计的重要内容之一. 由于正态分布的常见性，来自正态总体的样本均值和样本方差的抽样分布是应用十分广泛的抽样分布，下面进行详细介绍.

1. 来自单一正态总体 $N(\mu,\sigma^2)$ 的统计量的分布

定理 5.1 设 $X_1, X_2, \cdots, X_n$ 是来自正态总体 $N(\mu,\sigma^2)$ 的简单随机样本，$\bar{X}, S^2$ 分别是样本均值和样本方差，则有

（1）$\bar{X} \sim N\left(\mu, \dfrac{\sigma^2}{n}\right)$，即 $\dfrac{\bar{X}-\mu}{\sigma/\sqrt{n}} \sim N(0,1)$；

（2）$\dfrac{(n-1)S^2}{\sigma^2} \sim \chi^2(n-1)$；

（3）$\dfrac{\bar{X}-\mu}{S/\sqrt{n}} \sim t(n-1)$.

微课：单一正态
总体 $N(\mu,\sigma^2)$ 的
统计量的分布

2. 来自两个正态总体 $N(\mu_1,\sigma_1^2)$, $N(\mu_2,\sigma_2^2)$ 的统计量的分布

定理 5.2 设 $X_1, X_2, \cdots, X_{n_1}$ 与 $Y_1, Y_2, \cdots, Y_{n_2}$ 分别是来自两个相互独立的正态总体 $N(\mu_1,\sigma_1^2)$ 和 $N(\mu_2,\sigma_2^2)$ 的简单随机样本，其样本均值分别记为 $\bar{X}, \bar{Y}$，样本方差分别记为 S_1^2, S_2^2，则

（1）$\dfrac{(\bar{X}-\bar{Y})-(\mu_1-\mu_2)}{\sqrt{\dfrac{\sigma_1^2}{n_1}+\dfrac{\sigma_2^2}{n_2}}} \sim N(0,1)$；

（2）$\dfrac{S_1^2/S_2^2}{\sigma_1^2/\sigma_2^2} \sim F(n_1-1, n_2-1)$；

（3）当 $\sigma_1^2 = \sigma_2^2$ 时，$\dfrac{(\bar{X}-\bar{Y})-(\mu_1-\mu_2)}{S_w\sqrt{\dfrac{1}{n_1}+\dfrac{1}{n_2}}} \sim t(n_1+n_2-2)$，

且 $$S_w^2 = \frac{(n_1 - 1)S_1^2 + (n_2 - 1)S_2^2}{n_1 + n_2 - 2}.$$

例 5.6 某公司生产瓶装洗洁精,规定每瓶装 500mL,但是在实际灌装的过程中,总会出现一定的误差,误差要求控制在一定范围内. 假定灌装量的方差 $\sigma^2 = 1$,如果每箱装 25 瓶这样的洗洁精,问:25 瓶洗洁精的平均灌装量和标准值 500mL 相差不超过 0.3mL 的概率是多少?

解 设瓶装洗洁精灌装容量服从正态分布,均值为 μ,方差为 1,则 25 瓶洗洁精的灌装量 $X_1, X_2, \cdots, X_{25}$ 是来自总体 $N(\mu, 1)$ 的简单随机样本.

根据定理 5.1 有 $\overline{X} \sim N\left(\mu, \dfrac{1}{25}\right)$,进而有

$$P\{|\overline{X} - \mu| \leqslant 0.3\} = P\left\{\frac{-0.3}{1/\sqrt{25}} < \frac{\overline{X} - \mu}{1/\sqrt{25}} \leqslant \frac{0.3}{1/\sqrt{25}}\right\}$$

$$\approx \Phi(1.5) - \Phi(-1.5) = 2\Phi(1.5) - 1 = 0.866\,4.$$

另外,当 $n = 50$ 时,可算出

$$P\{|\overline{X} - \mu| \leqslant 0.3\} \approx 0.966.$$

结论:当每箱装 25 瓶洗洁精时,平均每瓶灌装量与标准值 500mL 相差不超过 0.3mL 的概率约为 86.64%,而每箱装 50 瓶时该概率约为 96.6%,所以当每箱增加到 50 瓶时,能更大程度地保证平均误差很小,更能保证厂家和商家的利益.

同步习题 5.2

基础题

1. 设 $X \sim N(0, 1)$,X_1, X_2, X_3, X_4, X_5 为其简单随机样本,求 $\dfrac{2X_5}{\sqrt{\sum\limits_{i=1}^{4} X_i^2}}$ 的分布.

2. 设 $X \sim N(\mu, \sigma^2)$,$X_1, X_2, \cdots, X_n$ 为其简单随机样本,求 $\sum\limits_{i=1}^{n} \left(\dfrac{X_i - \mu}{\sigma}\right)^2$ 的分布.

3. 从总体 $X \sim N(\mu, \sigma^2)$ 中抽取一容量为 16 的简单随机样本,求 $P\left\{\dfrac{S^2}{\sigma^2} \leqslant 2.041\right\}$.

4. 设 $X_1, X_2, \cdots, X_n$ 是来自 $N(\mu, 16)$ 的简单随机样本,问:n 为多大时才能使 $P\{|\overline{X} - \mu| < 1\} \geqslant 0.95$ 成立?

提高题

1. 设随机变量 $X \sim t(n), Y \sim F(1, n)$,给定 $\alpha(0 < \alpha < 0.5)$,常数 c 满足 $P\{X > c\} = \alpha$,求

$P\{Y > c^2\}$.

2. 设 X_1, X_2, X_3 为来自总体 $X \sim N(0, \sigma^2)$ 的简单随机样本，求统计量

$S = \dfrac{X_1 - X_2}{\sqrt{2}\,|X_3|}$ 的分布.

微课：第2题

3. 设正态总体 $X \sim N(\mu_1, \sigma^2)$, $Y \sim N(\mu_2, \sigma^2)$, 且 X 和 Y 相互独立，$X_1, X_2, \cdots, X_5$ 和 $Y_1, Y_2, \cdots, Y_9$ 分别是来自 X, Y 的简单随机样本，而 S_1^2 和 S_2^2 分别是两个样本的方差.

（1）$\dfrac{S_1^2}{S_2^2}$ 服从什么分布？（2）若 $P\left\{\dfrac{S_1^2}{S_2^2} > \lambda\right\} = 0.9$，求 λ.

4. 设总体 $X \sim N(20, 3)$，从 X 中分别抽取容量为 $10, 15$ 的两个相互独立的简单随机样本，求两样本均值之差的绝对值大于 0.3 的概率.

第 5 章思维导图

本章小结

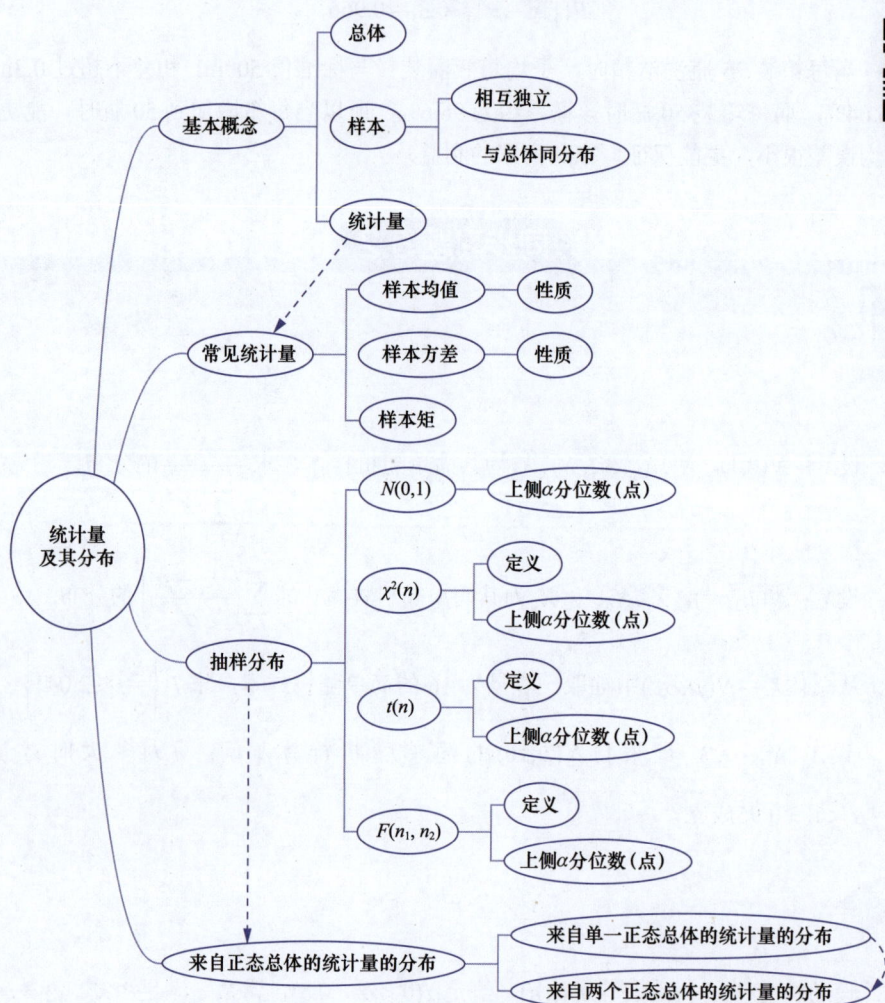

第 5 章总复习题

1. 选择题：（1）~（5）小题，每小题 4 分，共 20 分. 下列每小题给出的 4 个选项中，只有一个是符合题目要求的.

（1）设 u_α 是标准正态分布的上侧 α 分位数，则下列结论正确的是（　　）.

A. $u_\alpha = u_{1-\alpha}$ 　　B. $u_\alpha = -u_{-\alpha}$ 　　C. $u_{0.5} = 0$ 　　D. $u_0 = 0$

（2）设总体 $X \sim N(1, 36)$，则容量为 6 的简单随机样本的样本均值 $\bar{X}$ 服从的分布是（　　）.

A. $N(0, 1)$ 　　B. $N(1, 1)$ 　　C. $N(1, 36)$ 　　D. $N(1, 6)$

（3）设 $X_1, X_2, \cdots, X_n$ 是来自参数为 $\lambda(\lambda > 0)$ 的泊松分布的简单随机样本，则对于统计量 $T_1 = \dfrac{1}{n}\sum_{i=1}^{n} X_i$ 和 $T_2 = \dfrac{1}{n-1}\sum_{i=1}^{n-1} X_i + \dfrac{1}{n} X_n$，下列结论中正确的是（　　）.

A. $E(T_1) > E(T_2),\ D(T_1) > D(T_2)$ 　　B. $E(T_1) > E(T_2),\ D(T_1) < D(T_2)$

C. $E(T_1) < E(T_2),\ D(T_1) > D(T_2)$ 　　D. $E(T_1) < E(T_2),\ D(T_1) < D(T_2)$

（4）（2017104）设 $X_1, X_2, \cdots, X_n (n \geqslant 2)$ 为来自总体 $N(\mu, 1)$ 的简单随机样本，记 $\bar{X} = \dfrac{1}{n}\sum_{i=1}^{n} X_i$，则下列结论中不正确的是（　　）.

A. $\sum_{i=1}^{n}(X_i - \mu)^2$ 服从 χ^2 分布 　　B. $2(X_n - X_1)^2$ 服从 χ^2 分布

C. $\sum_{i=1}^{n}(X_i - \bar{X})^2$ 服从 χ^2 分布 　　D. $n(\bar{X} - \mu)^2$ 服从 χ^2 分布

（5）设 $X_1, X_2, \cdots, X_{16}$ 是来自总体 $N(0, 1)$ 的简单随机样本，设 $Z = X_1^2 + X_2^2 + \cdots + X_8^2$，$Y = X_9^2 + X_{10}^2 + \cdots + X_{16}^2$，则 $\dfrac{Z}{Y}$ 服从的分布是（　　）.

A. $N(0, 1)$ 　　B. $t(16)$ 　　C. $\chi^2(16)$ 　　D. $F(8, 8)$

2. 填空题：（6）~（10）小题，每小题 4 分，共 20 分.

（6）设 $X_1, X_2, \cdots, X_n$ 是来自 (0-1) 分布 $[P\{X = 1\} = p, P\{X = 0\} = 1 - p]$ 的简单随机样本，则 $E(\bar{X}) =$ _____，$D(\bar{X}) =$ _____.

（7）设总体 $X \sim N(\mu, \sigma^2)$，$X_1, X_2, \cdots, X_8$ 为来自总体 X 的简单随机样本，$\overline{X}$ 和 S^2 分别为样本均值和样本方差，则 $\dfrac{\overline{X} - \mu}{\sigma / \sqrt{n}} \sim$ _____，$\dfrac{\overline{X} - \mu}{S / \sqrt{n}} \sim$ _____.

（8）设 $X_1, X_2, \cdots, X_{10}$ 是来自泊松分布 $P(3)$ 的简单随机样本，则 $E(S^2) = $ _____.

（9）设 $X_1, X_2, \cdots, X_{17}$ 是来自总体 $N(\mu, 4)$ 的简单随机样本，S^2 是样本方差，若 $P\{S^2 > a\} = 0.01$，则 $a = $ _____.

（10）已知 $T \sim t(n)$，则 $T^2 \sim$ _____.

3. 解答题：（11）～（14）小题，每小题 15 分，共 60 分.

（11）设 $X_1, X_2, \cdots, X_{2n}$ 是来自正态总体 $N(0, \sigma^2)$ 的简单随机样本，试求统计量

$$Y = \frac{X_1 + X_3 + \cdots + X_{2n-1}}{\sqrt{X_2^2 + X_4^2 + \cdots + X_{2n}^2}}$$

的分布.

（12）在总体 $N(7.6, 4)$ 中抽取容量为 n 的简单随机样本，如果要求样本均值落在 $(5.6, 9.6)$ 内的概率不小于 0.95，则 n 至少为多少？

（13）从总体 $X \sim N(80, 20^2)$ 中抽取容量为 100 的简单随机样本，求样本均值与总体均值之差的绝对值大于 3 的概率.

（14）设 $X_1, X_2, \cdots, X_{16}$ 是来自总体 $N(\mu, \sigma^2)$ 的简单随机样本，$\overline{X}$ 是样本均值，S^2 是样本方差，若 $P\{\overline{X} > \mu + aS\} = 0.95$，求 a 的值.

06

第 6 章
统计推断

本章我们将讨论数理统计的基本问题——统计推断,我们的任务就是依据样本对总体进行各种推断. 统计推断主要分两类:参数估计和假设检验.

所谓参数估计,通常是指从样本出发去估计总体分布中的未知参数. 例如,工厂生产某种型号的品牌钢筋,为了解该品牌钢筋的强度,我们从中抽取 50 根进行检查. 如何从抽查的 50 根钢筋的强度数据去估计该品牌钢筋的平均强度 μ?这就是参数估计要解决的问题,其中又分为两种情形:是找一个数值去估计 μ?还是找一个范围去估计 μ?前者属于点估计问题,后者属于区间估计问题.

所谓假设检验,即根据样本对总体的某些"假设"做出拒绝或者接受的一种判断方法. 例如,某品牌手机广告中宣称,该手机平均待机时间为 30h. 我们从该品牌手机中随机选取 25 部手机进行检测,看能否认可广告的说法,这就属于假设检验中的参数检验问题.

本章导学

■ 6.1 点估计

若总体 X 的分布已知,但它的一个或多个参数未知,则由总体 X 的样本去估计未知参数的值,此类问题就属于参数的点估计.

例如,设总体 X 的分布函数为 $F(x; \theta)$,其中 θ 为未知参数,由样本 $X_1, X_2, \cdots, X_n$ 构造一个统计量

$$\hat{\theta}(X_1, X_2, \cdots, X_n)$$

去估计未知参数 θ,这种方法称为点估计,$\hat{\theta}(X_1, X_2, \cdots, X_n)$ 称为参数 θ 的估计量. 若 $x_1, x_2, \cdots, x_n$ 是一组样本观测值,则 $\hat{\theta}(x_1, x_2, \cdots, x_n)$ 称为参数 θ 的估计值.

点估计的方法很多,下面介绍两种常用的方法——矩估计法和最大似然估计法.

6.1.1 矩估计法

在前面估计钢筋强度的例子中,如果 50 根钢筋的强度数据已经检测完毕,我们可以用这 50 根钢筋的平均强度去估计此种钢筋的平均强度 μ,即

$$\hat{\mu} = \bar{x} = \frac{1}{50} \sum_{i=1}^{50} x_i.$$

微课:矩估计法

在实际问题中，我们常常以统计量

$$\bar{X} = \frac{1}{n}\sum_{i=1}^{n}X_i$$

作为总体 X 的期望值 μ 的估计量，这里用的就是**矩估计法**.

矩估计法的基本思想是替换原理，即用样本矩去替换相应的总体矩，这里的矩可以是原点矩，也可以是中心矩. 我们知道，矩是由随机变量的分布唯一确定的，而样本来源于总体，由大数定律可知，样本矩在一定程度上反映总体矩的特征.

用样本矩来估计总体矩的估计方法称为**矩估计法**，其具体步骤如下.

设总体 X 的分布中包含 m 个未知参数 $\theta_1, \theta_2, \cdots, \theta_m$，$X_1, X_2, \cdots, X_n$ 为来自总体 X 的简单随机样本，如果总体的 k 阶原点矩 $E(X^k)$ 存在，并设

$$E(X^k) = \mu_k(\theta_1, \theta_2, \cdots, \theta_m),$$

相应的样本 k 阶原点矩为

$$A_k = \frac{1}{n}\sum_{i=1}^{n}X_i^k,$$

以 A_k 替代 $E(X^k)$，即可得到关于 $\theta_1, \theta_2, \cdots, \theta_m$ 的方程组

$$\mu_k(\theta_1, \theta_2, \cdots, \theta_m) = \frac{1}{n}\sum_{i=1}^{n}X_i^k, \ k = 1, 2, \cdots, m,$$

方程组的解

$$\hat{\theta}_k(X_1, X_2, \cdots, X_n), k = 1, 2, \cdots, m$$

称为参数 $\theta_k(k = 1, 2, \cdots, m)$ 的**矩估计量**.

若代入一组样本观测值 $x_1, x_2, \cdots, x_n$，则 $\hat{\theta}_k(x_1, x_2, \cdots, x_n)$ 称为参数 $\theta_k(k = 1, 2, \cdots, m)$ 的**矩估计值**.

在做矩估计时，既可用原点矩也可用中心矩建立关于未知参数的方程组，而且矩的阶数有多种选择，因而矩估计量是不唯一的. 为了计算方便，应该尽量采用低阶矩给出未知参数的矩估计量.

例 6.1 设 X 为某零配件供应商每周的发货批次，其分布律为

X	0	1	2	3
P	θ^2	$2\theta(1-\theta)$	θ^2	$1-2\theta$

其中 θ 是未知参数. 假设收集了该供应商 8 周的发货批次如下：

$$3, 1, 3, 0, 3, 1, 2, 3.$$

求 θ 的矩估计值.

解 总体期望 $E(X) = 0 \times \theta^2 + 1 \times 2\theta(1-\theta) + 2 \times \theta^2 + 3 \times (1-2\theta) = 3 - 4\theta$.

样本均值 $\bar{X} = \frac{1}{n}\sum_{i=1}^{n}X_i = \frac{1}{8} \times (3+1+3+0+3+1+2+3) = 2$.

用样本均值估计总体期望，有 $E(X) = \bar{X}$，即 $3 - 4\theta = 2$，

解得 θ 的矩估计值为 $\hat{\theta} = \frac{1}{4}$.

例 6.2 设 X 为投资者对某种金融产品的持有时间, 其概率密度为

$$f(x) = \begin{cases} \dfrac{\beta}{x^{\beta+1}}, & x > 1, \\ 0, & x \leq 1, \end{cases}$$

其中未知参数 $\beta > 1$. $X_1, X_2, \cdots, X_n$ 为来自总体 X 的简单随机样本, 求 β 的矩估计量.

解 由于 $E(X) = \int_{-\infty}^{+\infty} x f(x) \mathrm{d}x = \int_1^{+\infty} x \cdot \dfrac{\beta}{x^{\beta+1}} \mathrm{d}x = \dfrac{\beta}{\beta-1}$,

令

$$\frac{\beta}{\beta-1} = \bar{X},$$

解得 $\beta = \dfrac{\bar{X}}{\bar{X}-1}$, 所以 β 的矩估计量为 $\hat{\beta} = \dfrac{\bar{X}}{\bar{X}-1}$.

例 6.3 已知某项银行业务的审批时间 X 在 (a,b) 上服从均匀分布, 其中 a,b 未知. 设抽查了 n 位办理该业务的顾客, 他们的审批时间分别为 $X_1, X_2, \cdots, X_n$, 试用矩估计法估计 a, b.

解 由于 X 在 (a,b) 上服从均匀分布, 故 $E(X) = \dfrac{a+b}{2}$, $D(X) = \dfrac{(b-a)^2}{12}$.

总体的二阶矩 $E(X^2) = D(X) + E^2(X) = \dfrac{(b-a)^2}{12} + \left(\dfrac{a+b}{2}\right)^2$,

令

$$\begin{cases} E(X) = \dfrac{a+b}{2} = \bar{X}, \\ E(X^2) = \dfrac{(b-a)^2}{12} + \left(\dfrac{a+b}{2}\right)^2 = \dfrac{1}{n}\sum_{i=1}^{n} X_i^2, \end{cases}$$

解此方程组, 得到 a, b 的矩估计量分别为

$$\hat{a} = \bar{X} - \sqrt{\frac{3}{n}\sum_{i=1}^{n}(X_i - \bar{X})^2} = \bar{X} - \sqrt{3B_2},$$

$$\hat{b} = \bar{X} + \sqrt{\frac{3}{n}\sum_{i=1}^{n}(X_i - \bar{X})^2} = \bar{X} + \sqrt{3B_2}.$$

矩估计法是一种古老的估计方法, 它的优点是简单易行, 并不需要知道总体的分布类型, 因而它在实际问题中应用广泛. 但是矩估计法也有缺点, 一是当总体分布类型已知时, 没有充分利用分布提供的信息, 且矩估计量不具有唯一性; 二是若总体矩不存在, 则矩估计法会失效.

6.1.2 最大似然估计法

在总体的分布类型已知的情况下, 最大似然估计法是求未知参数点估计的一种重要方法. 它的基本思想是很直观的. 例如, 为了估计某种产品的次品率 p, 我们抽取了 100 件产品, 发现其中有 2 件次品, 根据这一结果, 可以推断次品率 p 最有可能是 2%. 又如, 为了比较甲、乙两个品牌的手机金属壳的耐磨强度, 我们分别从甲、乙两个品牌的手机中抽取了 5 个样品进行划痕测试, 结果甲有 4 个样品通过测试, 乙有 2 个样品通过测试, 我们自然断定甲品牌的手机金属壳更耐磨. 以上推断我们用的都是最大似然估计法, 它的基本原理是: 如果通过试验, 某个结果 A 发生了, 那么所做出的参数估计

应该有利于 A 的发生.

下面通过一个例子引出最大似然估计法的具体步骤.

例 6.4 设袋中放有很多的白球和黑球,已知两种球的比例为 $1:9$,但不知道哪种颜色的球多,现从中有放回地抽取 3 次,每次取出一个球,发现前两次为黑球,第三次为白球,试判断哪种颜色的球多.

解 根据抽取结果,我们的直观感觉是黑球多,下面给出理论依据.

设 θ 表示黑球所占比例,由题意知 $\theta=0.9$ 或 0.1. 设 X 表示每次抽取中黑球出现的次数,则 X 服从 (0-1) 分布,其分布律为

X	0	1
P	$1-\theta$	θ

有放回地抽取 3 次,前两次为黑球,第三次为白球,相当于在总体 X 中抽取了一个样本 X_1, X_2, X_3,样本观测值为 $x_1=1, x_2=1, x_3=0$,判断哪种颜色的球多,相当于在事件 $A=\{x_1=1, x_2=1, x_3=0\}$ 发生的前提下,判断 θ 的值是 0.9 还是 0.1.

$$P(A)=P\{x_1=1, x_2=1, x_3=0\}=P\{x_1=1\}P\{x_2=1\}P\{x_3=0\}=\theta^2(1-\theta).$$

当 $\theta=0.9$ 时,$P(A)=0.9^2\times0.1=0.081$;当 $\theta=0.1$ 时,$P(A)=0.1^2\times0.9=0.009$. 根据最大似然估计法的基本原理,$\theta=0.9$ 有利于事件 $A=\{x_1=1, x_2=1, x_3=0\}$ 的发生,即黑球多.

上例的讨论可以推广到一般的离散型或连续型总体,具体步骤如下.

(1)构造似然函数

若总体 X 为离散型,其分布律为

$$P\{X=x_i\}=p(x_i;\theta), \quad \theta\in\Theta,$$

这里 θ 为待估参数,Θ 是 θ 可能取值的范围,对于给定的样本观测值 $x_1, x_2, \cdots, x_n$,令

$$L(\theta)=L(x_1, x_2, \cdots, x_n;\theta)=\prod_{i=1}^{n}p(x_i;\theta).$$

若总体 X 为连续型,其概率密度为

$$f(x;\theta), \quad \theta\in\Theta,$$

这里 θ 为待估参数,Θ 是 θ 可能取值的范围,对于给定的样本观测值 $x_1, x_2, \cdots, x_n$,令

$$L(\theta)=L(x_1, x_2, \cdots, x_n;\theta)=\prod_{i=1}^{n}f(x_i;\theta).$$

$L(\theta)$ 随 θ 的取值而变化,它是 θ 的函数,我们称 $L(\theta)$ 为样本的似然函数.

似然函数实质上就是样本的联合分布,由上面的讨论可知,求待估参数的最大似然估计,实际上就是求似然函数的最大值点.

(2)求似然函数的最大值点

若有 $\hat{\theta}(x_1, x_2, \cdots, x_n)$,使

$$L(\hat{\theta})=\max_{\theta\in\Theta}\{L(\theta)\},$$

则称 $\hat{\theta}=\hat{\theta}(x_1, x_2, \cdots, x_n)$ 为参数 θ 的最大似然估计值,相应地,称 $\hat{\theta}=\hat{\theta}(X_1, X_2, \cdots, X_n)$ 为 θ 的最大似然估计量.

似然函数的最大值点可以利用微积分方法求得，若似然函数可微，一般求法如下．

解似然方程

$$\frac{\mathrm{d}L}{\mathrm{d}\theta} = 0,$$

得到参数 θ 的最大似然估计值．

又因为 $\ln L(\theta)$ 与 $L(\theta)$ 在同一点处取得极值，故可用对 $\ln L(\theta)$ 求最大值的方法得到参数 θ 的最大似然估计值，即先对似然函数 $L(\theta)$ 取对数，然后解对数似然方程

$$\frac{\mathrm{d}\ln L}{\mathrm{d}\theta} = 0.$$

当然，方程的解是否为最大值点，有时需要进一步验证．

一般地，若总体 X 的分布中含有 k 个未知待估参数 $\theta_1, \theta_2, \cdots, \theta_k$，则似然函数为

$$L(\theta_1, \theta_2, \cdots, \theta_k) = \prod_{i=1}^{n} f(x_i; \theta_1, \theta_2, \cdots, \theta_k).$$

此时只需要解似然方程组

$$\frac{\partial L}{\partial \theta_i} = 0, i = 1, 2, \cdots, k$$

或对数似然方程组

$$\frac{\partial \ln L}{\partial \theta_i} = 0, i = 1, 2, \cdots, k,$$

即可得到参数的最大似然估计值 $\hat{\theta}_1, \hat{\theta}_2, \cdots, \hat{\theta}_k$．

例 6.5 求出例 6.2 中未知参数 β 的最大似然估计量．

解 对于样本观测值 $x_1, x_2, \cdots, x_n$，似然函数为

$$L(\beta) = \prod_{i=1}^{n} f(x_i) = \begin{cases} \dfrac{\beta^n}{(x_1 x_2 \cdots x_n)^{\beta+1}}, & x_i > 1, \quad (i = 1, 2, \cdots, n), \\ 0, & \text{其他} \end{cases}$$

当 $x_i > 1 (i = 1, 2, \cdots, n)$ 时，$L(\beta) > 0$，取对数得

$$\ln L(\beta) = n \ln \beta - (\beta + 1) \sum_{i=1}^{n} \ln x_i,$$

两边对 β 求导，得

$$\frac{\mathrm{d}\ln L(\beta)}{\mathrm{d}\beta} = \frac{n}{\beta} - \sum_{i=1}^{n} \ln x_i.$$

令 $\dfrac{\mathrm{d}\ln L(\beta)}{\mathrm{d}\beta} = 0$，可得

$$\beta = \frac{n}{\sum\limits_{i=1}^{n} \ln x_i},$$

故 β 的最大似然估计量为

$$\hat{\beta} = \frac{n}{\sum\limits_{i=1}^{n} \ln X_i}.$$

例 6.6 设 X 为某物流公司单件货物的运送时间, 其概率密度为

$$f(x) = \begin{cases} 2\mathrm{e}^{-2(x-\theta)}, & x \geqslant \theta, \\ 0, & \text{其他}, \end{cases}$$

其中 $\theta > 0$ 且是未知参数. 设 $x_1, x_2, \cdots, x_n$ 是样本观测值, 求 θ 的最大似然估计值.

微课: 例6.6

解 似然函数为

$$L(\theta) = \prod_{i=1}^{n} f(x_i) = \prod_{i=1}^{n} [2\mathrm{e}^{-2(x_i-\theta)}] = 2^n \mathrm{e}^{-2\sum_{i=1}^{n}(x_i-\theta)}, \quad x_i \geqslant \theta.$$

取对数得

$$\ln L(\theta) = n \ln 2 - 2 \sum_{i=1}^{n} (x_i - \theta).$$

因为 $\dfrac{\mathrm{d}\ln L(\theta)}{\mathrm{d}\theta} = 2n > 0$, 所以 $L(\theta)$ 单调增加. 而

$$\theta \leqslant x_i (i = 1, 2, \cdots, n),$$

故 θ 的最大似然估计值为

$$\hat{\theta} = \min\{x_1, x_2, \cdots, x_n\}.$$

例 6.7 某种电子邮箱建议用户设置增强密码以保护账户的安全, 假设 p 是该电子邮箱的全体用户中设置增强密码的比例. 现随机抽取了 20 位用户, 发现其中有 3 位设置了增强密码.

（1）求 p 的最大似然估计值.

（2）接着再抽取 5 位用户, 求他们都没有设置增强密码的概率的最大似然估计值.

解 （1）因为每位用户有两种可能, 要么设置了增强密码, 要么没有设置增强密码, 所以总体 X 服从 (0-1) 分布, 其分布律为

$$p(x) = P\{X = x\} = p^x (1-p)^{1-x}, \quad x = 0, 1.$$

20 位用户中有 3 位设置了增强密码, 相当于样本观测值 $x_1, x_2, \cdots, x_{20}$ 中有 3 个为 1、17 个为 0, 故似然函数为

$$L(p) = \prod_{i=1}^{n} p(x_i) = p^3 (1-p)^{17}.$$

取对数得

$$\ln L(p) = 3 \ln p + 17 \ln(1-p),$$

对 p 求导得

$$\frac{\mathrm{d}\ln L(p)}{\mathrm{d}p} = \frac{3}{p} - \frac{17}{1-p},$$

令 $\dfrac{\mathrm{d}\ln L(p)}{\mathrm{d}p} = 0$, 解得 p 的最大似然估计值为 $\hat{p} = \dfrac{3}{20}$.

（2）因为设置增强密码的用户比例为 p, 所以再抽取 5 位用户, 他们都没有设置增强密码的概率为 $(1-p)^5$.

既然 20 位用户中有 3 位设置了增强密码, 由此得到 p 的最大似然估计值为 $\hat{p} = \dfrac{3}{20}$, 那么 $(1-p)^5$ 的最大似然估计值为 $(1-\hat{p})^5 = \left(1 - \dfrac{3}{20}\right)^5 \approx 0.443\,7$.

注意, 这里我们用到了 "**最大似然估计不变性**", 即以下定理.

定理 6.1 若$\hat{\theta}$为参数θ的最大似然估计值（量），$g(\theta)$为参数θ的函数，则$g(\hat{\theta})$是$g(\theta)$的最大似然估计值（量）.

有了最大似然估计不变性，求某些复杂结构的参数的最大似然估计值（量）就变得容易了.

例 6.8 设投资者投资某种基金的收益$X \sim N(\mu, \sigma^2)$，其中μ, σ^2未知，从中抽取一样本$X_1, X_2, \cdots, X_n$，求μ和σ^2的最大似然估计量.

解 设$(x_1, x_2, \cdots, x_n)$为对应的样本观测值，则关于μ, σ^2的似然函数为

$$L(\mu, \sigma^2) = \prod_{i=1}^{n} f(x_i) = \prod_{i=1}^{n} \frac{1}{\sqrt{2\pi}\sigma} e^{-\frac{(x_i-\mu)^2}{2\sigma^2}} = (2\pi\sigma^2)^{-\frac{n}{2}} e^{-\frac{1}{2\sigma^2}\sum_{i=1}^{n}(x_i-\mu)^2},$$

于是

$$\ln L(\mu, \sigma^2) = -\frac{n}{2}\ln 2\pi - \frac{n}{2}\ln \sigma^2 - \frac{1}{2\sigma^2}\sum_{i=1}^{n}(x_i-\mu)^2.$$

令

$$\begin{cases} \dfrac{\partial \ln L}{\partial \mu} = \dfrac{1}{\sigma^2}\sum_{i=1}^{n}(x_i-\mu) = 0, \\ \dfrac{\partial \ln L}{\partial \sigma^2} = -\dfrac{n}{2\sigma^2} + \dfrac{1}{2\sigma^4}\sum_{i=1}^{n}(x_i-\mu)^2 = 0, \end{cases}$$

解得

$$\mu = \frac{1}{n}\sum_{i=1}^{n} x_i, \quad \sigma^2 = \frac{1}{n}\sum_{i=1}^{n}(x_i-\bar{x})^2.$$

因此，μ和σ^2的最大似然估计量分别为

$$\hat{\mu} = \frac{1}{n}\sum_{i=1}^{n} X_i = \bar{X}, \quad \hat{\sigma}^2 = \frac{1}{n}\sum_{i=1}^{n}(X_i-\bar{X})^2 = B_2.$$

注意，若参数μ已知，则σ^2的最大似然估计量为

$$\hat{\sigma}^2 = \frac{1}{n}\sum_{i=1}^{n}(X_i-\mu)^2.$$

具体过程留给同学们课后思考解决.

6.1.3 点估计的评价标准

由上述讨论可以看出，点估计具有不唯一性，对于同一个未知参数，可以用多种方法进行估计，即使是同一种方法，有时也可得到多个估计量. 在前面的例子中，要利用抽查的 50 根钢筋的强度数据去估计该品牌钢筋的平均强度μ，我们可以用这 50 根钢筋的样本均值去估计μ，即$\hat{\mu} = \bar{x} = \dfrac{1}{50}\sum_{i=1}^{50} x_i$，除此以外，还可以用样本中位数、最大值和最小值的平均数、截尾均值等作为μ的点估计. 我们希望得到的估计量能体现总体的真实参数，那么在同一参数的多个估计量中，哪一个是最好的估计量呢？为此，我们需要有评价估计量优劣的标准，下面介绍 3 个常用的评价标准.

1. 无偏性

估计量$\hat{\theta}(X_1, X_2, \cdots, X_n)$是一个随机变量，对一次具体的观测结果来说，$\hat{\theta}$的取值与真实的参数值$\theta$一般会有偏差，我们希望$\hat{\theta}$的取值能在$\theta$附近波动，而且在多次观测中，$\hat{\theta}$的平均值

$E(\hat{\theta})$应与θ吻合，由此引出了**无偏性**的概念.

定义 6.1 设$\hat{\theta}=\hat{\theta}(X_1,X_2,\cdots,X_n)$是未知参数$\theta$的估计量，若

$$E(\hat{\theta})=\theta,$$

则称$\hat{\theta}$为θ的无偏估计量.

微课：无偏性
与有效性

在实际应用中，要求估计量具有无偏性是有实际意义的. 例如，在大批商品交易中，买卖双方一般通过抽样去估计产品的次品率. 若估计值高于实际值，将给卖家带来损失. 反之，若估计值低于实际值，就会给买家带来损失. 但只要采用的估计量是无偏估计量，而且双方的买卖是长期的，则总的来说是互不吃亏的.

例 6.9 设总体X的k阶原点矩$\mu_k=E(X^k)$存在，证明：不论X服从什么分布，样本的k阶原点矩$A_k=\dfrac{1}{n}\sum\limits_{i=1}^{n}X_i^k$是$\mu_k$的无偏估计量.

证明 因为

$$E(A_k)=E\left(\frac{1}{n}\sum_{i=1}^{n}X_i^k\right)=\frac{1}{n}\sum_{i=1}^{n}E(X_i^k)=\frac{1}{n}\sum_{i=1}^{n}E(X^k)=E(X^k)=\mu_k,$$

所以A_k是μ_k的无偏估计量.

例 6.10 已知$B_2=\dfrac{1}{n}\sum\limits_{i=1}^{n}(X_i-\bar{X})^2$和$S^2=\dfrac{1}{n-1}\sum\limits_{i=1}^{n}(X_i-\bar{X})^2$都是总体方差$\sigma^2$的估计量，试判断哪个估计量更好.

解 由第 5 章性质 5.1 可知，

$$E(S^2)=D(X)=\sigma^2,$$

故样本方差$S^2=\dfrac{1}{n-1}\sum\limits_{i=1}^{n}(X_i-\bar{X})^2$是$\sigma^2$的无偏估计量.

而

$$E(B_2)=E\left(\frac{n-1}{n}S^2\right)=\frac{n-1}{n}\sigma^2\neq\sigma^2,$$

所以$B_2=\dfrac{1}{n}\sum\limits_{i=1}^{n}(X_i-\bar{X})^2$不是$\sigma^2$的无偏估计量.

这也正是在实际应用中样本方差采用$S^2=\dfrac{1}{n-1}\sum\limits_{i=1}^{n}(X_i-\bar{X})^2$，而不用$B_2=\dfrac{1}{n}\sum\limits_{i=1}^{n}(X_i-\bar{X})^2$的原因.

上述两例的结论与总体的分布类型没有关系. 只要总体均值存在，样本均值总是它的无偏估计量；只要总体方差存在，样本方差总是它的无偏估计量.

例 6.11 设总体X的概率密度为

$$f(x)=\begin{cases}\dfrac{2x}{3\theta^2},&\theta<x<2\theta,\\0,&\text{其他,}\end{cases}$$

其中θ是未知参数. $X_1,X_2,\cdots,X_n$为来自总体X的简单随机样本，选择适当的常数c，使$c\sum\limits_{i=1}^{n}X_i^2$是$\theta^2$的无偏估计量.

解 由于 $c\sum_{i=1}^{n}X_i^2$ 是 θ^2 的无偏估计量，所以 $E\left(c\sum_{i=1}^{n}X_i^2\right)=\theta^2$.

$$E\left(c\sum_{i=1}^{n}X_i^2\right)=c\sum_{i=1}^{n}E(X_i^2)=c\sum_{i=1}^{n}E(X^2),$$

而

$$E(X^2)=\int_{\theta}^{2\theta}x^2\frac{2x}{3\theta^2}\,\mathrm{d}x=\frac{5}{2}\theta^2,$$

所以

$$E\left(c\sum_{i=1}^{n}X_i^2\right)=\frac{5}{2}cn\theta^2=\theta^2,$$

$$c=\frac{2}{5n}.$$

2. 有效性

具有无偏性只是对"好"估计的基本要求，同一待估参数往往有很多无偏估计量，因此必须给出另外的标准以便在众多的无偏估计量中"优中选优".

若 $\hat{\theta}$ 为 θ 的无偏估计量，$\hat{\theta}$ 的取值在真值的附近波动，我们自然希望 $\hat{\theta}$ 与 θ 之间的偏差越小越好，也就是说 $\hat{\theta}$ 的方差越小越有效，由此便有了**有效性**的概念.

定义 6.2 设 $\hat{\theta}_1,\hat{\theta}_2$ 均为参数 θ 的无偏估计量，若

$$D(\hat{\theta}_1)<D(\hat{\theta}_2),$$

则称 $\hat{\theta}_1$ 比 $\hat{\theta}_2$ 有效.

例 6.12 设某种产品的寿命 X 服从指数分布，其概率密度为

$$f(x)=\begin{cases}\dfrac{1}{\theta}\mathrm{e}^{-\frac{x}{\theta}}, & x>0,\\[2mm] 0, & x\leqslant 0,\end{cases}$$

其中 θ 为未知参数. X_1,X_2,X_3,X_4 是来自总体 X 的简单随机样本，设有 θ 的估计量

$$\hat{\theta}_1=\frac{1}{6}(X_1+X_2)+\frac{1}{3}(X_3+X_4),$$

$$\hat{\theta}_2=\frac{1}{5}(X_1+2X_2+3X_3+4X_4),$$

$$\hat{\theta}_3=\frac{1}{4}(X_1+X_2+X_3+X_4),$$

哪一个估计量最优？

解 因为 X 服从指数分布，所以 $E(X)=\dfrac{1}{\lambda}=\theta$，$D(X)=\dfrac{1}{\lambda^2}=\theta^2$.

由于

$$E(\hat{\theta}_1)=\frac{1}{6}[E(X_1)+E(X_2)]+\frac{1}{3}[E(X_3)+E(X_4)]=\theta,$$

$$E(\hat{\theta}_2)=\frac{1}{5}[E(X_1)+2E(X_2)+3E(X_3)+4E(X_4)]=2\theta,$$

$$E(\hat{\theta}_3)=E(\overline{X})=E(X)=\theta,$$

故$\hat{\theta}_1$和$\hat{\theta}_3$为θ的无偏估计量.

又

$$D(\hat{\theta}_1) = \frac{1}{36}[D(X_1) + D(X_2)] + \frac{1}{9}[D(X_3) + D(X_4)] = \frac{5}{18}\theta^2,$$

$$D(\hat{\theta}_3) = D(\bar{X}) = \frac{D(X)}{4} = \frac{1}{4}\theta^2,$$

故$\hat{\theta}_3$较为有效.

综上可知，$\hat{\theta}_3$最优.

可以证明：当$\sum\limits_{i=1}^{n} c_i = 1$时，$\hat{\mu} = \sum\limits_{i=1}^{n}(c_i X_i)$是总体期望$\mu$的无偏估计量，其中$\bar{X}$最有效.

*3. 相合性（一致性）

无偏性和有效性都是在样本容量n固定的前提下提出的，在参数估计中，我们很容易想到，如果样本容量越大，样本所含的总体分布的信息应该越多，换句话说就是样本容量越大就越能精确地估计总体的未知参数. 随着n无限增大，一个"好"的估计量与待估参数的真值之间任意接近的可能性会越来越大. 估计量的这种性质称为**相合性**或**一致性**.

定义 6.3　设$\hat{\theta}$为未知参数θ的估计量，若对任意的$\varepsilon > 0$，都有

$$\lim_{n \to +\infty} P\{|\hat{\theta} - \theta| < \varepsilon\} = 1,$$

即$\hat{\theta}$依概率收敛于参数θ，则称$\hat{\theta}$为θ的相合（一致）估计量.

例 6.13　设$\bar{X}$是总体X的样本均值，当$\bar{X}$作为总体期望$E(X)$的估计量时，证明$\bar{X}$是$E(X)$的相合估计量.

证 明　由大数定律可知，当$n \to +\infty$时，

$$\lim_{n \to +\infty} P\{|\bar{X} - E(X)| < \varepsilon\} = \lim_{n \to +\infty} P\left\{\left|\frac{1}{n}\sum_{i=1}^{n} X_i - E(X)\right| < \varepsilon\right\} = 1,$$

微课：相合性
的判断

所以$\bar{X}$是$E(X)$的相合估计量.

一般地，若总体X的k阶原点矩$\mu_k = E(X^k)$存在，则由大数定律可知，$A_k = \dfrac{1}{n}\sum\limits_{i=1}^{n} X_i^k$依概率

收敛于μ_k，故$A_k = \dfrac{1}{n}\sum\limits_{i=1}^{n} X_i^k$是$\mu_k$的相合估计量.

利用定义判断估计量的相合性比较困难，一般利用下列定理来判断.

定理 6.2　设$\hat{\theta}$为θ的估计量，若

$$\lim_{n \to +\infty} E(\hat{\theta}) = \theta, \quad \lim_{n \to +\infty} D(\hat{\theta}) = 0,$$

则$\hat{\theta}$为θ的相合（一致）估计量.

例 6.14　设总体$X \sim U(\theta, 2\theta)$，其中$\theta > 0$且是未知参数. $X_1, X_2, \cdots, X_n$是来自总体X的简单随机样本，试证明$\hat{\theta} = \dfrac{2}{3}\bar{X}$是$\theta$的相合估计量.

证 明　因为$X \sim U(\theta, 2\theta)$，所以$E(X) = \dfrac{3\theta}{2}, D(X) = \dfrac{\theta^2}{12}$.

$$E(\hat{\theta})=E\left(\frac{2}{3}\bar{X}\right)=\frac{2}{3}E(\bar{X})=\frac{2}{3}E(X)=\frac{2}{3}\times\frac{3\theta}{2}=\theta,$$

$$D(\hat{\theta})=D\left(\frac{2}{3}\bar{X}\right)=\frac{4}{9}D(\bar{X})=\frac{4}{9}\times\frac{D(X)}{n}=\frac{4}{9n}\times\frac{\theta^2}{12}=\frac{\theta^2}{27n},$$

$$\lim_{n\to+\infty}E(\hat{\theta})=\theta,\quad\lim_{n\to+\infty}D(\hat{\theta})=0,$$

故 $\hat{\theta}=\frac{2}{3}\bar{X}$ 是 θ 的相合估计量.

在实际问题中，我们自然希望估计量具有无偏性、有效性和相合性，但往往不能同时满足. 因为无偏性和有效性无论在直观还是理论上都比较合理，故其应用的场合也较多.

同步习题6.1

基础题

1. 设总体 X 服从参数为 λ 的泊松分布，已知 $X_1, X_2, \cdots, X_n$ 为来自总体 X 的简单随机样本，求参数 λ 的矩估计量和最大似然估计值.

2. 已知 $X_1, X_2, \cdots, X_n$ 为来自总体 X 的简单随机样本，总体 X 的概率密度为
$$f(x)=\begin{cases}\theta c^{\theta}x^{-(\theta+1)}, & x>c, \\ 0, & \text{其他}\end{cases}\quad(c>0\text{ 且已知},\ \theta>1\text{且为未知参数}).$$
求：（1）θ 的矩估计量；（2）θ 的最大似然估计量.

3. 已知 $X_1, X_2, \cdots, X_n$ 为来自总体 X 的简单随机样本，总体 X 的概率密度为
$$f(x)=\begin{cases}\sqrt{\theta}\,x^{\sqrt{\theta}-1}, & 0<x<1, \\ 0, & \text{其他}\end{cases}\quad(\theta>0\text{且为未知参数}).$$
求：（1）θ 的矩估计量；（2）θ 的最大似然估计量.

4. 设 $\bar{X}$ 和 S^2 为总体 $B(m,p)$ 的样本均值和样本方差，若 $\bar{X}-kS^2$ 为 mp^2 的无偏估计量，则 k 为何值？

5. 已知总体 X 的概率密度为
$$f(x)=\begin{cases}\dfrac{x}{\theta}\mathrm{e}^{-\frac{x^2}{2\theta}}, & x>0, \\ 0, & x\leqslant 0,\end{cases}\quad(\theta>0\text{且为未知参数}),$$
$X_1, X_2, \cdots, X_n$ 为来自总体 X 的简单随机样本. 求 θ 的最大似然估计量，并讨论该估计量是否为 θ 的无偏估计量.

6. 设总体 $X\sim N(\mu,\sigma^2)$，其中 μ 未知，X_1, X_2, X_3, X_4 为来自总体 X 的简单随机样本，则以下关于 μ 的 4 个无偏估计量中，哪一个最有效？

$$\hat{\mu}_1 = \frac{1}{4}(X_1 + X_2 + X_3 + X_4), \quad \hat{\mu}_2 = \frac{1}{5}X_1 + \frac{1}{5}X_2 + \frac{1}{5}X_3 + \frac{2}{5}X_4,$$

$$\hat{\mu}_3 = \frac{1}{6}X_1 + \frac{2}{6}X_2 + \frac{2}{6}X_3 + \frac{1}{6}X_4, \quad \hat{\mu}_4 = \frac{1}{7}X_1 + \frac{2}{7}X_2 + \frac{3}{7}X_3 + \frac{1}{7}X_4.$$

7. 设总体X的概率密度为

$$f(x) = \begin{cases} \dfrac{1}{2\theta}, & 0 < x < \theta, \\ \dfrac{1}{2(1-\theta)}, & \theta \leqslant x < 1, \\ 0, & \text{其他,} \end{cases}$$

$X_1, X_2, \cdots, X_n$为来自总体X的简单随机样本，$\overline{X}$是样本均值.

（1）求参数θ的矩估计量$\hat{\theta}$.

（2）判断$4\overline{X}^2$是否为θ^2的无偏估计量，并说明理由.

提高题

1. 设X服从几何分布$G(p)$，$x_1, x_2, \cdots, x_n$是来自X的一组样本值，试求参数p与$E(X)$的最大似然估计值.

2. 设总体X的概率密度为

$$f(x) = \begin{cases} \dfrac{\theta^2}{x^3} \mathrm{e}^{-\frac{\theta}{x}}, & x > 0, \\ 0, & \text{其他,} \end{cases}$$

其中θ为未知参数且大于零. $X_1, X_2, \cdots, X_n$为来自总体X的简单随机样本.

（1）求θ的矩估计量.

（2）求θ的最大似然估计量.

3. 设总体X的概率密度为

$$f(x) = \begin{cases} \dfrac{1}{1-\theta}, & \theta \leqslant x \leqslant 1, \\ 0, & \text{其他,} \end{cases}$$

其中θ为未知参数. $X_1, X_2, \cdots, X_n$为来自该总体的简单随机样本.

（1）求θ的矩估计量.

（2）求θ的最大似然估计量.

4. 设总体X的概率密度为

$$f(x) = \begin{cases} \theta, & 0 < x < 1, \\ 1-\theta, & 1 \leqslant x < 2, \\ 0, & \text{其他,} \end{cases}$$

其中θ是未知参数（$0 < \theta < 1$）. $X_1, X_2, \cdots, X_n$为来自总体X的简单随机样本，记N为样本值$x_1, x_2, \cdots, x_n$中小于1的个数.

（1）求θ的矩估计量.

（2）求θ的最大似然估计量.

5. 设$X_1, X_2, \cdots, X_n$为来自总体$N(\mu_0, \sigma^2)$的简单随机样本，其中μ_0已知，$\sigma^2 > 0$且未知，$\bar{X}$为样本均值，S^2为样本方差. 求：

（1）σ^2的最大似然估计量$\hat{\sigma}^2$；

（2）$E(\hat{\sigma}^2)$和$D(\hat{\sigma}^2)$.

6. 某工程师为了解一台天平的精度，用该天平对一物体的质量做n次测量，该物体的质量μ是已知的，设n次测量结果$X_1, X_2, \cdots, X_n$相互独立且均服从正态分布$N(\mu, \sigma^2)$. 该工程师记录的是n次测量的绝对误差$Z_i = |X_i - \mu| (i = 1, 2, \cdots, n)$，利用$Z_1, Z_2, \cdots, Z_n$估计$\sigma$.

（1）求Z_1的概率密度.

（2）利用一阶原点矩求σ的矩估计量.

（3）求σ的最大似然估计量.

7. 设总体X的分布函数为

$$F(x) = \begin{cases} 1 - e^{-\frac{x^2}{\theta}}, & x \geq 0, \\ 0, & x < 0, \end{cases}$$

其中未知参数$\theta > 0$. $X_1, X_2, \cdots, X_n$为来自总体X的简单随机样本.

（1）求$E(X), E(X^2)$.

（2）求θ的最大似然估计量$\hat{\theta}_n$.

（3）是否存在实数a，使对任意的$\varepsilon > 0$，都有$\lim\limits_{n \to +\infty} P\{|\hat{\theta}_n - a| \geq \varepsilon\} = 0$？

6.2 区间估计

在 6.1 节中我们讨论了参数的点估计，只要给定样本的观测值，就能得到参数θ的估计值. 但是，估计值只是θ的一个近似值，它与θ真值的误差是多少我们并不知道，而在实际问题中，这种误差的大小往往是人们比较关心的. 例如，在产品交易过程中，需要通过抽样对次品率进行估计，若估计误差达到 1%，就可能给交易的某一方带来重大损失. 因此，在实际应用中，不仅需要知道参数θ的估计值，还需要找到参数θ的估计范围来体现估计的精确程度. 为此，我们要根据样本构造一个包含θ真值的范围或区间，并且使其包含θ真值的概率达到指定的要求. 这种区间称为置信区间，通过构造一个置信区间对未知参数进行估计的方法称为区间估计.

区间估计是参数估计的另一种方式，它弥补了点估计在某些方面的缺陷. 例如，在估计某行业人员的平均月收入时，可以说"平均月收入 5 000 元"，这就是点估计；也可以说"平均月收入在 4 800 元至 5 200 元之间"，这就是区间估计. 显然后者的信息量更大，更有参考价值.

6.2.1 区间估计的概念

定义 6.4 设 θ 为总体的未知参数，若对于给定的 $\alpha(0<\alpha<1)$，存在统计量 $\hat{\theta}_1 = \hat{\theta}_1(X_1, X_2, \cdots, X_n)$ 和 $\hat{\theta}_2 = \hat{\theta}_2(X_1, X_2, \cdots, X_n)$，使

$$P\{\hat{\theta}_1 \leqslant \theta \leqslant \hat{\theta}_2\} = 1-\alpha,$$

则称随机区间 $[\hat{\theta}_1, \hat{\theta}_2]$ 为参数 θ 的置信度（或置信水平）为 $1-\alpha$ 的置信区间，$\hat{\theta}_1$ 和 $\hat{\theta}_2$ 分别称为置信下限和置信上限.

由定义可知，置信区间是以统计量为端点的随机区间，对于给定的样本观测值 $(x_1, x_2, \cdots, x_n)$，由统计量的值 $\hat{\theta}_1(x_1, x_2, \cdots, x_n), \hat{\theta}_2(x_1, x_2, \cdots, x_n)$ 构成的置信区间 $[\hat{\theta}_1, \hat{\theta}_2]$ 可能包含真值 θ，也可能不包含真值 θ，但在多次观测或试验中，每一个样本皆可得到一个置信区间 $[\hat{\theta}_1, \hat{\theta}_2]$，在这些区间中，包含真值 θ 的区间大约占 $100(1-\alpha)\%$，不包含 θ 的大约占 $100\alpha\%$. 例如，取 $\alpha=0.05$，相当于在 100 次区间估计中，大约有 95 个区间包含真值 θ，而不包含 θ 的约有 5 个.

区间估计既给出了参数估计的可靠程度（置信度），又给出了估计的精确程度（置信区间长度），很显然，可靠程度与精确程度是相互矛盾的，当样本容量固定时，要提高置信度，就要降低精确程度（区间加长）. 因此，在实际应用中，需要通过样本容量的增加来把握两者的平衡.

下面我们通过具体例子给出构造置信区间的方法与步骤.

例 6.15 设 $X_1, X_2, \cdots, X_n$ 为来自正态总体 $X \sim N(\mu, \sigma^2)$ 的样本，其中 σ^2 已知，μ 未知，试求出 μ 的置信度为 $1-\alpha$ 的置信区间.

解 由 6.1 节内容可知，样本均值 $\overline{X}$ 是 μ 的良好估计量，且 $\overline{X} \sim N\left(\mu, \dfrac{\sigma^2}{n}\right)$，

故统计量
$$U = \frac{\overline{X} - \mu}{\sigma / \sqrt{n}} \sim N(0,1).$$

微课：例6.15及置信区间的求法

如图 6.1 所示，根据标准正态分布上侧 α 分位数的定义可得

$$P\left\{-u_{\frac{\alpha}{2}} \leqslant U \leqslant u_{\frac{\alpha}{2}}\right\} = 1-\alpha,$$

即
$$P\left\{-u_{\frac{\alpha}{2}} \leqslant \frac{\overline{X} - \mu}{\sigma / \sqrt{n}} \leqslant u_{\frac{\alpha}{2}}\right\} = 1-\alpha,$$

则
$$P\left\{\overline{X} - u_{\frac{\alpha}{2}} \frac{\sigma}{\sqrt{n}} \leqslant \mu \leqslant \overline{X} + u_{\frac{\alpha}{2}} \frac{\sigma}{\sqrt{n}}\right\} = 1-\alpha.$$

由置信区间的定义可知，$\left[\overline{X} - u_{\frac{\alpha}{2}} \dfrac{\sigma}{\sqrt{n}}, \ \overline{X} + u_{\frac{\alpha}{2}} \dfrac{\sigma}{\sqrt{n}}\right]$ 即为 μ 的置信度为 $1-\alpha$ 的置信区间.

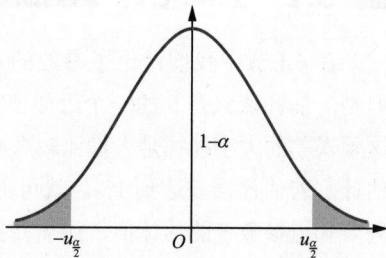

图 6.1

对此例进行分析，我们发现随机变量 U 在置信区间的构造过程中起着关键作用，它具有下列特点：

（1）它是待估参数 μ 和估计量 $\overline{X}$ 的函数；

（2）不含其他未知参数；

（3）其分布已知且与未知参数 μ 无关.

我们称满足上述 3 个特点的量 Q 为**枢轴量**.

在引入枢轴量 Q 的概念后，我们归纳出求置信区间的一般步骤如下.

（1）根据待估参数构造枢轴量 Q，一般可由未知参数的良好估计量改造得到.

（2）对于给定的置信度 $1-\alpha$，利用枢轴量 Q 的上侧 α 分位数确定常数 a,b，使

$$P\{a \leqslant Q \leqslant b\} = 1-\alpha.$$

（3）将不等式恒等变形为 $\quad P\{\hat{\theta}_1 \leqslant \theta \leqslant \hat{\theta}_2\} = 1-\alpha,$

即可得到参数 θ 的置信度为 $1-\alpha$ 的置信区间 $[\hat{\theta}_1,\hat{\theta}_2]$.

利用枢轴量方法及对不等式的恒等变形，还可以得到参数 θ 的函数 $g(\theta)$ 的区间估计，以及某些变量的区间估计等内容，在这里我们不做进一步讨论.

6.2.2 正态总体参数的区间估计

在实际问题中，正态总体是较为常见的，例如，已知某产品的质量指标服从正态分布，我们需要抽取一部分样品，来估计质量指标的均值或方差，这就是单个正态总体关于参数 μ 或 σ^2 的区间估计问题；再进一步来讲，如果已知某产品的质量指标服从正态分布，但由于原料、设备条件、操作人员不同或工艺过程的改变等原因，会引起总体的均值或方差有所改变，我们要知道这种改变有多大，就需要考察两个正态总体的均值差或方差比的区间估计问题.

下面我们给出单个正态总体参数区间估计的几种常见类型. 对于两个正态总体的情形，可做同理推广. 对于非正态总体情形，即总体不服从正态分布或者不知道总体服从什么分布，一般采用大容量的样本，根据中心极限定理，按照正态分布近似处理.

设总体 $X \sim N(\mu,\sigma^2)$，$X_1, X_2, \cdots, X_n$ 是取自总体 X 的样本.

1. σ^2 已知，均值 μ 的置信区间

由例 6.15 可知，μ 的置信度为 $1-\alpha$ 的置信区间为

$$\left[\bar{X} - u_{\frac{\alpha}{2}} \frac{\sigma}{\sqrt{n}}, \ \bar{X} + u_{\frac{\alpha}{2}} \frac{\sigma}{\sqrt{n}} \right].$$

2. σ^2 未知，均值 μ 的置信区间

由于 σ^2 未知，故考虑用 σ^2 的无偏估计量 $S^2 = \dfrac{1}{n-1}\sum_{i=1}^{n}(X_i - \bar{X})^2$ 来代替 σ^2，则得到枢轴量

$$T = \frac{\bar{X} - \mu}{S/\sqrt{n}} \sim t(n-1),$$

有 $\quad P\left\{ -t_{\frac{\alpha}{2}}(n-1) \leqslant T \leqslant t_{\frac{\alpha}{2}}(n-1) \right\} = 1-\alpha,$

即 $\quad P\left\{ -t_{\frac{\alpha}{2}}(n-1) \leqslant \dfrac{\bar{X} - \mu}{S/\sqrt{n}} \leqslant t_{\frac{\alpha}{2}}(n-1) \right\} = 1-\alpha,$

进行恒等变形得 $\quad P\left\{\bar{X} - t_{\frac{\alpha}{2}}(n-1)\dfrac{S}{\sqrt{n}} \leqslant \mu \leqslant \bar{X} + t_{\frac{\alpha}{2}}(n-1)\dfrac{S}{\sqrt{n}}\right\} = 1 - \alpha,$

从而得到 μ 的置信度为 $1-\alpha$ 的置信区间为

$$\left[\bar{X} - t_{\frac{\alpha}{2}}(n-1)\frac{S}{\sqrt{n}},\ \bar{X} + t_{\frac{\alpha}{2}}(n-1)\frac{S}{\sqrt{n}}\right].$$

3. μ 未知，方差 σ^2 的置信区间

可取枢轴量为 $\quad \chi^2 = \dfrac{(n-1)S^2}{\sigma^2} \sim \chi^2(n-1),$

由 $\quad P\left\{\chi^2_{1-\frac{\alpha}{2}}(n-1) \leqslant \dfrac{(n-1)S^2}{\sigma^2} \leqslant \chi^2_{\frac{\alpha}{2}}(n-1)\right\} = 1 - \alpha,$

可得 σ^2 的置信度为 $1-\alpha$ 的置信区间为

$$\left[\frac{(n-1)S^2}{\chi^2_{\frac{\alpha}{2}}(n-1)},\ \frac{(n-1)S^2}{\chi^2_{1-\frac{\alpha}{2}}(n-1)}\right].$$

例 6.16 假设投资者在总投资额中，针对某种金融产品的投资比例为 X（%），其中 X 服从正态分布 $N(\mu, 0.1^2)$. 现随机调查了 40 位投资者，得知他们对该金融产品的投资比例的均值为 5.426（%）. 求 μ 的置信度为 0.95 的置信区间.

解 因为 σ^2 已知，所以 μ 的置信度为 $1-\alpha$ 的置信区间为

$$\left[\bar{X} - u_{\frac{\alpha}{2}}\frac{\sigma}{\sqrt{n}},\ \bar{X} + u_{\frac{\alpha}{2}}\frac{\sigma}{\sqrt{n}}\right].$$

由题意，$\bar{x} = 5.426$，$n = 40$，$\sigma = 0.1$，$\alpha = 0.05$，查表（见附表 2）得 $u_{\frac{\alpha}{2}} = u_{0.025} = 1.96$.

将上述数据代入公式，得 μ 的置信度为 0.95 的置信区间为

$$\left[5.426 - 1.96 \times \frac{0.1}{\sqrt{40}},\ 5.426 + 1.96 \times \frac{0.1}{\sqrt{40}}\right] = [5.395, 5.457].$$

例 6.17 为估计某种汉堡的脂肪含量，随机抽取了 10 个这种汉堡，测得脂肪含量（%）如下：

$$25.2,\ 21.3,\ 22.8,\ 17.0,\ 29.8,\ 21.0,\ 25.5,\ 16.0,\ 20.9,\ 19.5.$$

假设这种汉堡的脂肪含量（%）服从正态分布，求平均脂肪含量 μ 的置信度为 0.95 的置信区间.

解 因为 σ^2 未知，所以 μ 的置信区间为

$$\left[\bar{X} - t_{\frac{\alpha}{2}}(n-1)\frac{S}{\sqrt{n}},\ \bar{X} + t_{\frac{\alpha}{2}}(n-1)\frac{S}{\sqrt{n}}\right].$$

经过计算，样本均值为 $\bar{x}=21.9$，样本标准差为 $s=4.134$.

由题意有 $n=10, \alpha = 0.05$，查表（见附表 4）得 $t_{\frac{\alpha}{2}}(n-1) = t_{0.025}(9) = 2.262\,2$.

将上述数据代入公式，得 μ 的置信度为 0.95 的置信区间为

微课：均值 μ
的置信区间及
例 6.17

$$\left[21.9 - 2.262\,2 \times \frac{4.134}{\sqrt{10}},\ 21.9 + 2.262\,2 \times \frac{4.134}{\sqrt{10}}\right] = [18.94, 24.86].$$

例 6.18 已知某种铜丝的折断力服从正态分布$N(\mu,\sigma^2)$，从一批铜丝中任意抽取 10 根，测得折断力数据（单位为 kg）如下：

$$578, 572, 570, 568, 572, 570, 570, 596, 584, 572.$$

求σ^2和σ的置信度为 0.9 的置信区间.

解 由于μ未知，则σ^2的置信度为$1-\alpha$的置信区间为

$$\left[\frac{(n-1)S^2}{\chi^2_{\frac{\alpha}{2}}(n-1)}, \frac{(n-1)S^2}{\chi^2_{1-\frac{\alpha}{2}}(n-1)}\right],$$

进而得到σ的置信度为$1-\alpha$的置信区间为

$$\left[\sqrt{\frac{(n-1)S^2}{\chi^2_{\frac{\alpha}{2}}(n-1)}}, \sqrt{\frac{(n-1)S^2}{\chi^2_{1-\frac{\alpha}{2}}(n-1)}}\right].$$

微课：方差σ^2的置信区间及例6.18

经过计算，样本方差为$s^2=75.73$，由$n=10$和$\alpha=0.1$，查表（见附表 3）得

$$\chi^2_{0.05}(9)=16.919, \quad \chi^2_{0.95}(9)=3.325.$$

将上述数据代入公式，得σ^2的置信度为 0.9 的置信区间为

$$[40.28, 204.98],$$

进而得到σ的置信度为 0.9 的置信区间为$[6.35,14.32]$.

同步习题 6.2

基础题

1. 从长期生产实践知，某工厂生产的 60W 灯泡的使用寿命$X \sim N(\mu,100^2)$（单位：h），现从某一批灯泡中抽取 5 只，测得使用寿命如下：

$$1\ 455, 1\ 502, 1\ 370, 1\ 610, 1\ 430.$$

试求这批灯泡平均使用寿命μ的置信区间（α分别为 0.1 和 0.05）.

2. 设某种袋装糖果的质量（单位：g）服从正态分布，现从中随机地抽取 16 袋，称得质量的平均值$\bar{x}=503.75$，样本标准差$s=6.202\ 2$，求总体均值μ的置信度为 0.95 的置信区间.

3. 某工厂生产一批滚珠，其直径X（单位：mm）服从正态分布$N(\mu,\sigma^2)$，现从某天生产的滚珠中随机抽取 6 颗，测得直径如下：

$$15.1, 14.8, 15.2, 14.9, 14.6, 15.1.$$

（1）若$\sigma^2=0.06$，求μ的置信度为 0.95 的置信区间.

（2）若σ^2未知，求μ的置信度为 0.95 的置信区间.

4. 设$X_1, X_2, \cdots, X_{25}$为来自总体X的简单随机样本，$X \sim N(\mu,5^2)$，求μ的置信度为 0.9

的置信区间的长度.

5．一批零件的长度 $X \sim N(\mu, \sigma^2)$，从中抽取 10 件，测得长度（单位：mm）如下：

49.7, 50.9, 50.6, 51.8, 52.4, 48.8, 51.1, 51.0, 51.5, 51.2.

求零件长度总体方差 σ^2 的置信度为 0.9 的置信区间.

提高题

1．从正态总体 $X \sim N(\mu, 6^2)$ 中抽取容量为 n 的样本，若要保证 μ 的 95% 的置信区间的长度小于 2，则样本容量 n 至少应为多大？

2．设总体 $X \sim N(\mu, 8)$，$X_1, X_2, \cdots, X_{36}$ 是该总体的样本，如果将 $[\bar{X} - 1, \bar{X} + 1]$ 作为 μ 的置信区间，求置信度.

微课：第1题

3．随机抽取某种炮弹 9 发做试验，测得炮口速度（单位：m/s）的样本标准差为 $s = 10.5$，假设炮口速度服从正态分布．求这种炮弹的炮口速度的标准差 σ 的置信度为 0.95 的置信区间.

4．设 $X \sim N(\mu, \sigma^2)$，$x_1, x_2, \cdots, x_{15}$ 为其中一组样本观测值，已知 $\sum\limits_{i=1}^{15} x_i = 8.7$，$\sum\limits_{i=1}^{15} x_i^2 = 25.05$，分别求 μ 和 σ^2 的置信度为 0.95 的置信区间.

5．设 $X_1, X_2, \cdots, X_n$ 为来自正态总体 $X \sim N(\mu, \sigma^2)$ 的简单随机样本，其中 μ 已知，试求 σ^2 的置信度为 $1 - \alpha$ 的置信区间.

■ 6.3 假设检验

6.2 节我们讨论了统计推断的一种类型——参数估计，在实际应用中，人们不仅需要通过样本去估计总体的未知参数，还经常遇到另一种统计推断类型——假设检验，即根据样本对总体的某些"假设"做出拒绝或者接受的一种判断方法．如前面提到的，从某品牌手机中随机选取 25 部手机进行检测，看能否认可该手机平均待机时间为 30h 的说法．又如，某电视台综艺节目声称其收视率为 1.8%，第三方调查公司可以在全国抽查 5 万户做检验，来评判该节目的收视率数据是否可信．再如，以往某学校门口每 20s 通过的汽车数量服从泊松分布，问近期是否有变化，我们可以收集 50 组最新的流量检测数据，来检验现在每 20s 通过的车辆数量是否仍然服从泊松分布．前面两例可归结为：对总体的某些参数取值做出假设，通过抽样来判断假设是否成立，这种检验称为**参数检验**．后面一例推断的是"总体服从泊松分布"这一假设是否成立，即对总体分布的类型提出假设，然后对该假设进行检验，这种检验称为**非参数检验**．参数检验和非参数检验统称为假设检验．本节只介绍参数检验的内容．

设总体 X 的分布类型已知，我们要对分布参数的值做出一定的论断或猜测，这就是统计假设，而对统计假设需要做出是或非的回答，为此，我们需要抽取样本或者做试验，根据样本或者试验的结果，按照一定的判断规则，对所提出的假设做出接受或者拒绝的判断．以上的过程我们称之为假设检验．那么，如何提出假设？按照什么原理进行检验？怎样做判断？下面一一进行介绍.

6.3.1 假设检验的基本思想和基本步骤

我们先来看一个具体例子.

微课：假设检验
的基本思想

例 6.19 设某种特殊类型的集成电路所用硅晶圆片的目标厚度为 245μm，在正常情况下，产品厚度（μm）服从正态分布 $N(245,3.6^2)$. 我们抽取了 50 个硅晶圆片样品，并测定了每个硅晶圆片的厚度，得到了样品的平均厚度为 246.18μm，这些数据是否表明实际的硅晶圆片平均厚度与目标值有显著差异？

由问题的提出可知，我们的检验目的是：如何利用抽查得到的样本去检验硅晶圆片的平均厚度 μ 是否为 245μm？这就需要设置一种检验的规则，并根据规则完成进一步的检验过程.

假设检验规则的制订有多种方式，其中一种较为通俗易懂，该方式依据的是人们在实践中普遍采用的一个原理——实际推断原理，也称小概率原理，即"小概率事件在一次试验中几乎不会发生". 按照这一原理，首先需要依据经验或过往的统计数据对总体的分布参数做出假设 H_0，称为原假设，其对立面称为备择假设，记为 H_1. 然后，在 H_0 为真的前提下，构造一个小概率事件，若在一次试验中，小概率事件居然发生了，就完全有理由拒绝 H_0 的正确性，接受 H_1，否则就没有充分的理由拒绝 H_0，从而接受 H_0，这就是假设检验的基本思想.

上述思路包含了反证法的思想，但它不同于一般的反证法. 一般的反证法要求在原假设成立的条件下导出的结论是绝对成立的，如果事实与之矛盾，则完全绝对地否定原假设. 而假设检验中的反证法是带概率性质的反证法，概率反证法的逻辑是：如果小概率事件在一次试验中居然发生，我们就以很大的把握否定原假设. 我们知道小概率事件并不是绝对不可能发生，只是它发生的可能性很小而已，由此可知，假设检验有时会犯错误，即所得结论与事实可能不符.

结合上述分析，通过例 6.19，下面给出假设检验的一般方法.

首先建立假设

$$H_0 : \mu = 245 \ , \ H_1 : \mu \neq 245.$$

检验的目的就是要在原假设 H_0 和备择假设 H_1 二者之中选择其一.

然后，在 H_0 为真的前提下，构造一个小概率事件.

为此，需要选取检验的统计量，并在 H_0 成立的条件下确定该统计量的分布. 由题意，选取 $U = \dfrac{\overline{X} - \mu}{\sigma / \sqrt{n}}$ 为检验的统计量，当 H_0 成立时，

$$U = \frac{\overline{X} - 245}{\sigma / \sqrt{n}} \sim N(0,1).$$

如图 6.2 所示，利用该统计量可以构造一个小概率事件

$$P\{|U| > u_{\frac{\alpha}{2}}\} = \alpha.$$

在假设检验中，我们称这个小概率 α 为显著性水平或者检验水平，α 的选择要根据实际情况而定，通常取 $\alpha = 0.1, \alpha = 0.01, \alpha = 0.05$.

假定本例中 $\alpha = 0.05$，查标准正态分布表（见附表2），

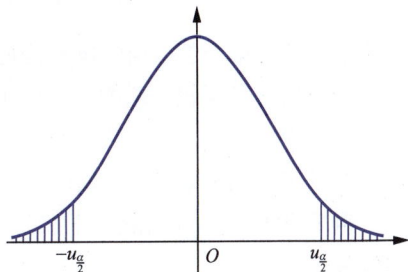

图 6.2

得$u_{0.025}=1.96$，则

$$P\{|U|>1.96\}=0.05.$$

最后做出判断：计算统计量的观测值，考察小概率事件是否发生，若发生，则否定H_0，接受H_1；反之，则接受H_0.

本例中，统计量U的观测值为

$$u=\frac{246.18-245}{3.6/\sqrt{50}}\approx 2.32,$$

故小概率事件$\{|U|>1.96\}$发生了，从而否定H_0，即认为实际的硅晶圆片平均厚度与目标值有显著差异.

在假设检验中，我们往往将小概率事件$\{|U|>1.96\}$称为拒绝域或者否定域.

上面叙述的检验方法具有普遍意义，可用在各种各样的假设检验问题上，由此我们归纳出假设检验的一般步骤如下.

1. 建立假设

根据题意合理地建立原假设H_0和备择假设H_1，如

$$H_0:\theta=\theta_0,H_1:\theta\neq\theta_0.$$

2. 选取检验统计量

选择适当的检验统计量Q，要求在H_0为真时，统计量Q的分布是已知的.

3. 确定拒绝域

按照显著性水平α，由统计量Q确定一个合理的拒绝域.

4. 做出判断

由样本观测值，计算出统计量的观测值q，若q落在拒绝域内，则拒绝H_0，否则接受H_0.

6.3.2 假设检验的两类错误

我们已经知道，假设检验的推理方法是根据"小概率原理"进行判断的一种反证法. 但是，"小概率事件在一次试验中几乎不发生"并不是绝对不发生，只是它发生的可能性很小而已，由此可知，假设检验可能犯错误，就是检验得到的结论与实际情况不符，具体有两种情况：一是原假设H_0确实成立，而检验的结果是拒绝H_0，这类错误称为**第一类错误**或"弃真"错误；二是原假设H_0确实不成立，而检验的结果是接受H_0，这类错误称为**第二类错误**或"取伪"错误.

微课：假设检验的两类错误

两类错误的概率分别为

$$P\{拒绝H_0\,|\,H_0为真\}=\alpha,\quad P\{接受H_0\,|\,H_0不真\}=\beta.$$

不难理解，犯第一类错误的概率就是显著性水平α，而犯第二类错误的概率β的计算通常比较复杂. 两类错误是互相关联的，当样本容量固定时，一类错误概率减小会导致另一类错误概率增大. 因为原假设H_0比较重要，所以通常采取的方法是：固定犯第一类错误的概率α，通过增加样本容量来降低犯第二类错误的概率β.

例6.20 设总体X服从正态分布$N(\mu,1^2)$，X_1,X_2,X_3,X_4是该总体的简单随机样本，对于检验假设

$$H_0:\mu=0,H_1:\mu=\mu_1(\mu_1>0),$$

已知拒绝域为$\{\bar{X}>0.98\}$，问：此检验犯第一类错误的概率是多少？若$\mu_1=1$，则犯第二类错误的概率是多少？

解 我们已知，犯第一类错误的概率就是显著性水平α，即
$$\alpha=P\{拒绝H_0\mid H_0为真\}=P\{\bar{X}>0.98\mid \mu=0\}.$$

微课：例6.20

由于$\mu=0$时，$\bar{X}\sim N\left(0,\dfrac{1}{4}\right)$，故

$$\alpha=P\{\bar{X}>0.98\}=1-P\{\bar{X}\leqslant 0.98\}=1-\Phi\left(\frac{0.98-0}{1/2}\right)=1-\Phi(1.96)=0.025.$$

犯第二类错误的概率
$$\beta=P\{接受H_0\mid H_0不真\}=P\{接受H_0\mid H_1为真\}=P\{\bar{X}\leqslant 0.98\mid \mu=\mu_1\}.$$

由于$\mu=\mu_1=1$，此时$\bar{X}\sim N\left(1,\dfrac{1}{4}\right)$，故

$$\beta=P\{\bar{X}\leqslant 0.98\}=\Phi\left(\frac{0.98-1}{1/2}\right)=\Phi(-0.04)=1-\Phi(0.04)=0.484.$$

辩证思维是马克思主义哲学的根本方法."小概率原理"和假设检验的两类错误蕴含着辩证思维这一哲学思想和数理统计科学方法的碰撞与调和.对于本例或生活中的具体案例，应辩证地看待小概率事件.

6.3.3 正态总体参数的假设检验

在实际应用中，正态总体是最为常见的，下面我们将讨论单个正态总体参数的假设检验问题，对于两个正态总体的情形，可做同理推广.对于非正态总体情形，一般采用大容量的样本，根据中心极限定理，按照正态总体近似处理.

设总体$X\sim N(\mu,\sigma^2)$，$X_1,X_2,\cdots,X_n$是取自总体X的简单随机样本，给定显著性水平α（$0<\alpha<1$），下面介绍几种常见的检验类型.

1. σ^2已知，关于μ的检验

例6.19已经归纳了这种情形的检验方法：

（1）建立假设$H_0:\mu=\mu_0,H_1:\mu\neq\mu_0$；

（2）选取检验统计量$U=\dfrac{\bar{X}-\mu_0}{\sigma/\sqrt{n}}\sim N(0,1)$；

（3）按照显著性水平α，确定拒绝域$\{|U|>u_{\frac{\alpha}{2}}\}$；

（4）由样本观测值求出统计量的观测值u，然后做判断.

由于在以上检验中，我们选取的检验统计量为$U=\dfrac{\bar{X}-\mu_0}{\sigma/\sqrt{n}}$，故称其为 **$U$检验法**.

2. σ^2未知，关于μ的检验

首先建立假设$H_0:\mu=\mu_0,H_1:\mu\neq\mu_0$.

由于σ^2未知，故$U=\dfrac{\bar{X}-\mu_0}{\sigma/\sqrt{n}}$已不能作为检验统计量.因为样本方差

$$S^2 = \frac{1}{n-1}\sum_{i=1}^{n}(X_i - \bar{X})^2$$

是方差σ^2的无偏估计量，所以以S代替σ可得检验统计量

$$T = \frac{\bar{X} - \mu_0}{S/\sqrt{n}},$$

在H_0为真时，统计量$T \sim t(n-1)$.

按照显著性水平α，确定拒绝域$\{|T| > t_{\frac{\alpha}{2}}(n-1)\}$. 由样本观测值求出统计量的观测值$t$，然后做判断.

由于在以上检验中，我们选取的检验统计量为$T = \frac{\bar{X} - \mu_0}{S/\sqrt{n}}$，故该检验法称为**T检验法**.

3. μ 未知，关于 σ^2 的检验

首先建立假设$H_0: \sigma^2 = \sigma_0^2, H_1: \sigma^2 \neq \sigma_0^2$.

在H_0为真时，检验统计量为

$$\chi^2 = \frac{(n-1)S^2}{\sigma_0^2} \sim \chi^2(n-1).$$

按照显著性水平α，可得拒绝域$\{\chi^2 > \chi^2_{\frac{\alpha}{2}}(n-1) \ \text{或} \ \chi^2 < \chi^2_{1-\frac{\alpha}{2}}(n-1)\}$.

上述检验法选取的检验统计量是χ^2，称为χ^2检验法.

将以上讨论的正态总体参数的假设检验与区间估计相对照，可以看出两者之间有明显的联系，简单来讲，检验统计量就是枢轴量，置信区间就相当于接受域. 因此，我们可以将两者结合在一起，这样便于记忆和掌握其内容.

例 6.21 某消防设备制造商声称，他们生产安装的办公楼自动喷水灭火系统的平均激活温度是54℃. 现随机抽取了9个系统，经测试得到的平均激活温度为54.57℃. 如果激活温度服从正态分布，且标准差为0.85℃，则显著性水平$\alpha = 0.01$时，该样本数据是否与制造商的声明相矛盾？

解 由题意，要检验制造商的声明是否可信，实际上就是检验系统的平均激活温度是否为54℃. 因此，建立假设$H_0: \mu = 54, H_1: \mu \neq 54$.

当H_0成立时，检验统计量

$$U = \frac{\bar{X} - 54}{\sigma/\sqrt{n}} \sim N(0,1).$$

当显著性水平$\alpha = 0.01$时，拒绝域为$\{|U| > u_{0.005}\} = \{|U| > 2.58\}$.

由样本算得检验统计量的观测值为

$$u = \frac{54.57 - 54}{0.85/\sqrt{9}} = 2.012,$$

$|u| < u_{0.005} = 2.58$，这表明检验统计量的观测值没有落入拒绝域内，故应接受H_0，从而可以认为该样本数据与制造商的声明不矛盾.

例 6.22 葡萄酒中除了水和酒精外，占比最多的就是甘油. 甘油是酵母发酵的副产品，它有助于提升葡萄酒的口感和质地，因而经常需要对葡萄酒中的甘

微课：T检验法及例6.22

油含量进行检测. 假设某品牌葡萄酒的甘油含量 X（单位：mg/mL）服从正态分布，现随机抽查了 5 个样品，测得它们的甘油含量分别为

$$2.67, 4.62, 4.14, 3.81, 3.83.$$

若显著性水平 $\alpha = 0.05$，是否有理由认为该品牌葡萄酒的平均甘油含量为 4mg/mL？

解 由题意建立假设 $H_0: \mu = 4, H_1: \mu \neq 4$.

因方差 σ^2 未知，故用 T 检验法，检验统计量为

$$T = \frac{\bar{X} - \mu_0}{S / \sqrt{n}} \sim t(n-1).$$

当 $\alpha = 0.05, n = 5$ 时，拒绝域为

$$\{|T| > t_{\frac{\alpha}{2}}(n-1)\} = \{|T| > t_{0.025}(4)\} = \{|T| > 2.776\}.$$

由样本算得 $\bar{x} = 3.814, s = 0.718$，代入检验统计量中可得检验统计量的观测值为

$$t = \frac{3.814 - 4}{0.321} \approx -0.58.$$

因为 $|t| \approx 0.58 < 2.776$，故接受 H_0，即可以认为该品牌葡萄酒的平均甘油含量为 4mg/mL.

例 6.23 某供货商声称，他们提供的金属线的质量非常稳定，其抗拉强度的方差为 9. 为了检测抗拉强度，在这种金属线中随机地抽出 10 根，测得样本标准差 $s = 4.5$. 设该金属线的抗拉强度服从正态分布 $N(\mu, \sigma^2)$，若显著性水平为 $\alpha = 0.05$，是否可以相信该供货商的说法？

微课：χ^2检验
法及例**6.23**

解 由题意知，要检验假设 $H_0: \sigma^2 = 9, H_1: \sigma^2 \neq 9$.

因为 μ 未知，故检验统计量为 $\chi^2 = \dfrac{(n-1)S^2}{\sigma_0^2} \sim \chi^2(n-1)$.

拒绝域为 $\{\chi^2 > \chi^2_{\frac{\alpha}{2}}(n-1) \text{ 或 } \chi^2 < \chi^2_{1-\frac{\alpha}{2}}(n-1)\}$.

$n = 10, \alpha = 0.05, \chi^2_{\frac{\alpha}{2}}(n-1) = \chi^2_{0.025}(9) = 19.022, \chi^2_{1-\frac{\alpha}{2}}(n-1) = \chi^2_{0.975}(9) = 2.700, s = 4.5$，算得

$$\chi^2 = \frac{9 \times 4.5^2}{9} = 20.25.$$

因为 $\chi^2 = 20.25 > 19.022$，根据 χ^2 检验法应拒绝 H_0，即不相信该供货商的说法.

4. 单侧检验

前面我们讨论的参数检验，拒绝域取在两侧，一般称为双侧检验. 但是在实际问题中，有时关心的不是参数是否等于某个值，而是参数是否大于或小于某个值，例如，我们要检验采取新工艺后纺织物的强力指标是否有提高；经过政策调控，本月猪肉的均价是否有所下降；等等. 此时根据检验假设，拒绝域应该取在某一侧，称为单侧检验. 下面以正态总体关于 μ 的检验为例来说明.

微课：单侧检验

设总体 $X \sim N(\mu, \sigma^2)$，$X_1, X_2, \cdots, X_n$ 是取自总体 X 的简单随机样本，给定显著性水平 $\alpha(0 < \alpha < 1)$，若 σ^2 已知，检验 μ 是否增大.

首先建立假设

$$H_0 : \mu = \mu_0, H_1 : \mu > \mu_0,$$

或者

$$H_0 : \mu \leqslant \mu_0, H_1 : \mu > \mu_0.$$

选取检验统计量

$$U = \frac{\bar{X} - \mu_0}{\sigma / \sqrt{n}} \sim N(0,1).$$

当 H_0 为真时，$U = \dfrac{\bar{X} - \mu_0}{\sigma / \sqrt{n}}$ 不应太大，当 U 偏大时应拒绝 H_0. 按照显著性水平 α，如图 6.3 所示，构造小概率事件

$$P\{U > u_\alpha\} = \alpha,$$

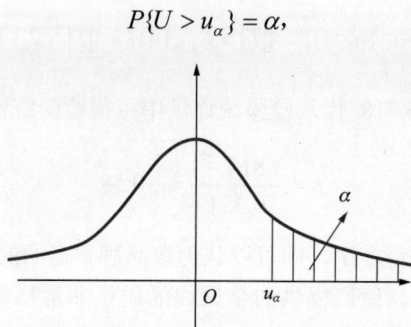

图 6.3

则拒绝域为

$$\{U > u_\alpha\}.$$

由样本观测值求出 U 的观测值 u，然后做判断.

根据上述讨论可以看出，单侧检验的类型、检验步骤和检验统计量都与双侧检验相同，只是拒绝域不同，实际上不需要特别记忆，只要将双侧检验的拒绝域取相应的左侧或右侧，将其中的 $\dfrac{\alpha}{2}$ 换成 α，就可以得到单侧检验的拒绝域.

例 6.24 某地区的物价部门对当前市场的大米价格情况进行调查，共调查了 30 个集市上的大米售价，测得平均价格为 2.21 元 /500g. 已知以往大米平均售价一直稳定在 2 元 /500g 之内. 如果该城市大米售价服从正态分布 $N(\mu, 0.18)$，假定方差不变，能否根据上述数据认为该地区当前的大米售价明显高于往年？($\alpha = 0.05$)

解 根据题意需检验假设 $H_0 : \mu \leqslant 2, H_1 : \mu > 2$，

检验统计量为

$$U = \frac{\bar{X} - 2}{\sigma / \sqrt{n}} \sim N(0,1),$$

微课：例 **6.24**

当 $\alpha = 0.05$ 时，拒绝域为 $\{U > u_\alpha\} = \{U > u_{0.05}\} = \{U > 1.65\}$.

将 $\bar{x} = 2.21, \sigma^2 = 0.18, n = 30$ 代入检验统计量中，可算得

$$u = 2.7 > 1.65,$$

故应拒绝 H_0，即认为该地区当前的大米售价明显高于往年.

以上关于正态总体参数假设检验的讨论，可以总结归纳如表 6.1 所示.

表 6.1

条件	原假设 H_0	备择假设 H_1	检验统计量	拒绝域
σ^2 已知	$\mu = \mu_0$	$\mu \neq \mu_0$	$U = \dfrac{\bar{X} - \mu_0}{\sigma / \sqrt{n}} \sim N(0,1)$	$\left\|U\right\| > u_{\frac{\alpha}{2}}$
	$\mu \leqslant \mu_0$	$\mu > \mu_0$		$U > u_{\alpha}$
	$\mu \geqslant \mu_0$	$\mu < \mu_0$		$U < -u_{\alpha}$
σ^2 未知	$\mu = \mu_0$	$\mu \neq \mu_0$	$T = \dfrac{\bar{X} - \mu_0}{S / \sqrt{n}} \sim t(n-1)$	$\left\|T\right\| > t_{\frac{\alpha}{2}}(n-1)$
	$\mu \leqslant \mu_0$	$\mu > \mu_0$		$T > t_{\alpha}(n-1)$
	$\mu \geqslant \mu_0$	$\mu < \mu_0$		$T < -t_{\alpha}(n-1)$
μ 未知	$\sigma^2 = \sigma_0^2$	$\sigma^2 \neq \sigma_0^2$	$\chi^2 = \dfrac{(n-1)S^2}{\sigma_0^2} \sim \chi^2(n-1)$	$\chi^2 < \chi_{1-\frac{\alpha}{2}}^2(n-1)$ 或 $\chi^2 > \chi_{\frac{\alpha}{2}}^2(n-1)$
	$\sigma^2 \leqslant \sigma_0^2$	$\sigma^2 > \sigma_0^2$		$\chi^2 > \chi_{\alpha}^2(n-1)$
	$\sigma^2 \geqslant \sigma_0^2$	$\sigma^2 < \sigma_0^2$		$\chi^2 < \chi_{1-\alpha}^2(n-1)$

同步习题 6.3

基础题

1. 化肥厂用自动包装机包装化肥，规定每袋标准质量为 100kg，设每袋的质量 X 服从正态分布且标准差 $\sigma = 0.9$ 不变．某天抽取 9 袋，测得质量（单位：kg）为

$$99.3, 98.7, 101.2, 100.5, 98.3, 99.7, 102.6, 100.5, 105.1.$$

问：机器工作是否正常？（$\alpha = 0.05$）

2. 某厂生产的一种螺钉，标准中要求的长度是 32.5mm．实际生产的产品，其长度 X 假定服从正态分布 $N(\mu, \sigma^2)$，其中 σ^2 未知．现从该厂生产的一批产品中抽取 6 件，测得尺寸数据（单位：mm）如下：

$$32.56, 29.66, 31.64, 30.00, 31.87, 31.03.$$

问：这批产品是否合格？（$\alpha = 0.01$）

3. 随机抽取 16 名成年男性，测量他们的身高数据，算得平均身高为 174cm，标准差为 10cm．假定成年男性的身高服从正态分布，取显著性水平为 $\alpha = 0.05$，检验"成年男性的平均身高是 175cm"这一命题能否接受．

4. 已知维纶的纤度 X 在正常情况下服从正态分布 $N(\mu, \sigma^2)$，按规定加工的精度为 $\sigma^2 = 0.048^2$，现在测了 5 根纤维，其纤度分别为：

$$1.44, 1.36, 1.40, 1.55, 1.32.$$

问：产品的精度是否有显著变化？（$\alpha = 0.05$）

5. 某厂用自动包装机包装奶粉，现从某天生产的奶粉中随机抽取 10 袋，测得它们的质量（单位：g）如下：

$$495, 510, 505, 489, 503, 502, 512, 497, 506, 492.$$

设包装机包装出的奶粉质量服从正态分布 $X \sim N(\mu, \sigma^2)$，试检验奶粉质量的标准差是否为 $\sigma_0 = 5$？（$\alpha = 0.05$）

6. 设 α, β 分别是犯第一、第二类错误的概率，且 H_0, H_1 分别为原假设和备择假设，求下列概率：

（1）$P\{$接受$H_0 | H_0$不真$\}$；

（2）$P\{$拒绝$H_0 | H_0$为真$\}$；

（3）$P\{$拒绝$H_0 | H_0$不真$\}$；

（4）$P\{$接受$H_0 | H_0$为真$\}$.

提高题

1. 某织物强力指标 X 的均值 $\mu_0 = 21$kg，改进工艺后生产一批织物，现从中抽取 30 件，测得 $\bar{x} = 21.55$kg. 假设强力指标服从正态分布 $N(\mu, \sigma^2)$，且已知 $\sigma = 1.2$kg，问：在显著性水平 $\alpha = 0.01$ 下，新生产的织物相比过去的织物强力是否有显著提高？

2. 某厂生产小型电动机，说明书上写着：在正常负载下平均电流不超过 0.8A. 现随机测试了 16 台电动机，测得平均电流为 0.92A，标准差为 0.32A. 设电动机中电流服从正态分布，取显著性水平 $\alpha = 0.05$，问：根据此样本，能否怀疑厂方的断言？

3. 测定某种溶液的含水量，由它的 10 个测定值算得 $\bar{x} = 0.637\%, s^2 = 0.044\%$，设该溶液的含水量服从正态分布，在显著性水平 $\alpha = 0.05$ 下，能否认为该溶液含水量的方差小于 0.045%？

4. 设总体 X 服从正态分布 $N(\mu, 2^2)$，$x_1, x_2, \cdots, x_{16}$ 是该总体的一组样本值，样本均值是 $\bar{x} = \dfrac{1}{16}\sum_{i=1}^{16} x_i$. 已知检验假设 $H_0: \mu = 0, H_1: \mu \neq 0$，在显著性水平为 α 时，若拒绝域是 $\{|\bar{X}| > 1.29\}$，则此检验的显著性水平 α 的值是多少？犯第一类错误的概率是多少？

5. 设总体 $X \sim N(\mu, \sigma^2)$，σ^2 已知，$X_1, X_2, \cdots, X_n$ 是该总体的简单随机样本. 对于检验假设 $H_0: \mu = \mu_0, H_1: \mu = \mu_1(\mu_1 > \mu_0)$，已知 $\alpha = 0.05$ 时，拒绝域为 $\left\{\dfrac{\bar{X} - \mu_0}{\sigma/\sqrt{n}} > 1.64\right\}$，则犯第二类错误的概率是多少？

6. 某厂生产的涤纶的纤度 $X \sim N(\mu, \sigma^2)$，其中 σ^2 未知，正常生产时有 $\mu \geq 1.4$，现从某天生产的涤纶中随机抽取 5 根，测得纤度分别为

$$1.32, 1.24, 1.25, 1.14, 1.26.$$

问：该天的生产是否正常？（$\alpha = 0.05$）

第 6 章思维导图

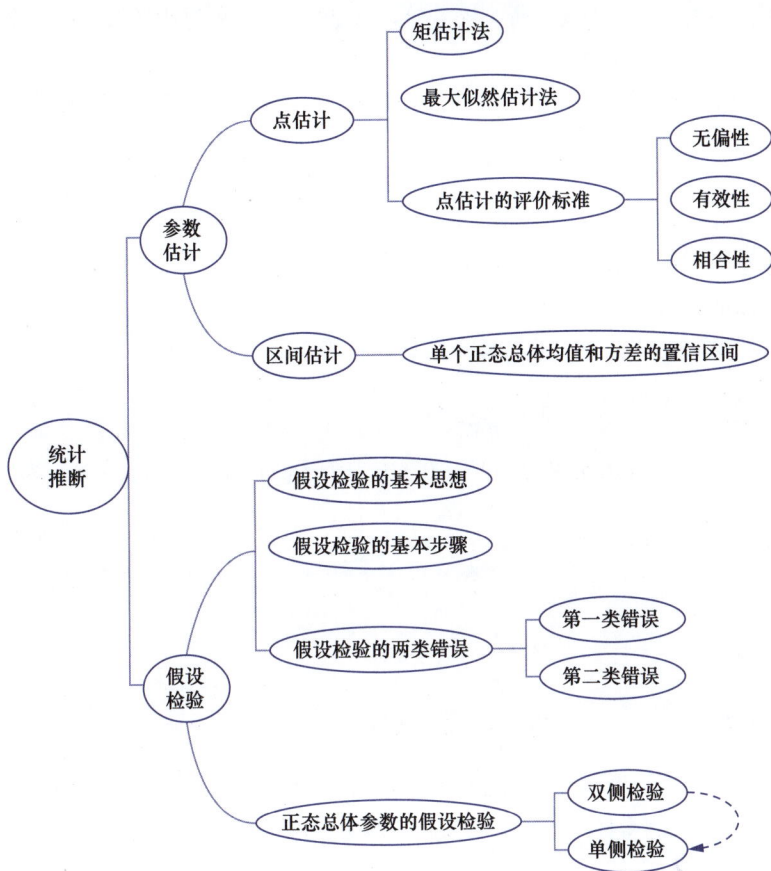

本章小结

```
                                        ┌── 矩估计法
                           ┌── 点估计 ──┤── 最大似然估计法
                           │            │                    ┌── 无偏性
              ┌── 参数    │            └── 点估计的评价标准 ──┤── 有效性
              │   估计    │                                   └── 相合性
              │           │
              │           └── 区间估计 ── 单个正态总体均值和方差的置信区间
   统计 ──────┤
   推断       │            ┌── 假设检验的基本思想
              │            │
              │            │── 假设检验的基本步骤
              │            │                         ┌── 第一类错误
              └── 假设     │── 假设检验的两类错误 ──┤
                  检验     │                         └── 第二类错误
                           │
                           └── 正态总体参数的假设检验 ──┤── 双侧检验
                                                         └── 单侧检验
```

中国数学学者

个人成就

控制科学家，中国科学院院士，曾任中国科学院数学与系统科学研究院院长.郭雷长期从事系统与控制科学研究，特别是随机与不确定性动力系统的估计、滤波与控制理论等.

■ 郭 雷

第6章总复习题

1. 选择题：（1）~（5）小题，每小题4分，共20分．下列每小题给出的4个选项中，只有一个选项是符合题目要求的．

（1）设总体 X 服从参数为 $\lambda(\lambda > 0)$ 的泊松分布，$X_1, X_2, \cdots, X_n$ 为 X 的一个样本，样本均值 $\overline{X} = 2$，则 λ 的矩估计量 $\hat{\lambda} = (\quad\quad)$．

A. 2 B. 1 C. 4 D. $\dfrac{1}{2}$

（2）设总体 $X \sim U(0, \theta]$，$\theta > 0$ 且为未知参数，$X_1, X_2, \cdots, X_n$ 为总体 X 的简单随机样本，则 θ 的最大似然估计量为（ ）．

A. $\max(X_1, X_2, \cdots, X_n)$ B. $\min(X_1, X_2, \cdots, X_n)$

C. $\overline{X} = \dfrac{1}{n}\sum_{i=1}^{n} X_i$ D. $\dfrac{1}{n}\sum_{i=1}^{n} X_i^2$

（3）已知总体 X 的数学期望为 $E(X) = 0$，方差为 $D(X) = \sigma^2$，$X_1, X_2, \cdots, X_n$ 为总体 X 的简单随机样本，$\overline{X} = \dfrac{1}{n}\sum_{i=1}^{n} X_i$，$S^2 = \dfrac{1}{n-1}\sum_{i=1}^{n}(X_i - \overline{X})^2$，则下列属于 σ^2 的无偏估计量的是（ ）．

A. $n\overline{X}^2 + S^2$ B. $\dfrac{1}{2}(n\overline{X}^2 + S^2)$

C. $\dfrac{n}{3}\overline{X}^2 + S^2$ D. $\dfrac{1}{4}(n\overline{X}^2 + S^2)$

（4）（2005304）设一批零件的长度服从正态分布 $N(\mu, \sigma^2)$，其中 μ, σ^2 均未知．现从中随机抽取 16 个零件，测得样本均值 $\overline{x} = 20\text{cm}$，样本标准差 $s = 1\text{cm}$，则 μ 的置信度为 0.9 的置信区间是（ ）．

A. $\left[20 - \dfrac{1}{4}t_{0.05}(16), 20 + \dfrac{1}{4}t_{0.05}(16)\right]$ B. $\left[20 - \dfrac{1}{4}t_{0.1}(16), 20 + \dfrac{1}{4}t_{0.1}(16)\right]$

C. $\left[20 - \dfrac{1}{4}t_{0.05}(15), 20 + \dfrac{1}{4}t_{0.05}(15)\right]$ D. $\left[20 - \dfrac{1}{4}t_{0.1}(15), 20 + \dfrac{1}{4}t_{0.1}(15)\right]$

（5）（2018104）设总体 $X \sim N(\mu, \sigma^2)$，$x_1, x_2, \cdots, x_n$ 是取自总体 X 的简单随机样本，据此样本检验假设 $H_0: \mu = \mu_0, H_1: \mu \neq \mu_0$，若显著性水平为 α，则（ ）．

A. 如果在 $\alpha = 0.05$ 下拒绝 H_0，那么在 $\alpha = 0.01$ 下必拒绝 H_0

B. 如果在 $\alpha = 0.05$ 下拒绝 H_0，那么在 $\alpha = 0.01$ 下必接受 H_0

C. 如果在 $\alpha = 0.05$ 下接受 H_0，那么在 $\alpha = 0.01$ 下必拒绝 H_0

D. 如果在 $\alpha = 0.05$ 下接受 H_0，那么在 $\alpha = 0.01$ 下必接受 H_0

2. 填空题：（6）~（10）小题，每小题4分，共20分．

（6）设 $X_1, X_2, \cdots, X_n$ 是来自正态总体 $N(\mu, \sigma^2)$ 的简单随机样本，其中参数 μ 和 σ^2 未知，已知 $\overline{X} = \dfrac{1}{n}\sum_{i=1}^{n} X_i, Q^2 = \sum_{i=1}^{n}(X_i - \overline{X})^2$，则检验假设 $H_0: \mu = 0$ 时，使用的检验统计量 $T = \underline{\quad\quad\quad}$．

（7）设 X 的概率密度为

$$f(x) = \begin{cases} \dfrac{6x}{\theta^3}(\theta - x), & 0 < x < \theta, \\ 0, & \text{其他}, \end{cases}$$

$X_1, X_2, \cdots, X_n$ 是取自总体 X 的简单随机样本，则 θ 的矩估计量 $\hat{\theta} =$ _____.

（8）设总体 $X \sim N(\mu, \sigma^2)$，σ^2 已知，$X_1, X_2, \cdots, X_{16}$ 是该总体的简单随机样本，如果对检验假设 $H_0: \mu = \mu_0$ 取拒绝域 $\{|\bar{X} - \mu_0| > k\}$，则 $k =$ _____.（$\alpha = 0.05$）

（9）（2003104）已知一批零件的长度 X（单位：cm）服从正态分布 $N(\mu, 1)$，从中随机地抽取 16 个零件，得到长度的平均值为 40cm，则 μ 的置信度为 0.95 的置信区间是 _____.

（10）（2016104）设 $X_1, X_2, \cdots, X_n$ 为来自总体 $N(\mu, \sigma^2)$ 的简单随机样本，样本均值 $\bar{x} = 9.5$，参数 μ 的置信度为 0.95 的双侧置信区间的置信上限为 10.8，则 μ 的置信度为 0.95 的双侧置信区间为 _____.

3. 解答题：（11）～（16）小题，每小题 10 分，共 60 分. 解答时应写出文字说明、证明过程或演算步骤.

（11）设总体 X 服从二项分布 $B(m, p)$，p 为未知参数，$X_1, X_2, \cdots, X_n$ 是总体 X 的简单随机样本，求 p 的矩估计量和最大似然估计量.

（12）（2009111）已知总体 X 的概率密度为

$$f(x) = \begin{cases} \lambda^2 x e^{-\lambda x}, & x > 0, \\ 0, & \text{其他}, \end{cases} \quad (\lambda > 0 \text{ 且为未知参数}),$$

$X_1, X_2, \cdots, X_n$ 为总体 X 的简单随机样本，求 λ 的矩估计量和最大似然估计量.

（13）设总体 X 的概率密度为

$$f(x) = \begin{cases} \dfrac{1}{\theta} e^{-\frac{x}{\theta}}, & x > 0, \\ 0, & x \leqslant 0, \end{cases}$$

其中 θ 为未知参数且大于零. $X_1, X_2, \cdots, X_n$ 为来自总体 X 的简单随机样本.

① 求 θ 的矩估计量.

② 求 θ 的最大似然估计量.

③ 判断所求估计量是否为无偏估计量.

（14）生产一个零件所需时间（单位：s）$X \sim N(\mu, \sigma^2)$，观测 25 个零件的生产时间，得 $\bar{x} = 5.5, s = 1.73$. 试求 μ 和 σ^2 的置信度为 0.95 的置信区间.

（15）设某次考试的考生成绩服从正态分布，随机抽取 36 位考生的成绩，算得平均成绩为 66.5 分，标准差为 15 分. 问：在显著性水平 $\alpha = 0.05$ 下，是否可以认为这次考试全体考生的平均成绩为 70 分？

（16）已知某炼铁厂的铁水含碳量 X 在正常情况下服从正态分布 $N(\mu, 0.108^2)$. 现测了 5 炉铁水，其含碳量分别为：4.48，4.40，4.46，4.50，4.44. 问：总体方差是否有显著变化？（$\alpha = 0.05$）

07

*第7章
相关与回归分析

参数估计与假设检验都是通过样本信息来推断总体的相关特征. 而在实际问题中, 我们经常需要研究两个或两个以上变量之间的相互关系, 如商品销售量与利润之间的关系, 企业规模及管理层水平对公司发展的影响等, 很多时候我们需要对这类关系进行定量分析. 统计学中运用定量分析研究变量之间关系的方法就是相关与回归分析.

本章将介绍统计学中相关分析与回归分析的基本原理和方法.

7.1 相关分析

7.1.1 相关关系的概念

在物理、化学等自然科学中, 人们研究过各种各样的变量之间的关系, 它们一般满足确定性的函数关系, 如在温度不变时, 一定质量的气体, 其体积与压强之间满足理想气体状态方程 $\frac{pV}{T} = C$. 但现实世界中变量之间的关系是复杂的, 一个变量可能与多种因素 (多个变量) 有关, 因此两个变量之间的变化并不能完全同步, 无法形成一一对应的函数关系. 例如, 超市中冰淇淋的销量与气温之间存在相关关系, 一般来说, 气温越高, 冰淇淋的销量也越多. 但是二者之间并不是确定性的关系, 也就是说, 即使某两日的气温相同, 但其分别是工作日和休息日, 则这两日的销量一般会有差异.

这种变量之间存在的不确定的数量关系, 称为**相关关系**. 类似的例子还有学生成绩与复习时长、产品销量与广告费用、植物的高度与时间等, 都存在相关关系. 统计学中进行相关分析所要揭示的并不是一一对应的函数关系, 而是根据观测数据确定变量之间的关系形态及其相关程度.

根据所考察变量的多少, 相关关系可分为单相关与复相关. 单相关也称作一元相关关系, 揭示的是两个变量之间的相关性; 复相关也称作多元相关关系, 揭示的是 3 个或 3 个以上变量之间的相关性. 从变量之间相互关系的表现形式来看, 相关关系可分为线性相关和非线性相关, 统计学中所指的相关关系主要是线性相关关系.

7.1.2　相关关系的度量

我们可以通过两种方法来表现两个变量之间的相关关系．一种是散点图，通过图形直观地展示两个变量之间各个不同取值之间的对应关系；另一种是通过一个数量指标来衡量两个变量之间相关关系的强弱，称为相关系数．

1. 散点图

当我们通过抽样获取到变量 x 与 y 的观测值 $(x_i, y_i), i = 1, 2, \cdots, n$ 后，可以在坐标系中用横轴表示变量 x，用纵轴表示变量 y，此时每组数据 (x_i, y_i) 在坐标系中用一个点表示，n 组数据在坐标系中分散分布形成散点．这种由坐标系及散点形成的二维数据图称为散点图（scatter diagram）．图 7.1 展示了几种变量间常见的相关关系．

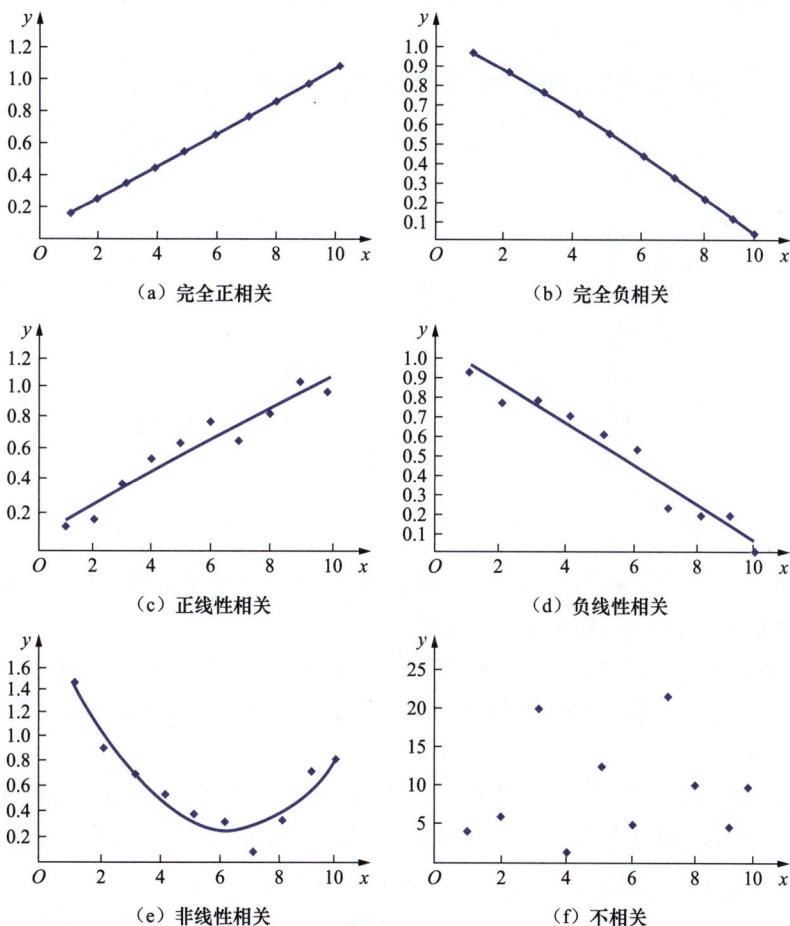

（a）完全正相关　　（b）完全负相关
（c）正线性相关　　（d）负线性相关
（e）非线性相关　　（f）不相关

图 **7.1**

图 7.1 中的（a）和（b）表示完全相关的情形，此时两个变量按照某一固定比例变化，满足函数关系．（c）和（d）表示一般的相关关系，此时两个变量的取值并未落在一条直线上，而是散布在直线两侧，但呈现出比较明显的协整变化趋势．当两个变量变化方向相同时称为正相关，当两个变量变化方向不同时称为负相关．（e）表示两个变量之间具有较强的关联性，但这种关系不是线性的，称为非线性相关关系．（f）表示两个变量不相关的情况，此时散点随机地

分布在坐标平面内，说明两个变量的取值互不影响，没有关联性.

在实际问题中，当我们获取样本数据后，就可以将观测值描绘到散点图上，根据散点的分布可以判断出两个变量之间是否存在相关关系以及是何种相关关系.

例 7.1　某调查机构希望分析公司营销费用（记为 x，单位：万元）与销售额（记为 y，单位：万元）之间的关系，为此调查了生产同一类产品的多家公司，获得数据如表 7.1 所示.

表 7.1

公司代号	1	2	3	4	5	6	7	8	9	10
营销费用 (x, 万元)	17.1	16.3	18.4	19	15.8	16	17.5	17.8	18	16.4
销售额 (y, 万元)	65	63	70	75	60	55	64	69	65	58

问：营销费用与销售额之间是否相关？

解　根据样本数据绘制营销费用与销售额的散点图，如图 7.2 所示.

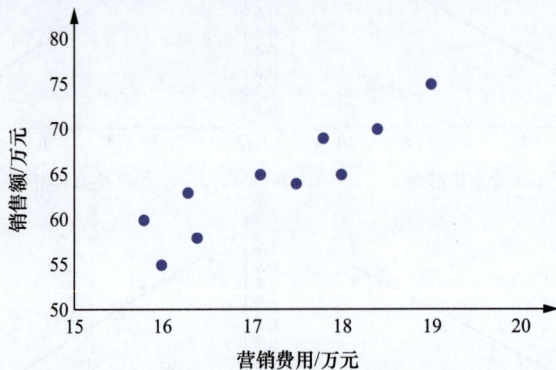

图 7.2

从图 7.2 中可以看出，营销费用与销售额之间呈现出比较明显的线性相关关系，且是正相关，即随着营销费用的增加，销售额随之增加.

但是，这种描述方法仅能简单观测出变量之间的相关性（具体来说，仅在相关性比较明显时有效），而无法定量地进行刻画，为此引入刻画相关关系的量化指标——相关系数.

2. 相关系数

相关系数是根据所得数据计算出的两个变量之间线性关系强度的指标. 当所得数据是总体全部的数据时，所得的相关系数称为总体相关系数（第 4 章已学习），通常记为 ρ，它反映了两个随机变量 X, Y 之间线性关联的程度和方向，其计算公式为

$$\rho = \frac{\mathrm{cov}(X, Y)}{\sqrt{D(X)} \cdot \sqrt{D(Y)}}. \tag{7.1}$$

其中，$\mathrm{cov}(X, Y)$ 表示随机变量 X, Y 的协方差.

如果所得数据是样本数据，所得的相关系数称为样本相关系数，通常记为 r. 现设变量 x 与 y 的观测值为 $(x_i, y_i), i = 1, 2, \cdots, n$，则样本的协方差为

$$S_{xy} = \frac{1}{n-1} \sum_{i=1}^{n} (x_i - \bar{x})(y_i - \bar{y}), \tag{7.2}$$

进而得到样本相关系数的计算公式

$$r = \frac{\sum\limits_{i=1}^{n}(x_i - \bar{x})(y_i - \bar{y})}{\sqrt{\sum\limits_{i=1}^{n}(x_i - \bar{x})^2}\sqrt{\sum\limits_{i=1}^{n}(y_i - \bar{y})^2}}.$$ （7.3）

进一步地，上述公式还可以转化为

$$r = \frac{n\sum xy - (\sum x)(\sum y)}{\sqrt{n\sum x^2 - (\sum x)^2}\sqrt{n\sum y^2 - (\sum y)^2}}.$$ （7.4）

例 7.2 现在根据例 7.1 所提供的样本数据计算营销费用与销售额之间的相关系数.

解 根据式（7.4），代入数据可算得营销费用与销售额之间的相关系数为

$$r = \frac{n\sum xy - (\sum x)(\sum y)}{\sqrt{n\sum x^2 - (\sum x)^2}\sqrt{n\sum y^2 - (\sum y)^2}} \approx 0.908\,8.$$

从样本相关系数的计算公式可以看出，样本相关系数的取值范围是 $-1 \leqslant r \leqslant 1$. 当 $0 < r \leqslant 1$ 时，表示两个变量之间存在正的线性相关关系；当 $-1 \leqslant r < 0$ 时，表示两个变量之间存在负的线性相关关系；当 $r = 0$ 时，表示两个变量之间不存在线性相关关系. 特别地，当 $r = \pm 1$ 时，两个变量之间存在完全的线性相关关系，$r = 1$ 时称为完全正相关，$r = -1$ 时称为完全负相关.

注意：样本相关系数只用来反映变量之间线性关系的强弱程度. 特别地，$r = 0$ 只表示两个变量之间不存在线性相关关系，但这并不代表二者之间没有任何关系，比如，它们之间可能存在非线性相关关系.

在实际问题中，一般不会出现两个变量之间的样本相关系数为 0 或 ± 1 的情况，只会接近这 3 个值. 一般来说，当 $|r| \geqslant 0.8$ 时，可以认为两个变量是高度相关的，也称强相关；当 $0.5 \leqslant |r| < 0.8$ 时，可以认为两个变量是中度相关的；当 $0.3 \leqslant |r| < 0.5$ 时，可以认为两个变量是低度相关的，也称弱相关；当 $|r| < 0.3$ 时，表示两个变量之间的相关程度极弱，可以认为它们之间不存在线性相关关系.

回到例 7.2，通过计算得到的样本相关系数为 $r \approx 0.908\,8$，我们可以认为营销费用与销售额之间高度相关，具有较强的线性相关性，这与从散点图观测到的结果是完全一致的.

■ 7.2 一元线性回归分析

对于具有相关关系的变量，虽然它们之间一般不具有确定的函数关系，但是通过大量的观测数据还是可以发现它们之间存在一定的变化规律，统计学中定量研究变量之间变化规律的一种有效方法就是回归分析. 本节介绍最简单的一元线性回归分析.

建立回归模型前我们需要对将要引入模型的两个变量进行说明. 以营销费用与销售额的关系为例，由于从逻辑顺序上来看，营销费用的变化可以从一定程度上解释销售额的变化，因此我们定义营销费用为自变量（independent variable），通常用 x 表示，而销售额为被解释的变量，称为因变量（dependent variable），通常用 y 表示. 回归分析就是研究营销费用与销售额的数量关系.

7.2.1 回归分析的定义

"回归"（regression）一词的由来要归功于英国统计学家高尔顿（F.Galton）和皮尔逊（K.Pearson），他们在研究父母身高与其子女身高的遗传问题时，观测了 1 078 个家庭的数据，以每对夫妇的平均身高作为自变量 x，取他们的一个成年儿子的身高作为因变量 y，通过绘制散点图，结果发现二者关系近乎为一条直线，这条直线方程为

$$y = 33.73 + 0.516x.$$

也就是说，父母的平均身高 x 每增加一个单位，其成年儿子的身高 y 平均增加 0.516 个单位.由此可见，虽然高个子父母有生高个子儿子的趋势，但父母平均身高增加一个单位，儿子身高仅增加 0.5 个单位左右.就平均意义而言，一群高个子父母的成年儿子的平均身高要低于他们的平均身高，子代的平均身高没有更高，而是向父母的平均身高"回归"了.完全类似的是，一群矮个子父母的子代其平均身高也没有更低，而是向父母的平均身高"回归".

尽管"回归"一词的由来有特殊的含义，但现在研究的问题中大部分已经不具有这种含义了.统计学中将研究自变量 x 与因变量 y 之间统计关系的数学方法称为回归分析.

需要注意的是，回归分析与相关分析是不同的.在相关分析中各个变量所处的地位是相同的、平等的；而在回归分析中变量之间需要存在逻辑上的解释与被解释的关系.特别地，自变量 x 一般是可以控制或者可以精确观测的变量.

7.2.2 一元线性回归模型

我们可以设想一下，因变量 y 的取值是由两部分组成的：一部分是由于 x 的影响造成的，也就是说它是 x 的函数，设为 $f(x)$；另一部分是由于除 x 外的其他诸多因素造成的，可视其为随机误差，设为 ε.于是有

$$y = f(x) + \varepsilon. \tag{7.5}$$

为了尽可能把 x 对 y 的影响 $f(x)$ 刻画出来，一般要求 $E(\varepsilon) = 0, D(\varepsilon) = \sigma^2$.这种描述因变量 y 如何依赖于自变量 x 和误差项 ε 的方程称为回归模型（regression model）.式（7.5）中只涉及一个自变量，因而称为一元回归模型.

研究一元回归模型的主要任务就是给出 $f(x)$ 的具体表达式，如果认为 x 与 y 是线性相关的，则应取 $f(x)$ 为线性函数，即 $f(x) = \beta_0 + \beta_1 x$.本节我们只研究线性相关的情形.此时模型为

$$\begin{cases} y = \beta_0 + \beta_1 x + \varepsilon, \\ E(\varepsilon) = 0, D(\varepsilon) = \sigma^2(未知). \end{cases} \tag{7.6}$$

这里 β_0, β_1 是模型的参数；ε 是随机变量，它说明了包含在 y 中但是不能被 x 与 y 之间的线性关系所解释的部分，可以认为是不能被 x 解释的其他随机因素，通常假设其服从正态分布，即 $\varepsilon \sim N(0, \sigma^2)$.式（7.6）称为一元线性回归模型.

当我们进行 n 次独立抽样得到 n 对观测值

$$(x_1, y_1), (x_2, y_2), \cdots, (x_n, y_n)$$

时，应有

$$y_i = \beta_0 + \beta_1 x_i + \varepsilon_i, i = 1, 2, \cdots, n.$$

根据假设条件，有

$$E(y) = \beta_0 + \beta_1 x. \tag{7.7}$$

这里，β_0 是直线在 y 轴上的截距，是当 $x=0$ 时 y 的期望值；β_1 是直线的斜率，表示当 x 每变动一个单位时，y 平均变化了多少个单位. 方程 $y = \beta_0 + \beta_1 x$ 称为回归直线，β_1 称为回归系数.

回顾本章例 7.1 中的问题，通过散点图，我们可以粗略地观察出营销费用与销售额之间存在正相关关系，且其中蕴含一条直线，如图 7.3 所示.

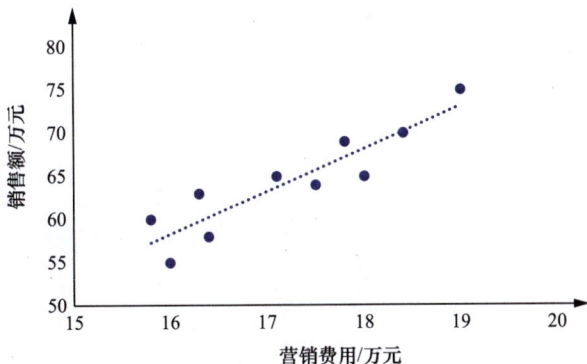

图 7.3

现在我们希望通过样本数据估计回归直线，也就是说，得到式（7.6）中 β_0, β_1 的估计值 $\hat{\beta}_0, \hat{\beta}_1$. 我们称直线

$$\hat{y} = \hat{\beta}_0 + \hat{\beta}_1 x \tag{7.8}$$

为拟合直线或经验回归直线，它是对回归直线的估计.

7.2.3 一元线性回归模型的参数估计

对回归方程的参数估计通常采用最小二乘法（ordinary least square, OLS）. 我们知道，坐标系中有无数条直线，哪条才能最好地拟合样本数据呢？应该是使各样本数据的观测值与估计值之间总偏差最小的那条直线，这也是最小二乘法的基本思想.

从图 7.4 我们看到，观测点 (x_i, y_i) 与回归直线 $y = \beta_0 + \beta_1 x$ 之间的偏差为 $\varepsilon_i = |y_i - (\beta_0 + \beta_1 x)|$，记

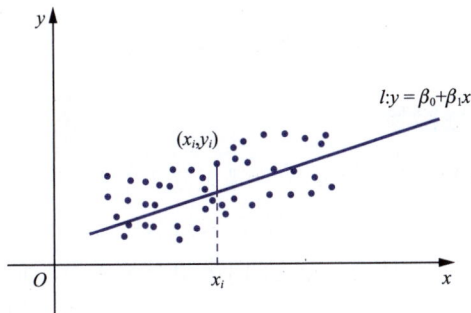

图 7.4

$$Q(\beta_0, \beta_1) = \sum_{i=1}^{n} \varepsilon_i^2 = \sum_{i=1}^{n} (y_i - \beta_0 - \beta_1 x_i)^2, \tag{7.9}$$

称其为偏差平方和. 最小二乘法就是选择 β_0, β_1 的估计值 $\hat{\beta}_0, \hat{\beta}_1$, 使 $Q(\beta_0, \beta_1)$ 最小, 即

$$Q(\hat{\beta}_0, \hat{\beta}_1) = \min_{\beta_0, \beta_1} Q(\beta_0, \beta_1).$$

根据二元函数取得极值的必要条件知, 只需要 Q 对 β_0, β_1 的偏导数为零, 即

$$\begin{cases} \dfrac{\partial}{\partial \beta_0} Q(\beta_0, \beta_1) = -2\sum_{i=1}^{n} (y_i - \beta_0 - \beta_1 x_i) = 0, \\ \dfrac{\partial}{\partial \beta_1} Q(\beta_0, \beta_1) = -2\sum_{i=1}^{n} (y_i - \beta_0 - \beta_1 x_i) \cdot x_i = 0. \end{cases} \tag{7.10}$$

进一步求解, 可得

$$\begin{cases} \hat{\beta}_1 = \dfrac{\displaystyle\sum_{i=1}^{n} (x_i - \bar{x})(y_i - \bar{y})}{\displaystyle\sum_{i=1}^{n} (x_i - \bar{x})^2}, \\ \hat{\beta}_0 = \bar{y} - \hat{\beta}_1 \bar{x}. \end{cases} \tag{7.11}$$

其中, $\bar{x} = \dfrac{1}{n}\sum_{i=1}^{n} x_i, \bar{y} = \dfrac{1}{n}\sum_{i=1}^{n} y_i$. 用最小二乘法所得的估计值 $\hat{\beta}_0, \hat{\beta}_1$ 分别称为 β_0, β_1 的最小二乘估计, 此时拟合直线为

$$\hat{y} = \hat{\beta}_0 + \hat{\beta}_1 x = \bar{y} + \hat{\beta}_1(x - \bar{x}). \tag{7.12}$$

由此可见, 回归直线总是会通过样本数据的中心 $(\bar{x}, \bar{y})$, 这是回归直线的重要特征之一, 它对于回归直线的分析很有帮助.

进一步可以证明, 上述关于参数 β_0, β_1 的估计值 $\hat{\beta}_0, \hat{\beta}_1$ 都是无偏估计值, 这里不再赘述.

例 7.3　请根据表 7.1 中所给的样本数据求出营销费用与销售额之间的拟合直线方程.

解　根据样本数据可以算得

$$\bar{x} = 17.23, \bar{y} = 64.4.$$

代入式 (7.11) 得

$$\hat{\beta}_1 = 4.96, \hat{\beta}_0 = -21.06.$$

于是, 拟合直线方程为

$$\hat{y} = -21.06 + 4.96x.$$

7.2.4　回归方程的显著性检验

虽然通过最小二乘法所得的估计值 $\hat{\beta}_0, \hat{\beta}_1$ 都是无偏估计值, 但在实际问题中, 我们往往事先无法确定 x 与 y 是否真的存在线性关系, 因此在求出拟合直线方程后, 还需要对拟合效果进行显著性检验. 如果 $\beta_1 = 0$, 则说明两个变量之间不存在线性关系, 而此时若估计值 $\hat{\beta}_1 \neq 0$, 则拟合直线方程是无效的. 因此, 检验回归方程 $y = \beta_0 + \beta_1 x$ 是否合理, 可以归结为对假设

$$H_0: \beta_1 = 0, H_1: \beta_1 \neq 0$$

进行显著性检验.

当 H_0 成立，即 $\beta_1 = 0$ 时，检验统计量

$$T = \frac{\hat{\beta}_1 - E(\beta_1)}{S_{\hat{\beta}_1}} = \frac{\hat{\beta}_1}{S_{\hat{\beta}_1}} \sim t(n-2),$$ （7.13）

其中

$$S_{\hat{\beta}_1} = \frac{S_{xy}}{\sqrt{\sum (x_i - \overline{x})^2}} = \frac{S_{xy}}{\sqrt{\sum x_i^2 - n\overline{x}^2}}.$$

根据假设检验的一般步骤，对回归系数进行显著性检验的具体步骤如下.

第一步：确定显著性水平，建立假设 $H_0 : \beta_1 = 0, H_1 : \beta_1 \neq 0$.

第二步：计算检验统计量

$$T = \frac{\hat{\beta}_1 - E(\beta_1)}{S_{\hat{\beta}_1}} = \frac{\hat{\beta}_1}{S_{\hat{\beta}_1}}.$$

第三步：做出统计推断. 根据 t 分布表（见附表 4），找到临界值 $t_{\frac{\alpha}{2}}(n-2)$. 若 $|T| > t_{\frac{\alpha}{2}}(n-2)$，则拒绝 H_0；否则不能拒绝 H_0. 当拒绝 H_0 时，说明回归系数具有显著性，可以认为自变量与因变量之间存在线性关系，拟合直线方程有效. 当不拒绝 H_0 时，说明回归系数不具有显著性，不能认为自变量与因变量之间存在线性关系，拟合直线方程无效.

例 7.4 请对例 7.3 中所得的拟合直线方程进行显著性检验（显著性水平为 $\alpha = 0.05$）.

解 由例 7.3 得回归系数的估计值为 $\hat{\beta}_1 = 4.96$.

代入样本数据，计算得 $T = 6.1589$.

进一步查 t 分布表（见附表 4）知，$t_{\frac{\alpha}{2}}(8) = 2.3060$.

由于 $|T| > t_{\frac{\alpha}{2}}(8)$，因此拒绝 H_0，也就是说，从总体上看，营销费用与销售额之间存在线性关系.

7.2.5 回归模型的预测

当回归方程的系数通过了显著性检验之后，模型的整体拟合效果较好，此时我们可以利用所建立的模型对 y 的取值进行预测了. 所谓预测（predict），是指通过自变量 x 的取值 $(x = x_0)$ 来预测因变量 y 的取值 $(\hat{y}_0)$. 例如，前面已经建立了营销费用与销售额之间的回归方程，若已知该行业中某公司的营销费用支出，则可以通过回归方程得到相应的销售额的一个预测值. 这里的预测包括点预测和区间预测.

1. 点预测

根据回归方程的意义，当 $x = x_0$ 时，有

$$y_0 = \beta_0 + \beta_1 x_0 + \varepsilon_0, \quad \varepsilon_0 \sim N(0, \sigma^2),$$

因此，我们可以直接将 $x = x_0$ 代入拟合直线方程，算得回归值 $\hat{y}_0 = \hat{\beta}_0 + \hat{\beta}_1 x_0$，作为 y_0 的预测值. 根据式（7.7）知，$E(\hat{y}_0) = E(y_0)$，因此 $\hat{y}_0$ 是 $E(y_0)$ 的无偏估计值.

点估计的缺点是无法确定预测的误差和准确度,因此很多时候,我们需要进行区间预测.

2. 区间预测

所谓区间预测,就是利用拟合直线,在 $x = x_0$ 的前提下,给出 y_0 在置信水平 $1 - \alpha$ 下的置信区间. 可以证明

$$T = \frac{y_0 - \hat{y}_0}{\hat{\sigma} \sqrt{1 + \dfrac{1}{n} + \dfrac{(x_0 - \bar{x})^2}{\sum\limits_{i=1}^{n}(x_i - \bar{x})^2}}} \sim t(n-2),$$

其中 $\hat{\sigma}^2 = S_y^2 = \dfrac{1}{n-2} \sum\limits_{i=1}^{n}(y_i - \hat{y}_i)^2$. 于是在给定置信水平 $1 - \alpha$ 下,y_0 的预测区间为

$$[\hat{y}_0 - \delta(x_0), \hat{y}_0 + \delta(x_0)],$$

这里 $\delta(x_0) = t_{\frac{\alpha}{2}}(n-2)\hat{\sigma} \sqrt{1 + \dfrac{1}{n} + \dfrac{(x_0 - \bar{x})^2}{\sum\limits_{i=1}^{n}(x_i - \bar{x})^2}}$.

观察上述结论可知,在 x_0 处 y_0 的预测区间长度为 $2\delta(x_0)$. 在 $x_0 = \bar{x}$ 处预测区间的长度最短,预测最精确;而随着 x_0 远离 $\bar{x}$,预测的精度会随之降低.

例 7.5 请利用例 7.3 所得的拟合直线方程,给出当营销费用 $x_0 = 17.5$ 时,销售额 y_0 的点预测和区间预测. $(\alpha = 0.05)$

解 由例 7.4 知,例 7.3 所得的拟合直线方程

$$\hat{y} = -21.06 + 4.96x$$

是具有显著性的. 因此,将 $x_0 = 17.5$ 代入方程,算得 $\hat{y}_0 = 65.74$,即销售额 y_0 的点预测值为 65.74.

进一步,查 t 分布表(见附表 4)知,$t_{\frac{\alpha}{2}}(8) = 2.3060$,代入所给数据,算得 $\delta(x_0) = 6.37$,于是,销售额 y_0 在置信水平 95% 下的预测区间为

$$[65.74 - 6.37, 65.74 + 6.37] = [59.37, 72.11].$$

中国数学学者

个人成就

密码学家,中国科学院院士. 王小云提出的模差分比特分析法解决了国际哈希函数求解碰撞的难题,她设计的我国唯一的哈希函数标准 SM3,在国家重要经济领域被广泛使用. 王小云是"未来科学大奖"的首位女性得主,并先后获得"最具时间价值奖"和"真实世界密码学奖"两个国际奖项.

■ 王小云

附录
使用Python解决经济数学问题

　　概率统计是学习商科专业课的重要工具，而目前火热的 Python 作为大数据分析的主流软件之一，具有代码简洁、运行高效等特点，能够帮助学生更好、更快速地掌握基本解题思路和实际应用技巧．在各种数据处理软件中，Python 不仅有非常强大的数据分析能力，还可以进行"爬虫"（数据爬取），这些优点使 Python 成为目前大数据分析的主流软件之一．下面介绍如何使用 Python 解决经济数学问题．

　　本附录介绍的内容是建立在 Python 3.0 以上版本基础上的．目前主要有两种 Python 版本：Python 2.x 是较早的版本，解释器的名称是 python；Python 3.x 是现在和未来主流的版本，解释器的名称是 python3．Python 3.x 在设计时并没有考虑向下兼容，因此许多用早期 Python 版本设计的程序无法在 Python 3.x 上正常运行．在编程学习过程中请注意不同版本会影响结果形式，建议使用最新版本的 Python．

一、Python基础知识

1. Python 简介

　　Python 是由吉多·范罗苏姆（Guido van Rossum）于 20 世纪 80 年代末至 90 年代初，在荷兰国家数学和计算机科学研究所设计出来的一种解释型、面向对象的高级程序设计语言．它是开源的，且代码清晰、简便易学，简单的脚本任务和面向对象的大型独立应用用 Python 都可以很好地完成．Python 本身也是由诸多其他语言发展而来的，包括 ABC、Modula-3、C、C++、Algol-68、SmallTalk、UNIX shell 和其他脚本语言等．像 Perl 语言一样，Python 源代码同样遵循 GPL（GNU General Public License，GNN 通用公共许可证）协议．现在 Python 是由一个核心开发团队在维护，吉多·范罗苏姆仍然发挥至关重要的作用，指导其不断发展．

　　Python 是一种效率极高的语言：相比于众多其他语言，使用 Python 编写代码时，程序包含的代码行更少．Python 的语法也有助于创建整洁的代码：相比于使用其他语言，使用 Python 编写的代码更容易阅读、调试和扩展．Python 被应用于诸多领域——数据分析、Web 应用开发、网络爬虫、人工智能 、解决商业问题等，在科学领域中也被大量用于学术研究和应用研究．在未来发展中，Python 将发挥越来越重要的作用．

　　Python 的开发环境由文本编辑器和 Python 解释器组合构成．文本编辑器用来写代码，

Python 解释器提供了一种方法来运行编写的代码. 文本编辑器可以像 Windows 上的 Notepad 一样简单, 或是一个复杂的完整的集成开发环境 (IDE). 本附录主要使用 Python 自带的 IDLE 编辑器, 它带有图形界面, 有简单的编辑和调试功能, 若有更高需求可以下载第三方 Sublime Text、PyCharm 等文本编辑器. Anaconda 是一个开源的 Python 发行版本, 自带 Python 解释器, 并包含了 conda、Python 等 180 多个科学包及其依赖项, 若使用 Anaconda 则无须另行安装 Python 相关库和安装包, Anaconda+ PyCharm 是常见的开发搭配. 如有更多需求, 读者可以自行下载安装. 对本附录内容而言, 下载安装 Python 已经足够.

2. 安装 Python

在 Python 官网中找到最新版本的 Python 安装包, 单击进行下载. 安装过程非常简单, 不管你使用的是 Windows、macOS、Linux、UNIX 还是其他操作系统, 只需单击链接就可以访问相应的最新版本. 这里具体安装过程以 Windows 系统举例. (请注意, 如果你的计算机是 32 位的机器, 请选择 32 位的安装包, 如果 64 位的, 请选择 64 位的安装包. 检查系统类型请右击计算机桌面上的 "此电脑" 图标, 在弹出的快捷菜单中选择 "属性" 选项.)

微课: 安装 **Python**

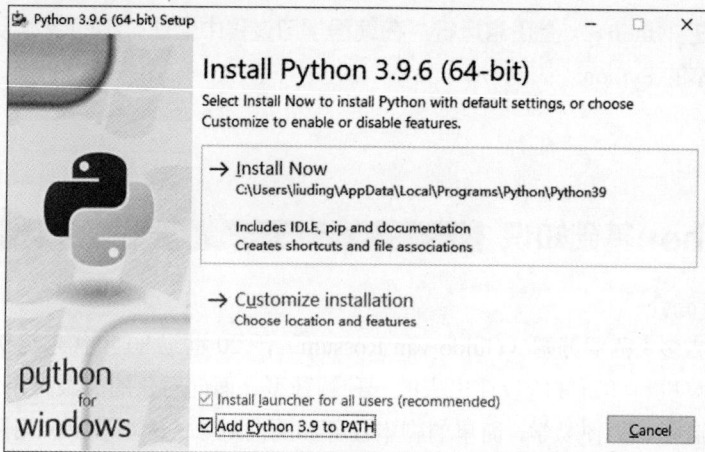

根据计算机及系统下载正确的安装包, 如 64 位、Windows 系统下载 Windows installer (64-bit). 安装时请务必选中复选框 "Add Python (版本号) to PATH" (见附图 1), 这样能更轻松地配置系统.

附图 1

检查安装是否成功. 在 "开始" 菜单中输入 "cmd" 打开命令窗口 (或按组合键 "Win+R", 在弹出的对话框中输入 "cmd"), 输入 "python" 并回车, 若出现了版本号和 Python 提示符, 就说明系统成功安装了 Python, 如下所示.

```
C:\>python
Python 3.9.2 (tags/v3.9.2:1a79785,Feb 19 2021,13:44:55 ) [MSC v.1928 64 bit (AMD64)]
on win32
Type "help", "copyright", "credits" or "license" for more information.
>>>
```

下载并安装好 Python 解释器后, 可以使用以下 3 种方式来运行 Python 代码.

（1）在命令窗口上运行.

按组合键"Win+R"→输入"cmd"打开命令窗口→在命令窗口内输入"python"，即可运行程序.

（2）使用 Python 自带的 IDLE 编辑器

IDLE 是 Python 自带的开发环境，是迷你版的 IDE，与以上方式不同的是它带有图形界面，有简单的编辑和调试功能，但是操作起来较麻烦. 使用方法：按组合键"Win+R"→输入"IDLE".

（3）使用第三方的 Python 的 IDE

第三方的 Python 的 IDE 相对于 Python 自带的 IDLE 而言，功能更加全面，界面更加美观，操作起来更加容易. 目前比较流行的第三方 Python IDE 有 PyCharm、Vscode、Jupyter 等.

3. 相关库介绍

（1）NumPy 库

NumPy 是 Python 的一个扩展程序库，它支持高维度数组与矩阵运算，并针对数组运算提供大量的数学函数库. 尤其是 NumPy 中的 linalg 模块，包含丰富的概率统计函数，便于概率统计相关问题的求解. NumPy 库可以在命令窗口中直接使用"pip install numpy"命令安装.

（2）SymPy 库

SymPy 是 Python 的一个符号计算库，它用一套强大的符号计算体系来完成诸如多项式求值、求极限、解方程、求积分、解微分方程、级数展开、矩阵运算等计算问题. SymPy 库可以在命令窗口中直接使用"pip install sympy"命令安装.

■ 二、在Python中实现问题求解

Python 的 NumPy 库和 SciPy 库提供了常用的概率统计函数. 可以利用其中相应的模块实现常见概率统计模型的求解和模拟.

例1 对某型号手电筒的持续照明时间（单位：h）进行观测，观测数据如下：

$$29.8, 27.6, 28.3, 27.9, 30.1, 28.7, 29.9, 28.0, 27.9, 28.7,$$
$$28.4, 27.2, 29.5, 28.5, 28.0, 30.0, 29.1, 29.8, 29.6, 26.9.$$

试求观测样本的均值、方差和标准差.

编写代码如下.

```
import numpy as np                    # 导入 NumPy 库，并为它设置别名 np
x=np.array( [29.8,27.6,28.3,27.9,30.1,28.7,29.9,28.0,27.9,28.7,
            28.4,27.2,29.5,28.5,28.0,30.0,29.1,29.8,29.6,26.9] )    # 导入数据
mu=np.mean(x)                         # 求总体的均值
sigma2=np.var(x)                      # 求总体的方差
sigma=np.std(x)                       # 求总体的标准差
print("总体的均值 =",mu)              # 输出总体的均值
print("总体的方差 =",sigma2)          # 输出总体的方差
print("总体的标准差 =",sigma)         # 输出总体的标准差
```

运行上述代码，输出如下结果.

```
总体的均值 =28.695
总体的方差 =0.9184750000000008
总体的标准差 =0.9583710137519815
```

例 2 为检验硬币正面朝上的概率，分别投掷硬币 100、1 000、10 000、100 000 次，并记录统计信息.

编写代码如下.

```
importnumpyasnp                                    # 导入 NumPy 库，并为它设置别名 np
rng=np.random.default_rng(12345)                   # 给定随机种子 12345，定义随机变量生成器
N=[100,1000,10000,100000]
forkinrange(4):
    rints=rng.integers(low=0,high=2,size=N[k])     # 生成对应的随机向量
    s=np.sum(rints)                                # 向量求和
    print(" 抛硬币的次数 =",N[k],
        " 正面朝上次数 =",s,
        " 正面朝上频率 =",s/N[k])                    # 输出结果
```

运行上述代码，输出如下结果.

```
抛硬币的次数 =100 正面朝上次数 =50 正面朝上频率 =0.5
抛硬币的次数 =1000 正面朝上次数 =476 正面朝上频率 =0.476
抛硬币的次数 =10000 正面朝上次数 =4940 正面朝上频率 =0.494
抛硬币的次数 =100000 正面朝上次数 =50023 正面朝上频率 =0.50023
```

例 3 假设某国家一年中发生大型地震的次数服从泊松分布，平均发生次数为 10. 求：

（1）该国一年中不发生大型地震的概率；

（2）该国一年中发生 8 ～ 12 次大型地震的概率.

分析：设该国一年中发生大型地震的次数随机变量为 X，泊松分布中参数 $\lambda = 10$，则问题转化为求 $P\{X=0\}$ 和 $P\{8 \leqslant X \leqslant 12\}$.

编写代码如下.

```
from scipy.stats import poisson               # 导入 scipy.stats 模块中的 poisson 函数
p1=poisson.cdf(0,10)                          # 计算泊松分布的累计概率
p2=poisson.cdf(12,10)-poisson.cdf(8,10)
print("(1) 该国一年中不发生大型地震的概率 =",p1)
print("(2) 该国一年中发生 8 ～ 12 次大型地震的概率 =",p2)
```

运行上述代码，输出如下结果.

```
(1) 该国一年中不发生大型地震的概率 =4.539992976248486e-05
(2) 该国一年中发生 8 ～ 12 次大型地震的概率 =0.45873679764415537
```

例 4 抛一枚硬币 50 次，其中 14 次正面朝上的概率是多少？

分析：这是一个二项分布.

编写代码如下.

```
from scipy import stats                       # 统计计算包的统计模块
p=0.5                                         # 得到 "正面" 的概率
n=50                                          # 试验次数
p_list=stats.binom.pmf(14,n,p)
```

```
print(" 抛一枚硬币 50 次，其中 14 次正面朝上的概率为 ",p_list)
```

运行上述代码，输出如下结果.

抛一枚硬币 50 次，其中 14 次正面朝上的概率为 0.000832974272935161

例 5 模拟从 500 个用户中随机抽取 10 个用户作为中奖者.

编写代码如下.

```
import random
for i in range(1,11):
    userId=random.randint(1,500)
    print(" 第 "+str(i)+" 位获奖用户 id 是 ",userId+1)
```

运行上述代码，输出如下结果.

```
第 1 位获奖用户 id 是  347
第 2 位获奖用户 id 是  88
第 3 位获奖用户 id 是  449
第 4 位获奖用户 id 是  39
第 5 位获奖用户 id 是  152
第 6 位获奖用户 id 是  358
第 7 位获奖用户 id 是  11
第 8 位获奖用户 id 是  138
第 9 位获奖用户 id 是  306
第 10 位获奖用户 id 是  157
```

例 6 设某品牌瓶装矿泉水的标准容量是 500mL，设每瓶容量 X（单位：mL）是随机变量，$X \sim N(500, 25)$，求：

（1）随机抽查一瓶，其容量大于 510mL 的概率；

（2）随机抽查一瓶，其容量与标准容量之差的绝对值在 8mL 之内的概率；

（3）求常数 C，使每瓶的容量小于 C 的概率为 0.05.

编写代码如下.

```
from scipy.stats import norm
prob1=norm.cdf(510,500,5)
print(1-prob1)                # 计算大于 510mL 的概率
prob2=norm.cdf(508,500,5)- norm.cdf(492,500,5)
print(prob2)                  # 计算容量与标准容量之差的绝对值在 8mL 之内的概率
alpha=norm.ppf(0.05,500,5)    # 计算常数 C
print(alpha)
```

运行上述代码，输出如下结果.

```
0.022750131948179211
0.8904014166000884
491.7757318652426
```

例 7 经过长期大量统计，A 公司产品日均生产量为 50 台，标准差为 15 台，公司领导对最近半个月（15 天）的生产量进行突击检查，请问：

（1）如果最近半个月日均生产量为 45 台，是否可能存在消极变数？（如机器老化等.）

（2）如果最近半个月日均生产量为 59 台，是否可能存在积极变数？（如生产效率提高、人力投入加大等.)

编写代码如下.

```
import numpy as np
m=[45,59]        #样本均值
std=15           #总体标准差
n=15             #最近 15 天，样本容量
for i in range(0,2):
    sample_mean=m[i]      #当样本均值为 45 时
    se=std/np.sqrt(n)     #计算样本的标准误
    min_=sample_mean-1.96*se
    max_=sample_mean+1.96*se
    print("置信区间（95%）: ",(min_,max_))
```

运行上述代码，输出如下结果.

```
置信区间（95%）: (37.408952641433466,52.591047358566534)
置信区间（95%）: (51.408952641433466,66.59104735856654)
```

结果分析：（1）由于总体均值 50 在这个区间，所以在 95% 的置信度下认为不存在消极变数；（2）由于总体均值 50 不在这个区间，所以在 95% 的置信度下认为确实存在积极变数.

例 8 为测得某种溶液中的甲醇浓度，取样得 4 个独立测定值的平均值为 8.34%，样本标准差 $s=0.03\%$，并设测量值近似服从正态分布，求总体均值 μ 的 95% 的置信区间.

编写代码如下.

```
from scipy import stats as sts        #导入 SciPy 库的 stats 模块
print("置信区间为: ",sts.norm.interval(0.95,8.34,scale=0.03))
```

运行上述代码，输出如下结果.

```
置信区间为: (8.281201080463799,8.398798919536201)
```

例 9 设 X 为高尔夫球杆的球杆复原系数，通常假定 $X \sim N(\mu, \sigma^2)$，根据历史资料可知，球杆的平均复原系数为 $\mu=0.8$. 现抽取某家球杆制造商所造的 9 根球杆，并测得其球杆复原系数分别为 0.851 1, 0.889 1, 0.898 2, 0.762 5, 0.84 5, 0.838, 0.823 2, 0.888 3, 0.825 6. 给定显著性水平 $\alpha=0.05$，这批新球杆与老球杆相比，其复原系数是否发生了变化？请检验.

编写代码如下.

```
from scipy import stats as sts       #导入 SciPy 库的 stats 模块
data=[0.8511,0.8891,0.8982,0.7625,0.845,0.838,0.8232,0.8883,0.8256]
print("复原系数为: ",sts.ttest_1samp(a=data,popmean=0.80))
```

运行上述代码，输出如下结果.

```
复原系数为: Ttest_1sampResult(statistic=3.311651453111353,pvalue=0.010671924137571766)
```

结果分析：p 值小于 α，应该拒绝原假设（复原系数没有变化），所以复原系数发生了变化.

例 10 因变量 $Y=$ [1.29, 4.30, 5.99, 7.80, 11.83, 10.51, 12.64, 12.07, 16.45, 17.67]，自变量 $X=$[0, 1.11, 2.22, 3.33, 4.44, 5.55, 6.66, 7.77, 8.88, 10]，X 与 Y 是否存在线性相关关系.

编写代码如下.

```
import statsmodels.api as sm
from statsmodels.sandbox.regression.predstd import wls_prediction_std
Y=[1.29,4.30,5.99,7.80,11.83,10.51,12.64,12.07,16.45,17.67]
x1=[0,1.11,2.22,3.33,4.44,5.55,6.66,7.77,8.88,10]
X=sm.add_constant(x1)                    # 向 x1 左侧添加截距列 x0=[1,…1]
model=sm.OLS(Y,X)                        # 建立最小二乘模型（OLS）
results=model.fit()                      # 返回模型拟合结果
print(results.summary())                 # 输出回归分析的摘要
print("\nOLS model: Y=b0+b1*x")          # b0：回归直线的截距. b1：回归直线的斜率
print('Parameters: ',results.params)     # 输出拟合模型的系数
```

运行上述代码，输出如下结果.

```
                        OLS Regression Results
==============================================================================
Dep. Variable:                    y   R-squared:                       0.944
Model:                          OLS   Adj. R-squared:                  0.938
Method:               Least Squares   F-statistic:                     136.0
Date:              Fri, 23 Sep 2022   Prob (F-statistic):           2.66e-06
Time:                      17:37:58   Log-Likelihood:                -15.721
No. Observations:                10   AIC:                             35.44
Df Residuals:                     8   BIC:                             36.05
Df Model:                         1
Covariance Type:          nonrobust
==============================================================================
                 coef    std err          t      P>|t|      [0.025      0.975]
------------------------------------------------------------------------------
const          2.5280      0.766      3.302      0.011       0.762       4.294
x1             1.5066      0.129     11.663      0.000       1.209       1.804
==============================================================================
Omnibus:                        3.120   Durbin-Watson:                   2.143
Prob(Omnibus):                  0.210   Jarque-Bera (JB):                0.533
Skew:                           0.374   Prob(JB):                        0.766
Kurtosis:                       3.848   Cond. No.                        11.2
==============================================================================
```

结果分析：R-squared 为 0.944，这说明 X 能很好地解释 Y，所以 X 与 Y 存在线性相关关系.

附表

■ 附表1　泊松分布表

$$P\{X \leqslant x\} = \sum_{k=0}^{x} \frac{\lambda^k e^{-\lambda}}{k!}.$$

x	λ								
	0.1	0.2	0.3	0.4	0.5	0.6	0.7	0.8	0.9
0	0.904 8	0.818 7	0.740 8	0.673 0	0.606 5	0.548 8	0.496 6	0.449 3	0.406 6
1	0.995 3	0.982 5	0.963 1	0.938 4	0.909 8	0.878 1	0.844 2	0.808 8	0.772 5
2	0.999 8	0.998 9	0.996 4	0.992 1	0.985 6	0.976 9	0.965 9	0.952 6	0.937 1
3	1.000 0	0.999 9	0.999 7	0.999 2	0.998 2	0.996 6	0.994 2	0.990 9	0.986 5
4		1.000 0	1.000 0	0.999 9	0.999 8	0.999 6	0.999 2	0.998 6	0.997 7
5				1.000 0	1.000 0	1.000 0	0.999 9	0.999 8	0.999 7
6							1.000 0	1.000 0	1.000 0

x	λ								
	1.0	1.5	2.0	2.5	3.0	3.5	4.0	4.5	5.0
0	0.367 9	0.223 1	0.135 3	0.082 1	0.049 8	0.030 2	0.018 3	0.011 1	0.006 7
1	0.735 8	0.557 8	0.406 0	0.287 3	0.199 1	0.135 9	0.091 6	0.061 1	0.040 4
2	0.919 7	0.808 8	0.676 7	0.543 8	0.423 2	0.320 8	0.238 1	0.173 6	0.124 7
3	0.981 0	0.934 4	0.857 1	0.757 6	0.647 2	0.536 6	0.433 5	0.342 3	0.265 0
4	0.996 3	0.981 4	0.947 3	0.891 2	0.815 3	0.725 4	0.628 8	0.532 1	0.440 5
5	0.999 4	0.995 5	0.983 4	0.958 0	0.916 1	0.857 6	0.785 1	0.702 9	0.616 0
6	0.999 9	0.999 1	0.995 5	0.985 8	0.966 5	0.934 7	0.889 3	0.831 1	0.762 2
7	1.000 0	0.999 8	0.998 9	0.995 8	0.988 1	0.973 3	0.948 9	0.913 4	0.866 6
8		1.000 0	0.999 8	0.998 9	0.996 2	0.990 1	0.978 6	0.959 7	0.931 9
9			1.000 0	0.999 7	0.998 9	0.996 7	0.991 9	0.982 9	0.968 2
10				0.999 9	0.999 7	0.999 0	0.997 2	0.993 3	0.986 3
11				1.000 0	0.999 9	0.999 7	0.999 1	0.997 6	0.994 5
12					1.000 0	0.999 9	0.999 7	0.999 2	0.998 0

续表

x	λ								
	5.5	6.0	6.5	7.0	7.5	8.0	8.5	9.0	9.5
0	0.004 1	0.002 5	0.001 5	0.000 9	0.000 6	0.000 3	0.000 2	0.000 1	0.000 1
1	0.026 6	0.017 4	0.011 3	0.007 3	0.004 7	0.003 0	0.001 9	0.001 2	0.000 8
2	0.088 4	0.062 0	0.043 0	0.029 6	0.020 3	0.013 8	0.009 3	0.006 2	0.004 2
3	0.201 7	0.151 2	0.111 8	0.081 8	0.0591	0.042 4	0.030 1	0.021 2	0.014 9
4	0.357 5	0.285 1	0.223 7	0.173 0	0.132 1	0.099 6	0.074 4	0.055 0	0.040 3
5	0.528 9	0.445 7	0.369 0	0.300 7	0.241 4	0.191 2	0.149 6	0.115 7	0.088 5
6	0.686 0	0.606 3	0.526 5	0.449 7	0.378 2	0.313 4	0.256 2	0.206 8	0.164 9
7	0.809 5	0.744 0	0.672 8	0.598 7	0.524 6	0.453 0	0.385 6	0.323 9	0.268 7
8	0.894 4	0.847 2	0.791 6	0.729 1	0.662 0	0.592 5	0.523 1	0.455 7	0.391 8
9	0.946 2	0.916 1	0.877 4	0.830 5	0.776 4	0.716 6	0.653 0	0.587 4	0.521 8
10	0.974 7	0.957 4	0.933 2	0.901 5	0.862 2	0.815 9	0.763 4	0.706 0	0.645 3
11	0.989 0	0.979 9	0.966 1	0.946 6	0.920 8	0.888 1	0.848 7	0.803 0	0.752 0
12	0.995 5	0.991 2	0.984 0	0.973 0	0.957 3	0.936 2	0.909 1	0.875 8	0.836 4
13	0.998 3	0.996 4	0.992 9	0.987 2	0.978 4	0.965 8	0.948 6	0.926 1	0.898 1
14	0.999 4	0.998 6	0.997 0	0.994 3	0.989 7	0.982 7	0.972 6	0.958 5	0.940 0
15	0.999 8	0.999 5	0.998 8	0.997 6	0.995 4	0.991 8	0.986 2	0.978 0	0.966 5
16	0.999 9	0.999 8	0.999 6	0.999 0	0.998 0	0.996 3	0.993 4	0.988 9	0.982 3
17	1.000 0	0.999 9	0.999 8	0.999 6	0.999 2	0.998 4	0.997 0	0.994 7	0.991 1
18		1.000 0	0.999 9	0.999 9	0.999 7	0.999 4	0.998 7	0.997 6	0.995 7
19			1.000 0	1.000 0	0.999 9	0.999 7	0.999 5	0.998 9	0.998 0
20					1.000 0	0.999 9	0.999 8	0.999 6	0.999 1

x	λ								
	10.0	11.0	12.0	13.0	14.0	15.0	16.0	17.0	18.0
0	0.000 0	0.000 0	0.000 0						
1	0.000 5	0.000 2	0.000 1	0.000 0	0.000 0				
2	0.002 8	0.001 2	0.000 5	0.000 2	0.000 1	0.000 0	0.000 0		
3	0.010 3	0.004 9	0.002 3	0.001 0	0.000 5	0.000 2	0.000 1	0.000 0	0.000 0
4	0.029 3	0.015 1	0.007 6	0.003 7	0.001 8	0.000 9	0.000 4	0.000 2	0.000 1
5	0.067 1	0.037 5	0.020 3	0.010 7	0.005 5	0.002 8	0.001 4	0.000 7	0.000 3
6	0.130 1	0.078 6	0.045 8	0.025 9	0.014 2	0.007 6	0.004 0	0.002 1	0.001 0
7	0.220 2	0.143 2	0.089 5	0.054 0	0.031 6	0.018 0	0.010 0	0.005 4	0.002 9
8	0.332 8	0.232 0	0.155 0	0.099 8	0.062 1	0.037 4	0.022 0	0.012 6	0.007 1
9	0.457 9	0.340 5	0.242 4	0.165 8	0.109 4	0.069 9	0.043 3	0.026 1	0.015 4
10	0.583 0	0.459 9	0.347 2	0.251 7	0.175 7	0.118 5	0.077 4	0.049 1	0.030 4

续表

x	λ 10.0	11.0	12.0	13.0	14.0	15.0	16.0	17.0	18.0
11	0.696 8	0.579 3	0.461 6	0.353 2	0.260 0	0.184 8	0.127 0	0.084 7	0.054 9
12	0.791 6	0.688 7	0.576 0	0.463 1	0.358 5	0.267 6	0.193 1	0.135 0	0.091 7
13	0.864 5	0.781 3	0.681 5	0.573 0	0.464 4	0.363 2	0.274 5	0.200 9	0.142 6
14	0.916 5	0.854 0	0.772 0	0.675 1	0.570 4	0.465 7	0.367 5	0.280 8	0.208 1
15	0.951 3	0.907 4	0.844 4	0.763 6	0.669 4	0.568 1	0.466 7	0.371 5	0.286 7
16	0.973 0	0.944 1	0.898 7	0.835 5	0.755 9	0.664 1	0.566 0	0.467 7	0.375 0
17	0.985 7	0.967 8	0.937 0	0.890 5	0.827 2	0.748 9	0.659 3	0.564 0	0.468 6
18	0.992 8	0.982 3	0.962 6	0.930 2	0.882 6	0.819 5	0.742 3	0.655 0	0.562 2
19	0.996 5	0.990 7	0.978 7	0.957 3	0.923 5	0.875 2	0.812 2	0.736 3	0.650 9
20	0.998 4	0.995 3	0.988 4	0.975 0	0.952 1	0.917 0	0.868 2	0.805 5	0.730 7
21	0.999 3	0.997 7	0.993 9	0.985 9	0.971 2	0.946 9	0.910 8	0.861 5	0.799 1
22	0.999 7	0.999 0	0.997 0	0.992 4	0.983 3	0.967 3	0.941 8	0.904 7	0.855 1
23	0.999 9	0.999 5	0.998 5	0.996 0	0.990 7	0.980 5	0.963 3	0.936 7	0.898 9
24	1.000 0	0.999 8	0.999 3	0.998 0	0.995 0	0.988 8	0.977 7	0.959 4	0.931 7
25		0.999 9	0.999 7	0.999 0	0.997 4	0.993 8	0.986 9	0.974 8	0.985 4
26		1.000 0	0.999 9	0.999 5	0.998 7	0.996 7	0.992 5	0.984 8	0.971 8
27			0.999 9	0.999 8	0.999 4	0.998 3	0.995 9	0.991 2	0.982 7
28			1.000 0	0.999 9	0.999 7	0.999 1	0.997 8	0.995 0	0.989 7
29				1.000 0	0.999 9	0.999 6	0.998 9	0.997 3	0.994 1
30					0.999 9	0.999 8	0.999 4	0.998 6	0.996 7
31					1.000 0	0.999 9	0.999 7	0.999 3	0.998 2
32						1.000 0	0.999 9	0.999 6	0.999 0
33							0.999 9	0.999 8	0.999 5
34							1.000 0	0.999 9	0.999 8
35								1.000 0	0.999 9
36									0.999 9
37									1.000 0

附表2　标准正态分布表

$$\Phi(x) = \int_{-\infty}^{x} \frac{1}{\sqrt{2\pi}} \mathrm{e}^{-t^2/2} \mathrm{d}t.$$

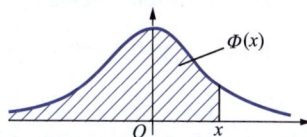

x	0.00	0.01	0.02	0.03	0.04	0.05	0.06	0.07	0.08	0.09
0.0	0.500 0	0.504 0	0.508 0	0.512 0	0.516 0	0.519 9	0.523 9	0.527 9	0.531 9	0.535 9
0.1	0.539 8	0.543 8	0.547 8	0.551 7	0.555 7	0.559 6	0.563 6	0.567 5	0.571 4	0.575 3
0.2	0.579 3	0.583 2	0.587 1	0.591 0	0.594 8	0.598 7	0.602 6	0.606 4	0.610 3	0.614 1
0.3	0.617 9	0.621 7	0.625 5	0.629 3	0.633 1	0.636 8	0.640 6	0.644 3	0.648 0	0.651 7
0.4	0.655 4	0.659 1	0.662 8	0.666 4	0.670 0	0.673 6	0.677 2	0.680 8	0.684 4	0.687 9
0.5	0.691 5	0.695 0	0.698 5	0.701 9	0.705 4	0.708 8	0.712 3	0.715 7	0.719 0	0.722 4
0.6	0.725 7	0.729 1	0.732 4	0.735 7	0.738 9	0.742 2	0.745 4	0.748 6	0.751 7	0.754 9
0.7	0.758 0	0.761 1	0.764 2	0.767 3	0.770 4	0.773 4	0.776 4	0.779 4	0.782 3	0.785 2
0.8	0.788 1	0.791 0	0.793 9	0.796 7	0.799 5	0.802 3	0.805 1	0.807 8	0.810 6	0.813 3
0.9	0.815 9	0.818 6	0.821 2	0.823 8	0.826 4	0.828 9	0.831 5	0.834 0	0.836 5	0.838 9
1.0	0.841 3	0.843 8	0.846 1	0.848 5	0.850 8	0.853 1	0.855 4	0.857 7	0.859 9	0.862 1
1.1	0.864 3	0.866 5	0.868 6	0.870 8	0.872 9	0.874 9	0.877 0	0.879 0	0.881 0	0.883 0
1.2	0.884 9	0.886 9	0.888 8	0.890 7	0.892 5	0.894 4	0.896 2	0.898 0	0.899 7	0.901 5
1.3	0.903 2	0.904 9	0.906 6	0.908 2	0.909 9	0.911 5	0.913 1	0.914 7	0.916 2	0.917 7
1.4	0.919 2	0.920 7	0.922 2	0.923 6	0.925 1	0.926 5	0.927 8	0.929 2	0.930 6	0.931 9
1.5	0.933 2	0.934 5	0.935 7	0.937 0	0.938 2	0.939 4	0.940 6	0.941 8	0.942 9	0.944 1
1.6	0.945 2	0.946 3	0.947 4	0.948 4	0.949 5	0.950 5	0.951 5	0.952 5	0.953 5	0.954 5
1.7	0.955 4	0.956 4	0.957 3	0.958 2	0.959 1	0.959 9	0.960 8	0.961 6	0.962 5	0.963 3
1.8	0.964 1	0.964 9	0.965 6	0.966 4	0.967 1	0.967 8	0.968 6	0.969 3	0.969 9	0.970 6
1.9	0.971 3	0.971 9	0.972 6	0.973 2	0.973 8	0.974 4	0.975 0	0.975 6	0.976 1	0.976 7
2.0	0.977 2	0.977 8	0.978 3	0.978 8	0.979 3	0.979 8	0.980 3	0.980 8	0.981 2	0.981 7
2.1	0.982 1	0.982 6	0.983 0	0.983 4	0.983 8	0.984 2	0.984 6	0.985 0	0.985 4	0.985 7
2.2	0.986 1	0.986 4	0.986 8	0.987 1	0.987 5	0.987 8	0.988 1	0.988 4	0.988 7	0.989 0
2.3	0.989 3	0.989 6	0.989 8	0.990 1	0.990 4	0.990 6	0.990 9	0.991 1	0.991 3	0.991 6

续表

x	0.00	0.01	0.02	0.03	0.04	0.05	0.06	0.07	0.08	0.09
2.4	0.991 8	0.992 0	0.992 2	0.992 5	0.992 7	0.992 9	0.993 1	0.993 2	0.993 4	0.993 6
2.5	0.993 8	0.994 0	0.994 1	0.994 3	0.994 5	0.994 6	0.994 8	0.994 9	0.995 1	0.995 2
2.6	0.995 3	0.995 5	0.995 6	0.995 7	0.995 9	0.996 0	0.996 1	0.996 2	0.996 3	0.996 4
2.7	0.996 5	0.996 6	0.996 7	0.996 8	0.996 9	0.997 0	0.997 1	0.997 2	0.997 3	0.997 4
2.8	0.997 4	0.997 5	0.997 6	0.997 7	0.997 7	0.997 8	0.997 9	0.997 9	0.998 0	0.998 1
2.9	0.998 1	0.998 2	0.998 2	0.998 3	0.998 4	0.998 4	0.998 5	0.998 5	0.998 6	0.998 6
3.0	0.998 7	0.998 7	0.998 7	0.998 8	0.998 8	0.998 9	0.998 9	0.998 9	0.999 0	0.999 0
3.1	0.999 0	0.999 1	0.999 1	0.999 1	0.999 2	0.999 2	0.999 2	0.999 2	0.999 3	0.999 3
3.2	0.999 3	0.999 3	0.999 4	0.999 4	0.999 4	0.999 4	0.999 4	0.999 5	0.999 5	0.999 5
3.3	0.999 5	0.999 5	0.999 5	0.999 6	0.999 6	0.999 6	0.999 6	0.999 6	0.999 6	0.999 7
3.4	0.999 7	0.999 7	0.999 7	0.999 7	0.999 7	0.999 7	0.999 7	0.999 7	0.999 7	0.999 8

附表3 χ^2分布表

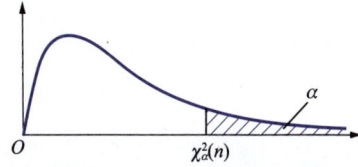

$$P\{\chi^2(n) > \chi^2_\alpha(n)\} = \alpha.$$

n \ α	0.995	0.99	0.975	0.95	0.90	0.10	0.05	0.025	0.01	0.005
1	0.000	0.000	0.001	0.004	0.016	2.706	3.843	5.025	6.637	7.882
2	0.010	0.020	0.051	0.103	0.211	4.605	5.992	7.378	9.210	10.597
3	0.072	0.115	0.216	0.352	0.584	6.251	7.815	9.348	11.344	12.837
4	0.207	0.297	0.484	0.711	1.064	7.779	9.488	11.143	13.277	14.860
5	0.412	0.554	0.831	1.145	1.610	9.236	11.070	12.832	15.085	16.748
6	0.676	0.872	1.237	1.635	2.204	10.645	12.592	14.440	16.812	18.548
7	0.989	1.239	1.690	2.167	2.833	12.017	14.067	16.012	18.474	20.276
8	1.344	1.646	2.180	2.733	3.490	13.362	15.507	17.534	20.090	21.954
9	1.735	2.088	2.700	3.325	4.168	14.684	16.919	19.022	21.665	23.587
10	2.156	2.558	3.247	3.940	4.865	15.987	18.307	20.483	23.209	25.188
11	2.603	3.053	3.816	4.575	5.578	17.275	19.675	21.920	24.724	26.755
12	3.074	3.571	4.404	5.226	6.304	18.549	21.026	23.337	26.217	28.300
13	3.565	4.107	5.009	5.892	7.041	19.812	22.362	24.735	27.687	29.817
14	4.075	4.660	5.629	6.571	7.790	21.064	23.685	26.119	29.141	31.319
15	4.600	5.229	6.262	7.261	8.547	22.307	24.996	27.488	30.577	32.799
16	5.142	5.812	6.908	7.962	9.312	23.542	26.296	28.845	32.000	34.267
17	5.697	6.407	7.564	8.682	10.085	24.769	27.587	30.190	33.408	35.716
18	6.265	7.015	8.231	9.390	10.865	25.989	28.869	31.526	34.805	37.156
19	6.843	7.632	8.906	10.117	11.651	27.203	30.143	32.852	36.190	38.580
20	7.434	8.260	9.591	10.851	12.443	28.412	31.410	34.170	37.566	39.997
21	8.033	8.897	10.283	11.591	13.240	29.615	32.670	35.478	38.930	41.399
22	8.643	9.542	10.982	12.338	14.042	30.813	33.924	36.781	40.289	42.796

续表

α n	0.995	0.99	0.975	0.95	0.90	0.10	0.05	0.025	0.01	0.005
23	9.260	10.195	11.688	13.090	14.848	32.007	35.172	38.075	41.637	44.179
24	9.886	10.856	12.401	13.848	15.659	33.196	36.415	39.364	42.980	45.558
25	10.519	11.523	13.120	14.611	16.473	34.381	37.652	40.646	44.313	46.925
26	11.160	12.198	13.844	15.379	17.292	35.563	38.885	41.923	45.642	48.290
27	11.807	12.878	14.573	16.151	18.114	36.741	40.113	43.194	46.962	49.642
28	12.461	13.565	15.308	16.928	18.939	37.916	41.337	44.461	48.278	50.993
29	13.120	14.256	16.147	17.708	19.768	39.087	42.557	45.772	49.586	52.333
30	13.787	14.954	16.791	18.493	20.599	40.256	43.773	46.979	50.892	53.672
31	14.457	15.655	17.538	19.280	21.433	41.422	44.985	48.231	52.190	55.000
32	15.134	16.362	18.291	20.072	22.271	42.585	46.194	49.480	53.486	56.328
33	15.814	17.073	19.046	20.866	23.110	43.745	47.400	50.724	54.774	57.646
34	16.501	17.789	19.806	21.664	23.952	44.903	48.602	51.966	56.061	58.964
35	17.191	18.508	20.569	22.465	24.796	46.059	49.802	53.203	57.340	60.272
36	17.887	19.233	21.336	23.269	25.643	47.212	50.998	54.437	58.619	61.581
37	18.584	19.960	22.105	24.075	26.492	48.363	52.192	55.667	59.891	62.880
38	19.289	20.691	22.878	24.884	27.343	49.513	53.384	56.896	61.162	64.181
39	19.994	21.425	23.654	25.695	28.196	50.660	54.572	58.119	62.426	65.473
40	20.706	22.164	24.433	26.509	29.050	51.805	55.758	59.342	63.691	66.766

注：当 $n > 40$ 时，$\chi_\alpha^2(n) \approx \dfrac{1}{2}\left(u_\alpha + \sqrt{2n-1}\right)^2$.

附表4　*t* 分布表

$$P\{t(n) > t_\alpha(n)\} = \alpha.$$

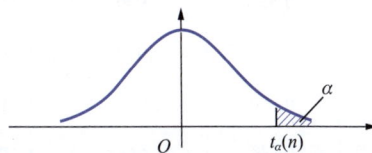

n \ α	0.20	0.15	0.10	0.05	0.025	0.01	0.005
1	1.376	1.963	3.077 7	6.313 8	12.706 2	31.820 7	63.657 4
2	1.061	1.386	1.885 6	2.920 0	4.302 7	6.964 6	9.924 8
3	0.978	1.250	1.637 7	2.353 4	3.182 4	4.540 7	5.840 9
4	0.941	1.190	1.533 2	2.131 8	2.776 4	3.746 9	4.604 1
5	0.920	1.156	1.475 9	2.015 0	2.570 6	3.364 9	4.032 2
6	0.906	1.134	1.439 8	1.943 2	2.446 9	3.142 7	3.707 4
7	0.896	1.119	1.414 9	1.894 6	2.364 6	2.998 0	3.499 5
8	0.889	1.108	1.396 8	1.859 5	2.306 0	2.896 5	3.355 4
9	0.883	1.100	1.383 0	1.833 1	2.262 2	2.821 4	3.249 8
10	0.879	1.093	1.372 2	1.812 5	2.228 1	2.763 8	3.169 3
11	0.876	1.088	1.363 4	1.795 9	2.201 0	2.718 1	3.105 8
12	0.873	1.083	1.356 2	1.782 3	2.178 8	2.681 0	3.054 5
13	0.870	1.079	1.350 2	1.770 9	2.160 4	2.650 3	3.012 3
14	0.868	1.076	1.345 0	1.761 3	2.144 8	2.624 5	2.976 8
15	0.866	1.074	1.340 6	1.753 1	2.131 5	2.602 5	2.946 7
16	0.865	1.071	1.336 8	1.745 9	2.119 9	2.583 5	2.920 8
17	0.863	1.069	1.333 4	1.739 6	2.109 8	2.566 9	2.898 2
18	0.862	1.067	1.330 4	1.734 1	2.100 9	2.552 4	2.878 4
19	0.861	1.066	1.327 7	1.729 1	2.093 0	2.539 5	2.860 9
20	0.860	1.064	1.325 3	1.724 7	2.086 0	2.528 0	2.845 3
21	0.859	1.063	1.323 2	1.720 7	2.079 6	2.517 7	2.831 4
22	0.858	1.061	1.321 2	1.717 1	2.073 9	2.508 3	2.818 8

续表

n \ α	0.20	0.15	0.10	0.05	0.025	0.01	0.005
23	0.858	1.060	1.319 5	1.713 9	2.068 7	2.499 9	2.807 3
24	0.857	1.059	1.317 8	1.710 9	2.063 9	2.492 2	2.796 9
25	0.856	1.058	1.316 3	1.708 1	2.059 5	2.485 1	2.787 4
26	0.856	1.058	1.315 0	1.705 6	2.055 5	2.478 6	2.778 7
27	0.855	1.057	1.313 7	1.703 3	2.051 8	2.472 7	2.770 7
28	0.855	1.056	1.312 5	1.701 1	2.048 4	2.467 1	2.763 3
29	0.854	1.055	1.311 4	1.699 1	2.045 2	2.462 0	2.756 4
30	0.854	1.055	1.310 4	1.697 3	2.042 3	2.457 3	2.750 0
31	0.853 5	1.054 1	1.309 5	1.695 5	2.039 5	2.452 8	2.744 0
32	0.853 1	1.053 6	1.308 6	1.693 9	2.036 9	2.448 7	2.738 5
33	0.852 7	1.053 1	1.307 7	1.692 4	2.034 5	2.444 8	2.733 3
34	0.852 4	1.052 6	1.307 0	1.690 9	2.032 2	2.441 1	2.728 4
35	0.852 1	1.052 1	1.306 2	1.689 6	2.030 1	2.437 7	2.723 8
36	0.851 8	1.051 6	1.305 5	1.688 3	2.028 1	2.434 5	2.719 5
37	0.851 5	1.051 2	1.304 9	1.687 1	2.026 2	2.431 4	2.715 4
38	0.851 2	1.050 8	1.304 2	1.686 0	2.024 4	2.428 6	2.711 6
39	0.851 0	1.050 4	1.303 6	1.684 9	2.022 7	2.425 8	2.707 9
40	0.850 7	1.050 1	1.303 1	1.683 9	2.021 1	2.423 3	2.704 5
41	0.850 5	1.049 8	1.302 5	1.682 9	2.019 5	2.420 8	2.701 2
42	0.850 3	1.049 4	1.302 0	1.682 0	2.018 1	2.418 5	2.698 1
43	0.850 1	1.049 1	1.301 6	1.681 1	2.016 7	2.416 3	2.695 1
44	0.849 9	1.048 8	1.301 1	1.680 2	2.015 4	2.414 1	2.692 3
45	0.849 7	1.048 5	1.300 6	1.679 4	2.014 1	2.412 1	2.689 6

附表5　F分布表

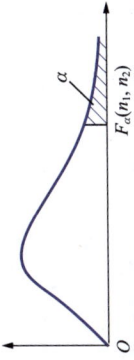

$$P\{F(n_1, n_2) > F_\alpha(n_1, n_2)\} = \alpha.$$
$$(\alpha = 0.10)$$

n_2＼n_1	1	2	3	4	5	6	7	8	9	10	12	15	20	24	30	40	60	120	∞
1	39.86	49.50	53.59	55.83	57.24	58.20	58.91	59.44	59.86	60.19	60.71	61.22	61.74	62.00	62.26	62.53	62.79	63.06	63.33
2	8.53	9.00	9.16	9.24	9.29	9.33	9.35	9.37	9.38	9.39	9.41	9.42	9.44	9.45	9.46	9.47	9.47	9.48	9.49
3	5.54	5.46	5.39	5.34	5.31	5.28	5.27	5.25	5.24	5.23	5.22	5.20	5.18	5.18	5.17	5.16	5.15	5.14	5.13
4	4.54	4.32	4.19	4.11	4.05	4.01	3.98	3.95	3.94	3.92	3.90	3.87	3.84	3.83	3.82	3.80	3.79	3.78	3.76
5	4.06	3.78	3.62	3.52	3.45	3.40	3.37	3.34	3.32	3.30	3.27	3.24	3.21	3.19	3.17	3.16	3.14	3.12	3.10
6	3.78	3.46	3.29	3.18	3.11	3.05	3.01	2.98	2.96	2.94	2.90	2.87	2.84	2.82	2.80	2.78	2.76	2.74	2.72
7	3.59	3.26	3.07	2.96	2.88	2.83	2.78	2.75	2.72	2.70	2.67	2.63	2.59	2.58	2.56	2.54	2.51	2.49	2.47
8	3.46	3.11	2.92	2.81	2.73	2.67	2.62	2.59	2.56	2.54	2.50	2.46	2.42	2.40	2.38	2.36	2.34	2.32	2.29
9	3.36	3.01	2.81	2.69	2.61	2.55	2.51	2.47	2.44	2.42	2.38	2.34	2.30	2.28	2.25	2.23	2.21	2.18	2.16
10	3.29	2.92	2.73	2.61	2.52	2.46	2.41	2.38	2.35	2.32	2.28	2.24	2.20	2.18	2.16	2.13	2.11	2.08	2.06
11	3.23	2.86	2.66	2.54	2.45	2.39	2.34	2.30	2.27	2.25	2.21	2.17	2.12	2.10	2.08	2.05	2.03	2.00	1.97
12	3.18	2.81	2.61	2.48	2.39	2.33	2.28	2.24	2.21	2.19	2.15	2.10	2.06	2.04	2.01	1.99	1.96	1.93	1.90
13	3.14	2.76	2.56	2.43	2.35	2.28	2.23	2.20	2.16	2.14	2.10	2.05	2.01	1.98	1.96	1.93	1.90	1.88	1.85
14	3.10	2.73	2.52	2.39	2.31	2.24	2.19	2.15	2.12	2.10	2.05	2.01	1.96	1.94	1.91	1.89	1.86	1.83	1.80
15	3.07	2.70	2.49	2.36	2.27	2.21	2.16	2.12	2.09	2.06	2.02	1.97	1.92	1.90	1.87	1.85	1.82	1.79	1.76
16	3.05	2.67	2.46	2.33	2.24	2.18	2.13	2.09	2.06	2.03	1.99	1.94	1.89	1.87	1.84	1.81	1.78	1.75	1.72

续表

($\alpha=0.10$)

n_1 / n_2	1	2	3	4	5	6	7	8	9	10	12	15	20	24	30	40	60	120	∞
17	3.03	2.64	2.44	2.31	2.22	2.15	2.10	2.06	2.03	2.00	1.96	1.91	1.86	1.84	1.81	1.78	1.75	1.72	1.69
18	3.01	2.62	2.42	2.29	2.20	2.13	2.08	2.04	2.00	1.98	1.93	1.89	1.84	1.81	1.78	1.75	1.72	1.69	1.66
19	2.99	2.61	2.40	2.27	2.18	2.11	2.06	2.02	1.98	1.96	1.91	1.86	1.81	1.79	1.76	1.73	1.70	1.67	1.63
20	2.97	2.59	2.38	2.25	2.16	2.09	2.04	2.00	1.96	1.94	1.89	1.84	1.79	1.77	1.74	1.71	1.68	1.64	1.61
21	2.96	2.57	2.36	2.23	2.14	2.08	2.02	1.98	1.95	1.92	1.87	1.83	1.78	1.75	1.72	1.69	1.66	1.62	1.59
22	2.95	2.56	2.35	2.22	2.13	2.06	2.01	1.97	1.93	1.90	1.86	1.81	1.76	1.73	1.70	1.67	1.64	1.60	1.57
23	2.94	2.55	2.34	2.21	2.11	2.05	1.99	1.95	1.92	1.89	1.84	1.80	1.74	1.72	1.69	1.66	1.62	1.59	1.55
24	2.93	2.54	2.33	2.19	2.10	2.04	1.98	1.94	1.91	1.88	1.83	1.78	1.73	1.70	1.67	1.64	1.61	1.57	1.53
25	2.92	2.53	2.32	2.18	2.09	2.02	1.97	1.93	1.89	1.87	1.82	1.77	1.72	1.69	1.66	1.63	1.59	1.56	1.52
26	2.91	2.52	2.31	2.17	2.08	2.01	1.96	1.92	1.88	1.86	1.81	1.76	1.71	1.68	1.65	1.61	1.58	1.54	1.50
27	2.90	2.51	2.30	2.17	2.07	2.00	1.95	1.91	1.87	1.85	1.80	1.75	1.70	1.67	1.64	1.60	1.57	1.53	1.49
28	2.89	2.50	2.29	2.16	2.06	2.00	1.94	1.90	1.87	1.84	1.79	1.74	1.69	1.66	1.63	1.59	1.56	1.52	1.48
29	2.89	2.50	2.28	2.15	2.06	1.99	1.93	1.89	1.86	1.83	1.78	1.73	1.68	1.65	1.62	1.58	1.55	1.51	1.47
30	2.88	2.49	2.28	2.14	2.05	1.98	1.93	1.88	1.85	1.82	1.77	1.72	1.67	1.64	1.61	1.57	1.54	1.50	1.46
40	2.84	2.44	2.23	2.09	2.00	1.93	1.87	1.83	1.79	1.76	1.71	1.66	1.61	1.57	1.54	1.51	1.47	1.42	1.38
60	2.79	2.39	2.18	2.04	1.95	1.87	1.82	1.77	1.74	1.71	1.66	1.60	1.54	1.51	1.48	1.44	1.40	1.35	1.29
120	2.75	2.35	2.13	1.99	1.90	1.82	1.77	1.72	1.68	1.65	1.60	1.55	1.48	1.45	1.41	1.37	1.32	1.26	1.19
∞	2.71	2.30	2.08	1.94	1.85	1.77	1.72	1.67	1.63	1.60	1.55	1.49	1.42	1.38	1.34	1.30	1.24	1.17	1.00

续表

($\alpha=0.05$)

n_1 \ n_2	1	2	3	4	5	6	7	8	9	10	12	15	20	24	30	40	60	120	∞
1	161	200	216	225	230	234	237	239	241	242	244	246	248	249	250	251	252	253	254
2	18.5	19.0	19.2	19.2	19.3	19.3	19.4	19.4	19.4	19.4	19.4	19.4	19.4	19.5	19.5	19.5	19.5	19.5	19.5
3	10.1	9.55	9.28	9.12	9.01	8.94	8.89	8.85	8.81	8.79	8.74	8.70	8.66	8.64	8.62	8.59	8.57	8.55	8.53
4	7.71	6.94	6.59	6.39	6.26	6.16	6.09	6.04	6.00	5.96	5.91	5.86	5.80	5.77	5.75	5.72	5.69	5.66	5.63
5	6.61	5.79	5.41	5.19	5.05	4.95	4.88	4.82	4.77	4.74	4.68	4.62	4.56	4.53	4.50	4.46	4.43	4.40	4.36
6	5.99	5.14	4.76	4.53	4.39	4.28	4.21	4.15	4.10	4.06	4.00	3.94	3.87	3.84	3.81	3.77	3.74	3.70	3.67
7	5.59	4.74	4.35	4.12	3.97	3.87	3.79	3.73	3.68	3.64	3.57	3.51	3.44	3.41	3.38	3.34	3.30	3.27	3.23
8	5.32	4.46	4.07	3.84	3.69	3.58	3.50	3.44	3.39	3.35	3.28	3.22	3.15	3.12	3.08	3.04	3.01	2.97	2.93
9	5.12	4.26	3.86	3.63	3.48	3.37	3.29	3.23	3.18	3.14	3.07	3.01	2.94	2.90	2.86	2.83	2.79	2.75	2.71
10	4.96	4.10	3.71	3.48	3.33	3.22	3.14	3.07	3.02	2.98	2.91	2.85	2.77	2.74	2.70	2.66	2.62	2.58	2.54
11	4.84	3.98	3.59	3.36	3.20	3.09	3.01	2.95	2.90	2.85	2.79	2.72	2.65	2.61	2.57	2.53	2.49	2.45	2.40
12	4.75	3.89	3.49	3.26	3.11	3.00	2.91	2.85	2.80	2.75	2.69	2.62	2.54	2.51	2.47	2.43	2.38	2.34	2.30
13	4.67	3.81	3.41	3.18	3.03	2.92	2.83	2.77	2.71	2.67	2.60	2.53	2.46	2.42	2.38	2.34	2.30	2.25	2.21
14	4.60	3.74	3.34	3.11	2.96	2.85	2.76	2.70	2.65	2.60	2.53	2.46	2.39	2.35	2.31	2.27	2.22	2.18	2.13
15	4.54	3.68	3.29	3.06	2.90	2.79	2.71	2.64	2.59	2.54	2.48	2.40	2.33	2.29	2.25	2.20	2.16	2.11	2.07
16	4.49	3.63	3.24	3.01	2.85	2.74	2.66	2.59	2.54	2.49	2.42	2.35	2.28	2.24	2.19	2.15	2.11	2.06	2.01
17	4.45	3.59	3.20	2.96	2.81	2.70	2.61	2.55	2.49	2.45	2.38	2.31	2.23	2.19	2.15	2.10	2.06	2.01	1.96
18	4.41	3.55	3.16	2.93	2.77	2.66	2.58	2.51	2.46	2.41	2.34	2.27	2.19	2.15	2.11	2.06	2.02	1.97	1.92

续表

$(\alpha=0.05)$

n_1 / n_2	1	2	3	4	5	6	7	8	9	10	12	15	20	24	30	40	60	120	∞
19	4.38	3.52	3.13	2.90	2.74	2.63	2.54	2.48	2.42	2.38	2.31	2.23	2.16	2.11	2.07	2.03	1.98	1.93	1.88
20	4.35	3.49	3.10	2.87	2.71	2.60	2.51	2.45	2.39	2.35	2.28	2.20	2.12	2.08	2.04	1.99	1.95	1.90	1.84
21	4.32	3.47	3.07	2.84	2.68	2.57	2.49	2.42	2.37	2.32	2.25	2.18	2.10	2.05	2.01	1.96	1.92	1.87	1.81
22	4.30	3.44	3.05	2.82	2.66	2.55	2.46	2.40	2.34	2.30	2.23	2.15	2.07	2.03	1.98	1.94	1.89	1.84	1.78
23	4.28	3.42	3.03	2.80	2.64	2.53	2.44	2.37	2.32	2.27	2.20	2.13	2.05	2.01	1.96	1.91	1.86	1.81	1.76
24	4.26	3.40	3.01	2.78	2.62	2.51	2.42	2.36	2.30	2.25	2.18	2.11	2.03	1.98	1.94	1.89	1.84	1.79	1.73
25	4.24	3.39	2.99	2.76	2.60	2.49	2.40	2.34	2.28	2.24	2.16	2.09	2.01	1.96	1.92	1.87	1.82	1.77	1.71
26	4.23	3.37	2.98	2.74	2.59	2.47	2.39	2.32	2.27	2.22	2.15	2.07	1.99	1.95	1.90	1.85	1.80	1.75	1.69
27	4.21	3.35	2.96	2.73	2.57	2.46	2.37	2.31	2.25	2.20	2.13	2.06	1.97	1.93	1.88	1.84	1.79	1.73	1.67
28	4.20	3.34	2.95	2.71	2.56	2.45	2.36	2.29	2.24	2.19	2.12	2.04	1.96	1.91	1.87	1.82	1.77	1.71	1.65
29	4.18	3.33	2.93	2.70	2.55	2.43	2.35	2.28	2.22	2.18	2.10	2.03	1.94	1.90	1.85	1.81	1.75	1.70	1.64
30	4.17	3.32	2.92	2.69	2.53	2.42	2.33	2.27	2.21	2.16	2.09	2.01	1.93	1.89	1.84	1.79	1.74	1.68	1.62
40	4.08	3.23	2.84	2.61	2.45	2.34	2.25	2.18	2.12	2.08	2.00	1.92	1.84	1.79	1.74	1.69	1.64	1.58	1.51
60	4.00	3.15	2.76	2.53	2.37	2.25	2.17	2.10	2.04	1.99	1.92	1.84	1.75	1.70	1.65	1.59	1.53	1.47	1.39
120	3.92	3.07	2.68	2.45	2.29	2.17	2.09	2.02	1.96	1.91	1.83	1.75	1.66	1.61	1.55	1.50	1.43	1.35	1.25
∞	3.84	3.00	2.60	2.37	2.21	2.10	2.01	1.94	1.88	1.83	1.75	1.67	1.57	1.52	1.46	1.39	1.32	1.22	1.00

续表

$(\alpha=0.025)$

n_2 \ n_1	1	2	3	4	5	6	7	8	9	10	12	15	20	24	30	40	60	120	∞
1	648	800	864	900	922	937	948	957	963	969	977	985	993	997	1 000	1 010	1 010	1 010	1 020
2	38.5	39.0	39.2	39.2	39.3	39.3	39.4	39.4	39.4	39.4	39.4	39.4	39.4	39.5	39.5	39.5	39.5	39.5	39.5
3	17.4	16.0	15.4	15.1	14.9	14.7	14.6	14.5	14.5	14.4	14.3	14.3	14.2	14.1	14.1	14.0	14.0	13.9	13.9
4	12.2	10.6	9.98	9.60	9.36	9.20	9.07	8.98	8.90	8.84	8.75	8.66	8.56	8.51	8.46	8.41	8.36	8.31	8.26
5	10.0	8.43	7.76	7.39	7.15	5.98	6.85	6.76	6.68	6.62	6.52	6.43	6.33	6.28	6.23	6.18	6.12	6.07	6.02
6	8.81	7.26	6.60	6.23	5.99	5.82	5.70	5.60	5.52	5.46	5.37	5.27	5.17	5.12	5.07	5.01	4.96	4.90	4.85
7	8.07	6.54	5.89	5.52	5.29	5.12	4.99	4.90	4.82	4.76	4.67	4.57	4.47	4.42	4.36	4.31	4.25	4.20	4.14
8	7.57	6.06	5.42	5.05	4.82	4.65	4.53	4.43	4.36	4.30	4.20	4.10	4.00	3.95	3.89	3.84	3.78	3.73	3.67
9	7.21	5.71	5.08	4.72	4.48	4.32	4.20	4.10	4.03	3.96	3.87	3.77	3.67	3.61	3.56	3.51	3.45	3.39	3.33
10	6.94	5.46	4.83	4.47	4.24	4.07	3.95	3.85	3.78	3.72	3.62	3.52	3.42	3.37	3.31	3.26	3.20	3.14	3.08
11	6.72	5.26	4.63	4.28	4.04	3.83	3.76	3.66	3.59	3.53	3.43	3.33	3.23	3.17	3.12	3.06	3.00	2.94	2.88
12	6.55	5.10	4.47	4.12	3.89	3.73	3.61	3.51	3.44	3.37	3.28	3.18	3.07	3.02	2.96	2.91	2.85	2.79	2.72
13	6.41	4.97	4.35	4.00	3.77	3.60	3.48	3.39	3.31	3.25	3.15	3.05	2.95	2.89	2.84	2.78	2.72	2.66	2.60
14	6.30	4.86	4.24	3.89	3.66	3.50	3.38	3.29	3.21	3.15	3.05	2.95	2.84	2.79	2.73	2.67	2.61	2.55	2.49
15	6.20	4.77	4.15	3.80	3.58	3.41	3.29	3.20	3.12	3.06	2.96	2.86	2.76	2.70	2.64	2.59	2.52	2.46	2.40
16	6.12	4.69	4.08	3.73	3.50	3.34	3.22	3.12	3.05	2.99	2.89	2.79	2.68	2.63	2.57	2.51	2.45	2.38	2.32
17	6.04	4.62	4.01	3.66	3.44	3.28	3.16	3.06	2.98	2.92	2.82	2.72	2.62	2.56	2.50	2.44	2.38	2.32	2.25
18	5.98	4.56	3.95	3.61	3.38	3.22	3.10	3.01	2.93	2.87	2.77	2.67	2.56	2.50	2.44	2.38	2.32	2.26	2.19

续表

$(\alpha=0.025)$

n_1 \ n_2	1	2	3	4	5	6	7	8	9	10	12	15	20	24	30	40	60	120	∞
19	5.92	4.51	3.90	3.56	3.33	3.17	3.05	2.96	2.88	2.82	2.72	2.62	2.51	2.45	2.39	2.33	2.27	2.20	2.13
20	5.87	4.46	3.86	3.51	3.29	3.13	3.01	2.91	2.84	2.77	2.68	2.57	2.46	2.41	2.35	2.29	2.22	2.16	2.09
21	5.83	4.42	3.82	3.48	3.25	3.09	2.97	2.87	2.80	2.73	2.64	2.53	2.42	2.37	2.31	2.25	2.18	2.11	2.04
22	5.79	4.38	3.78	3.44	3.22	3.05	2.93	2.84	2.76	2.70	2.60	2.50	2.39	2.33	2.27	2.21	2.14	2.08	2.00
23	5.75	4.35	3.75	3.41	3.18	3.02	2.90	2.81	2.73	2.67	2.57	2.47	2.36	2.30	2.24	2.18	2.11	2.04	1.97
24	5.72	4.32	3.72	3.38	3.15	2.99	2.87	2.78	2.70	2.64	2.54	2.44	2.33	2.27	2.21	2.15	2.08	2.01	1.94
25	5.69	4.29	3.69	3.35	3.13	2.97	2.85	2.75	2.68	2.61	2.51	2.41	2.30	2.24	2.18	2.12	2.05	1.98	1.91
26	5.66	4.27	3.67	3.33	3.10	2.94	2.82	2.73	2.65	2.59	2.49	2.39	2.28	2.22	2.16	2.09	2.03	1.95	1.88
27	5.63	4.24	3.65	3.31	3.08	2.92	2.80	2.71	2.63	2.57	2.47	2.36	2.25	2.19	2.13	2.07	2.00	1.93	1.85
28	5.61	4.22	3.63	3.29	3.06	2.90	2.78	2.69	2.61	2.55	2.45	2.34	2.23	2.17	2.11	2.05	1.98	1.91	1.83
29	5.59	4.20	3.61	3.27	3.04	2.88	2.76	2.67	2.59	2.53	2.43	2.32	2.21	2.15	2.09	2.03	1.96	1.89	1.81
30	5.57	4.18	3.59	3.25	3.03	2.87	2.75	2.65	2.57	2.51	2.41	2.31	2.20	2.14	2.07	2.01	1.94	1.87	1.79
40	5.42	4.05	3.46	3.13	2.90	2.74	2.62	2.53	2.45	2.39	2.29	2.18	2.07	2.01	1.94	1.88	1.80	1.72	1.64
60	5.29	3.93	3.34	3.01	2.79	2.63	2.51	2.41	2.33	2.27	2.17	2.06	1.94	1.88	1.82	1.74	1.67	1.58	1.48
120	5.15	3.80	3.23	2.89	2.67	2.52	2.39	2.30	2.22	2.16	2.05	1.94	1.82	1.76	1.69	1.61	1.53	1.43	1.31
∞	5.02	3.69	3.12	2.79	2.57	2.41	2.29	2.19	2.11	2.05	1.94	1.83	1.71	1.64	1.57	1.48	1.39	1.27	1.00

续表

(α=0.01)

n_1 / n_2	1	2	3	4	5	6	7	8	9	10	12	15	20	24	30	40	60	120	∞
1	4 050	5 000	5 400	5 620	5 760	5 860	5 930	5 980	6 020	6 060	110	6 160	6 210	6 230	6 260	6 290	6 310	6 340	6 370
2	98.5	99.0	99.2	99.2	99.3	99.3	99.4	99.4	99.4	99.4	99.4	99.4	99.4	99.5	99.5	99.5	99.5	99.5	99.5
3	34.1	30.8	29.5	28.7	28.2	27.9	27.7	27.5	27.3	27.2	27.1	26.9	26.7	26.6	26.5	26.4	26.3	26.2	26.1
4	21.2	18.0	16.7	16.0	15.5	15.2	15.0	14.8	14.7	14.5	14.4	14.2	14.0	13.9	13.8	13.7	13.7	13.6	13.5
5	16.3	13.3	12.1	11.4	11.0	10.7	10.5	10.3	10.2	10.1	9.89	9.72	9.55	9.47	9.38	9.29	9.20	9.11	9.02
6	13.7	10.9	9.78	9.15	8.75	8.47	8.26	8.10	7.98	7.87	7.72	7.56	7.40	7.31	7.23	7.14	7.06	6.97	6.88
7	12.2	9.55	8.45	7.85	7.46	7.19	6.99	6.84	6.72	6.62	6.47	6.31	6.16	6.07	5.99	5.91	5.82	5.74	5.65
8	11.3	8.65	7.59	7.01	6.63	6.37	6.18	6.03	5.91	5.81	5.67	5.52	5.36	5.28	5.20	5.12	5.03	4.95	4.86
9	10.6	8.02	6.99	6.42	6.06	5.80	5.61	5.47	5.35	5.26	5.11	4.96	4.81	4.73	4.65	4.57	4.48	4.40	4.41
10	10.0	7.56	6.55	5.99	5.64	5.39	5.20	5.06	4.94	4.85	4.71	4.56	4.41	4.33	4.25	4.17	4.08	4.00	3.91
11	9.65	7.21	6.22	5.67	5.32	5.07	4.89	4.74	4.63	4.54	4.40	4.25	4.10	4.02	3.94	3.86	3.78	3.69	3.60
12	9.33	6.93	5.95	5.41	5.06	4.82	4.64	4.50	4.39	4.30	4.16	4.01	3.86	3.78	3.70	3.62	3.54	3.45	3.36
13	9.07	6.70	5.74	5.21	4.86	4.62	4.44	4.30	4.19	4.10	3.96	3.82	3.66	3.59	3.51	3.43	3.34	3.25	3.17
14	8.86	6.51	5.56	5.04	4.69	4.46	4.28	4.14	4.03	3.94	3.80	3.66	3.51	3.43	3.35	3.27	3.18	3.09	3.00
15	8.68	6.36	5.42	4.89	4.56	4.32	4.14	4.00	3.89	3.80	3.67	3.52	3.37	3.29	3.21	3.13	3.05	2.96	2.87
16	8.53	6.23	5.29	4.77	4.44	4.20	4.03	3.89	3.78	3.69	3.55	3.41	3.26	3.18	3.10	3.02	2.93	2.84	2.75
17	8.40	6.11	5.18	4.67	4.34	4.10	3.93	3.79	3.68	3.59	3.46	3.31	3.16	3.08	3.00	2.92	2.83	2.75	2.65
18	8.29	6.01	5.09	4.58	4.25	4.01	3.84	3.71	3.60	3.51	3.37	3.23	3.08	3.00	2.92	2.84	2.75	2.66	2.57

续表

($\alpha=0.01$)

n_1 / n_2	1	2	3	4	5	6	7	8	9	10	12	15	20	24	30	40	60	120	∞
19	8.18	5.93	5.01	4.50	4.17	3.94	3.77	3.63	3.52	3.43	3.30	3.15	3.00	2.92	2.84	2.76	2.67	2.58	2.49
20	8.10	5.85	4.94	4.43	4.10	3.87	3.70	3.56	3.46	3.37	3.23	3.09	2.94	2.86	2.78	2.69	2.61	2.52	2.42
21	8.02	5.78	4.87	4.37	4.04	3.81	3.64	3.51	3.40	3.31	3.17	3.03	2.88	2.80	2.72	2.64	2.55	2.46	2.36
22	7.95	5.72	4.82	4.31	3.99	3.76	3.59	3.45	3.35	3.26	3.12	2.98	2.83	2.75	2.67	2.58	2.50	2.40	2.31
23	7.88	5.66	4.76	4.26	3.94	3.71	3.54	3.41	3.30	3.21	3.07	2.93	2.78	2.70	2.62	2.54	2.45	2.35	2.26
24	7.82	5.61	4.72	4.22	3.90	3.67	3.50	3.36	3.26	3.17	3.03	2.89	2.74	2.66	2.58	2.49	2.40	2.31	2.21
25	7.77	5.57	4.68	4.18	3.85	3.63	3.46	3.32	3.22	3.13	2.99	2.85	2.70	2.62	2.54	2.45	2.36	2.27	2.17
26	7.72	5.53	4.64	4.14	3.82	3.59	3.42	3.29	3.18	3.09	2.96	2.81	2.66	2.58	2.50	2.42	2.33	2.23	2.13
27	7.68	5.49	4.60	4.11	3.78	3.56	3.39	3.26	3.15	3.06	2.93	2.78	2.63	2.55	2.47	2.38	2.29	2.20	2.10
28	7.64	5.45	4.57	4.07	3.75	3.53	3.36	3.23	3.12	3.03	2.90	2.75	2.60	2.52	2.44	2.35	2.26	2.17	2.06
29	7.60	5.42	4.54	4.04	3.73	3.50	3.33	3.20	3.09	3.00	2.87	2.73	2.57	2.49	2.41	2.33	2.23	2.14	2.03
30	7.56	5.39	4.51	4.02	3.70	3.47	3.30	3.17	3.07	2.98	2.84	2.70	2.55	2.47	2.39	2.30	2.21	2.11	2.01
40	7.31	5.18	4.31	3.83	3.51	3.29	3.12	2.99	2.89	2.80	2.66	2.52	2.37	2.29	2.20	2.11	2.02	1.92	1.80
60	7.08	4.98	4.13	3.65	3.34	3.12	2.95	2.82	2.72	2.63	2.50	2.35	2.20	2.12	2.03	1.94	1.84	1.73	1.60
120	6.85	4.79	3.95	3.48	3.17	2.96	2.79	2.66	2.56	2.47	2.34	2.19	2.03	1.95	1.86	1.76	1.66	1.53	1.38
∞	6.63	4.61	3.78	3.32	3.02	2.80	2.64	2.51	2.41	2.32	2.18	2.04	1.88	1.79	1.70	1.59	1.47	1.32	1.00

续表

（$\alpha=0.005$）

n_2 \ n_1	1	2	3	4	5	6	7	8	9	10	12	15	20	24	30	40	60	120	∞
1	16 200	20 000	21 600	22 500	23 100	23 400	23 700	23 900	24 100	24 200	24 400	24 600	24 800	24 900	25000	25 100	25 300	25 400	25 500
2	199	199	199	199	199	199	199	199	199	199	199	199	199	199	199	199	199	199	200
3	55.6	49.8	47.5	46.2	45.4	44.8	44.4	44.1	43.9	43.7	43.4	43.1	42.8	42.6	42.5	42.3	42.1	42.0	41.8
4	31.3	26.3	24.3	23.2	22.5	22.0	21.6	21.4	21.1	21.0	20.7	20.4	20.2	20.0	19.9	19.8	19.6	19.5	19.3
5	22.8	18.3	16.5	15.6	14.9	14.5	14.2	14.0	13.8	13.6	13.4	13.1	12.9	12.8	12.7	12.5	12.4	12.3	12.1
6	18.6	14.5	12.9	12.0	11.5	11.1	10.8	10.6	10.4	10.3	10.0	9.81	9.59	9.47	9.36	9.24	9.12	9.00	8.88
7	16.2	12.4	10.9	10.1	9.52	9.16	8.89	8.68	8.51	8.38	8.18	7.97	7.75	7.65	7.53	7.42	7.31	7.19	7.08
8	14.7	11.0	9.60	8.81	8.30	7.95	7.69	7.50	7.34	7.21	7.01	6.81	6.61	6.50	6.40	6.29	6.18	6.06	5.95
9	13.6	10.1	8.72	7.96	7.47	7.13	6.88	6.69	6.54	6.42	6.23	6.03	5.83	5.73	5.62	5.52	5.41	5.30	5.19
10	12.8	9.43	8.08	7.34	6.87	6.54	6.30	6.12	5.97	5.85	5.66	5.47	5.27	5.17	5.07	4.97	4.86	4.75	4.64
11	12.2	8.91	7.60	6.88	6.42	6.10	5.86	5.68	5.54	5.42	5.24	5.05	4.86	4.76	4.65	4.55	4.44	4.34	4.23
12	11.8	8.51	7.23	6.52	6.07	5.76	5.52	5.35	5.20	5.09	4.91	4.72	4.53	4.43	4.33	4.23	4.12	4.01	3.90
13	11.4	8.19	6.93	6.23	5.79	5.48	5.25	5.08	4.94	4.82	4.64	4.46	4.27	4.17	4.07	3.97	3.87	3.76	3.65
14	11.1	7.92	6.68	6.00	5.56	5.26	5.03	4.86	4.72	4.60	4.43	4.25	4.06	3.96	3.86	3.76	3.66	3.55	3.44
15	10.8	7.70	6.48	5.80	5.37	5.07	4.85	4.67	4.54	4.42	4.25	4.07	3.88	3.79	3.69	3.58	3.48	3.37	3.26
16	10.6	7.51	6.30	5.64	5.21	4.91	4.69	4.52	4.38	4.27	4.10	3.92	3.73	3.64	3.54	3.44	3.33	3.22	3.11
17	10.4	7.35	6.16	5.50	5.07	4.78	4.56	4.39	4.25	4.14	3.97	3.79	3.61	3.51	3.41	3.31	3.21	3.10	2.98
18	10.2	7.21	6.03	5.37	4.96	4.66	4.44	4.28	4.14	4.03	3.86	3.68	3.50	3.40	3.30	3.20	3.10	2.99	2.87

续表

$(\alpha=0.005)$

n_1 \ n_2	1	2	3	4	5	6	7	8	9	10	12	15	20	24	30	40	60	120	∞
19	10.1	7.09	5.92	5.27	4.85	4.56	4.34	4.18	4.04	3.93	3.76	3.59	3.40	3.31	3.21	3.11	3.00	2.89	2.78
20	9.94	6.99	5.82	5.17	4.76	4.47	4.26	4.09	3.96	3.85	3.68	3.50	3.32	3.22	3.12	3.02	2.92	2.81	2.69
21	9.83	6.89	5.73	5.09	4.68	4.39	4.18	4.01	3.88	3.77	3.60	3.43	3.24	3.15	3.05	2.95	2.84	2.73	2.61
22	9.73	6.81	5.65	5.02	4.61	4.32	4.11	3.94	3.81	3.70	3.54	3.36	3.18	3.08	2.98	2.88	2.77	2.66	2.55
23	9.63	6.73	5.58	4.95	4.54	4.26	4.05	3.88	3.75	3.64	3.47	3.30	3.12	3.02	2.92	2.82	2.71	2.60	2.48
24	9.55	6.66	5.52	4.89	4.49	4.20	3.99	3.83	3.69	3.59	3.42	3.25	3.06	2.97	2.87	2.77	2.66	2.55	2.43
25	9.48	6.60	5.46	4.84	4.43	4.15	3.94	3.78	3.64	3.54	3.37	3.20	3.01	2.92	2.82	2.72	2.61	2.50	2.38
26	9.41	6.54	5.41	4.79	4.38	4.10	3.89	3.73	3.60	3.49	3.33	3.15	2.97	2.87	2.77	2.67	2.56	2.45	2.33
27	9.34	6.49	5.36	4.74	4.34	4.06	3.85	3.69	3.56	3.45	3.28	3.11	2.93	2.83	2.73	2.63	2.52	2.41	2.29
28	9.28	6.44	5.32	4.70	4.30	4.02	3.81	3.65	3.52	3.41	3.25	3.07	2.89	2.79	2.69	2.59	2.48	2.37	2.25
29	9.23	6.40	5.28	4.66	4.26	3.98	3.77	3.61	3.48	3.38	3.21	3.04	2.86	2.76	2.66	2.56	2.45	2.33	2.21
30	9.18	6.35	5.24	4.62	4.23	3.95	3.74	3.58	3.45	3.34	3.18	3.01	2.82	2.73	2.63	2.52	2.42	2.30	2.18
40	8.83	6.07	4.98	4.37	3.99	3.71	3.51	3.35	3.22	3.12	2.95	2.78	2.60	2.50	2.40	2.30	2.18	2.06	1.93
60	8.49	5.79	4.73	4.14	3.76	3.49	3.29	3.13	3.01	2.90	2.74	2.57	2.39	2.29	2.19	2.08	1.96	1.83	1.69
120	8.18	5.54	4.50	3.92	3.55	3.28	3.09	2.93	2.81	2.71	2.54	2.37	2.19	2.09	1.98	1.87	1.75	1.61	1.43
∞	7.88	5.30	4.28	3.72	3.35	3.09	2.90	2.74	2.62	2.52	2.36	2.19	2.00	1.90	1.79	1.67	1.53	1.36	1.00

参考答案

同步习题答案

同步习题1.1

【基础题】

1. （1）$S = \{(x, y) \mid x^2 + y^2 \leq 1\}$；

（2）查出合格品记为"1"，查出次品记为"0"，连续出现两个"0"就停止检查，或查满 4 次才停止检查，则 $S = \{00, 100, 0100, 0101, 1010, 0110, 1100, 0111, 1011, 1101, 1110, 1111\}$.

2. （1）$A\bar{B}\bar{C}$ 或 $A-(B\cup C)$；

（2）$AB\bar{C}$ 或 $AB-C$；

（3）$A\cup B\cup C$；

（4）ABC；

（5）$\bar{A}\bar{B}\bar{C}$，或 $S-(A\cup B\cup C)$，或 $\overline{A\cup B\cup C}$；

（6）$\bar{A}B\cup \bar{B}C\cup \bar{A}C$；

（7）$\bar{A}\cup \bar{B}\cup \bar{C}$ 或 $\overline{ABC}$；

（8）$AB\cup BC\cup AC$.

【提高题】

1. （1），（2），（3）错误；（4）正确.

2. 略.

同步习题1.2

【基础题】

1. 无放回抽取方式：（1）$\dfrac{1}{15}$；（2）$\dfrac{8}{15}$；（3）$\dfrac{8}{15}$. 有放回抽取方式：（1）$\dfrac{9}{100}$；

（2）$\dfrac{58}{100}$；（3）$\dfrac{51}{100}$.

2. （1），（3），（4）中等式成立；（2）中等式不成立.

3.（1）0.058 8；（2）0.059 4；（3）0.999 4.

4. $\dfrac{A_N^n}{N^n}$.

5. $\dfrac{1}{3}$.

6.（1）$\dfrac{1}{2}$；（2）$\dfrac{1}{6}$；（3）$\dfrac{3}{8}$.

【提高题】

1. 提示：$P(A\bar{B})=P(A)-P(AB)$，$P(B\bar{A})=P(B)-P(AB)$.

2. 1.

3. $\dfrac{2}{9}$.

4. $\dfrac{3}{4}$.

5.（1）$A\subset B$时，$P(AB)$取到最大值，最大值为 0.6；（2）当$A\bigcup B=S$时，$P(AB)$取到最小值，最小值为 0.3.

同步习题1.3

【基础题】

1. 提示：由$P(A\mid B)=1$知$P(AB)=P(B)$.

2.（1）$\dfrac{1}{5}$；（2）$\dfrac{1}{9}$；（3）$\dfrac{1}{45}$.

3. $\dfrac{1}{5}$.

4. $\dfrac{3}{4}$.

5. 0.3；0.6.

6.（1）0.001 593；（2）0.376 65.

【提高题】

1. 提示：$P(\bar{B}\mid\bar{A})=\dfrac{P(\bar{B}\bar{A})}{1-P(A)}=\dfrac{1-P(A\bigcup B)}{1-P(A)}$.

2. 0.88.

3.（1）0.000 25；（2）0.8.

4.（1）$\dfrac{3}{2}p-\dfrac{1}{2}p^2$；（2）$\dfrac{2p}{p+1}$.

同步习题1.4

【基础题】

1.（1），（2），（3）中等式不成立；（4）中等式成立.

2. $\dfrac{1}{3}$.

3. $\dfrac{8}{9}$.

4. （1）0.72；（2）0.98；（3）0.26.

5. $1-p^{3}$.

【提高题】

1. $\dfrac{1}{4}$.

2. 0.2.

3. $3p^{2}(1-p)^{2}$.

4. $p_{1}p_{2}p_{3}+p_{1}p_{4}-p_{1}p_{2}p_{3}p_{4}$.

同步习题2.1

【基础题】

1. $a=1,\ b=-1$.

2. （3）.

3. $a=\dfrac{1}{2},\ b=\dfrac{1}{\pi}$.

4. （1）$\dfrac{1}{6}$；（2）$\dfrac{7}{12}$；（3）$\dfrac{1}{4}$.

【提高题】

1. $F_{2}(x)$和$F_{4}(x)$是分布函数.

2. 设X的取值为l，AB边上的高为h，则X的分布函数为

$$F(l)=\begin{cases}0, & l<0,\\ 1-\left(1-\dfrac{l}{h}\right)^{2}, & 0\leqslant l<h,\\ 1, & l\geqslant h.\end{cases}$$

同步习题2.2

【基础题】

1. $c=\dfrac{1}{\mathrm{e}^{\lambda}-1}$.

2. $\dfrac{p_{1}+p_{2}}{2}$.

3. X的分布律为$P\{X=k\}=\mathrm{C}_{3}^{k}\left(\dfrac{2}{5}\right)^{k}\left(\dfrac{3}{5}\right)^{3-k},k=0,1,2,3,$ 即

X	0	1	2	3
P	$\frac{27}{125}$	$\frac{54}{125}$	$\frac{36}{125}$	$\frac{8}{125}$

4. 可以先求出 $p = \frac{2}{3}$，进而求出 $P\{Y \geqslant 1\} = \frac{80}{81}$.

5. 设系队获胜人数为 X，当采用第一种方案时，$P\{X \geqslant 2\} = \sum\limits_{k=2}^{3} C_3^k (0.4)^k (0.6)^{3-k} = 0.352$，第一种方案对系队最有利.

6. 设 X 为 40 件产品中的不合格品数.

（1）因为 $X \sim B(40, 0.02)$，所以 $P\{X \geqslant 2\} = 1 - P\{X = 0\} - P\{X = 1\} \approx 0.190\,5$.

（2）利用泊松定理，$P\{X \geqslant 2\} \approx 0.191\,2$.

7. X 的分布律为 $P\{X = k\} = \left(\dfrac{1}{4}\right)^{k-1} \dfrac{3}{4}$，$k = 1, 2, \cdots$.

8. X 的分布律为 $P\{X = k\} = (1-p)^{k-1} p + p^{k-1}(1-p)$，$k = 2, 3, \cdots$.

【提高题】

1. X 的分布律为 $P\{X = N\} = \dfrac{6}{\pi^2 N^2}$，$N = 1, 2, \cdots$.

2. 设 X 表示第一名队员的投篮次数，Y 表示第二名队员的投篮次数，则 X 的分布律为
$$P\{X = k\} = 0.6^{k-1} 0.4^{k-1} 0.4 + 0.6^k 0.4^{k-1} 0.6, \quad k = 1, 2, \cdots;$$

Y 的分布律为
$$P\{Y = 0\} = 0.4,$$
$$P\{Y = k\} = 0.6^k 0.4^k 0.4 + 0.6^k 0.4^{k-1} 0.6, \quad k = 1, 2, \cdots.$$

3. 利用泊松定理，可以求出每箱至少应装 105 件产品.

4. （1）$\dfrac{3}{16}$；（2）$\dfrac{1}{64}$.

同步习题2.3

【基础题】

1.（1）分布函数为
$$F(x) = \begin{cases} 0, & x < 0, \\ \dfrac{1}{2} x^2, & 0 \leqslant x < 1, \\ -\dfrac{1}{2} x^2 + 2x - 1, & 1 \leqslant x < 2, \\ 1, & x \geqslant 2. \end{cases}$$

（2）$P\{X < 0.5\} = F(0.5) = \dfrac{1}{8}$，$P\{X > 1.3\} = 1 - F(1.3) = 0.245$，$P\{0.2 < X \leqslant 1.2\} = F(1.2) -$

$F(0.2) = 0.66.$

2．（1） $f(x) = \begin{cases} 2x, & 0 < x < 1, \\ 0, & \text{其他.} \end{cases}$

（2） $P\{0.3 < X < 0.7\} = 0.4.$

3． $\dfrac{1}{3}.$

4． $P\{50 < X < 100\} = F(100) - F(50) = \mathrm{e}^{-\frac{50}{241}} - \mathrm{e}^{-\frac{100}{241}} \approx 0.152\,3.$

5．设螺栓的长度为 X，则 $P\{$螺栓不合格$\} = 1 - P\{10.05 - 0.12 \leqslant X \leqslant 10.05 + 0.12\} \approx 0.045\,6.$

6． x 的最小值为 129.74.

7．因为 $P\{X > c\} = P\{X < c\}$，且 $P\{X > c\} + P\{X < c\} = 1$，故 $P\{X < c\} = 0.5$，$c = 3$.

8．根据对称性可得 $P\{X < 0\} = P\{X > 4\} = 0.2.$

【提高题】

1． $f(x)$ 关于 $x = 1$ 对称，故 $P\{X < 0\} = 0.2.$

2．（1） X 的概率密度为 $f(x) = \begin{cases} \dfrac{1}{4}, & 2 < x < 6, \\ 0, & \text{其他.} \end{cases}$

（2） $P\{1 < X < 5\} = P\{2 < X < 5\} = \dfrac{3}{4}.$

3． Y 的分布律为 $P\{Y = k\} = \mathrm{C}_5^k (\mathrm{e}^{-2})^k (1 - \mathrm{e}^{-2})^{5-k}$，$k = 0,1,2,3,4,5$；$P\{Y \geqslant 1\} = 1 - (1 - \mathrm{e}^{-2})^5 \approx 0.516\,7.$

4．0.875\,3（利用泊松定理）.

5．被录用的最低分是 78.75 分.

同步习题2.4

【基础题】

1． $Y = |X| + 2$ 的分布律如下.

Y	2	3	4	5
P	$\dfrac{1}{5}$	$\dfrac{7}{30}$	$\dfrac{1}{5}$	$\dfrac{11}{30}$

2． Y 的分布律如下.

Y	−1	0	1
P	$\dfrac{2}{15}$	$\dfrac{1}{3}$	$\dfrac{8}{15}$

3． Y 的概率密度为

$$f_Y(y) = \begin{cases} \dfrac{1}{15}, & 2 < y < 17, \\ 0, & \text{其他.} \end{cases}$$

4. $f_Y(y) = \begin{cases} \dfrac{3}{2}(3-y)^2, & 2 < y < 4, \\ 0, & \text{其他.} \end{cases}$

5. （1）$f_Y(y) = \begin{cases} 1, & 1 < y < 2, \\ 0, & \text{其他.} \end{cases}$

（2）$P\left\{-1 < Y < \dfrac{3}{2}\right\} = \dfrac{1}{2}.$

【提高题】

1. Y 的概率密度为

$$f_Y(y) = \begin{cases} \dfrac{1}{2\sqrt{y}}\,\mathrm{e}^{-\sqrt{y}}, & y > 0, \\ 0, & \text{其他.} \end{cases}$$

2. 可以求出 Y_1, Y_2 的概率密度为

$$f_{Y_1}(y) = f_{Y_2}(y) = \begin{cases} 1, & 0 < y < 1, \\ 0, & \text{其他.} \end{cases}$$

因此，Y_1 与 Y_2 都服从均匀分布 $U(0,1)$.

3. （1）Y 的分布函数为 $F_Y(y) = \begin{cases} 0, & y < 1, \\ \dfrac{y^3 + 18}{27}, & 1 \leqslant y < 2, \\ 1, & y \geqslant 2. \end{cases}$

（2）$P\{X \leqslant Y\} = P\{X < 2\} = \dfrac{8}{27}.$

4. Y 的概率密度为 $f_Y(y) = \begin{cases} \dfrac{2}{\pi\sqrt{1-y^2}}, & 0 < y < 1, \\ 0, & \text{其他.} \end{cases}$

5. $f_Y(y) = \begin{cases} \dfrac{1}{\sqrt{\pi y}}, & 0 < y < \dfrac{\pi}{4}, \\ 0, & \text{其他.} \end{cases}$

同步习题3.1

【基础题】

1. （1）$P\{a < X \leqslant b, c < Y \leqslant d\} = F(b,d) - F(a,d) - F(b,c) + F(a,c)$;

（2）$P\{a \leqslant X \leqslant b, Y \leqslant y\} = F(b,y) - F(a-0,y)$;

（3）$P\{X = a, Y \leqslant y\} = F(a,y) - F(a-0,y)$;

（4）$P\{X \leqslant a, Y < +\infty\} = F(a,+\infty)$.

2. $P\{X < 1\} = 0.6$，$P\{Y \leqslant 2\} = 0.45$，$P\{X \leqslant 1, Y < 2\} = 0.25$.

3．(X,Y)的联合分布律如下．

Y ＼ X	0	1	2	3
1	0	$\dfrac{3}{8}$	$\dfrac{3}{8}$	0
3	$\dfrac{1}{8}$	0	0	$\dfrac{1}{8}$

4．(X,Y)的联合分布律如下．

X ＼ Y	1	2	3	4
1	$\dfrac{1}{4}$	0	0	0
2	$\dfrac{1}{8}$	$\dfrac{1}{8}$	0	0
3	$\dfrac{1}{12}$	$\dfrac{1}{12}$	$\dfrac{1}{12}$	0
4	$\dfrac{1}{16}$	$\dfrac{1}{16}$	$\dfrac{1}{16}$	$\dfrac{1}{16}$

5．(X,Y)的联合概率密度为 $f(x,y)=\begin{cases} 15\mathrm{e}^{-(3x+5y)}, & x\geqslant 0,y\geqslant 0, \\ 0, & \text{其他．} \end{cases}$

6．（1）$k=12$．

（2）$F(x,y)=\begin{cases}(1-\mathrm{e}^{-3x})(1-\mathrm{e}^{-4y}), & x\geqslant 0,y\geqslant 0, \\ 0, & \text{其他．}\end{cases}$

（3）$P\{0<X\leqslant 1,0<Y\leqslant 2\}=(1-\mathrm{e}^{-3})(1-\mathrm{e}^{-8})$．

7．$A=20$；(X,Y)的联合分布函数为 $F(x,y)=\dfrac{1}{\pi^2}\left(\arctan\dfrac{x}{4}+\dfrac{\pi}{2}\right)\left(\arctan\dfrac{y}{5}+\dfrac{\pi}{2}\right)$．

8．（1）$P\{X>0.5,Y>0.5\}=\dfrac{1}{8}$．

（2）$P\{X<0.5\}=\dfrac{7}{8}$，$P\{Y<0.5\}=\dfrac{1}{2}$．

9．$P\left\{XY\geqslant\dfrac{3}{16},X+Y\leqslant 1\right\}=\dfrac{1}{4}-\dfrac{3}{16}\ln 3$．

【提高题】

1．提示：$F(1,1)-F(1,-1)-F(-1,1)+F(-1,-1)<0$，不满足联合分布函数的性质（4）．

2．(X,Y)的联合分布函数为

$$F(x,y) = \begin{cases} 0, & x<0或y<0, \\ 0.5[\sin x + \sin y - \sin(x+y)], & 0 \leqslant x < \dfrac{\pi}{2}, 0 \leqslant y < \dfrac{\pi}{2}, \\ 0.5(1+\sin x - \cos x), & 0 \leqslant x < \dfrac{\pi}{2}, y \geqslant \dfrac{\pi}{2}, \\ 0.5(1+\sin y - \cos y), & x \geqslant \dfrac{\pi}{2}, 0 \leqslant y < \dfrac{\pi}{2}, \\ 1, & x \geqslant \dfrac{\pi}{2}, y \geqslant \dfrac{\pi}{2}. \end{cases}$$

3.（1）$P\{X \leqslant Y\} = \dfrac{1}{2}$;

（2）$P\{X+Y \geqslant 1\} = \dfrac{5}{6}$;

（3）$P\left\{|Y-X| \geqslant \dfrac{1}{2}\right\} = \dfrac{7}{48}$;

（4）$P\left\{X 与 Y 中至少有一个小于 \dfrac{1}{2}\right\} = \dfrac{7}{16}$.

4. $P\{X > 120, Y > 120\} = e^{-2.4} \approx 0.0907$.

同步习题3.2

【基础题】

1. $F_X(x) = \begin{cases} 1-e^{-x}, & x > 0, \\ 0, & 其他. \end{cases}$ $F_Y(y) = \begin{cases} 1-e^{-y}, & y > 0, \\ 0, & 其他. \end{cases}$

2. X 的分布律如下.

X	-1	0	1
P	$\dfrac{5}{12}$	$\dfrac{1}{6}$	$\dfrac{5}{12}$

Y 的分布律如下.

Y	0	1	2
P	$\dfrac{7}{12}$	$\dfrac{1}{3}$	$\dfrac{1}{12}$

3. $f_X(x) = \begin{cases} \dfrac{2}{\pi}\sqrt{1-x^2}, & -1 < x < 1, \\ 0, & 其他. \end{cases}$ $f_Y(y) = \begin{cases} \dfrac{2}{\pi}\sqrt{1-y^2}, & -1 < y < 1, \\ 0, & 其他. \end{cases}$

4. $f_X(x) = \begin{cases} e^{-x}, & x > 0, \\ 0, & 其他. \end{cases}$ $f_Y(y) = \begin{cases} ye^{-y}, & y > 0, \\ 0, & 其他. \end{cases}$

因为 $f_X(x)f_Y(y) \neq f(x,y)$，所以 X 和 Y 不相互独立.

5. $\alpha = \dfrac{2}{9}$, $\beta = \dfrac{1}{9}$.

6. $f(x, y) = \begin{cases} e^{-(x+y)}, & x > 0, y > 0, \\ 0, & \text{其他.} \end{cases}$

【提高题】

1.

X \ Y	y_1	y_2	y_3	$p_{i\cdot}$
x_1	$\dfrac{1}{24}$	$\dfrac{1}{8}$	$\dfrac{1}{12}$	$\dfrac{1}{4}$
x_2	$\dfrac{1}{8}$	$\dfrac{3}{8}$	$\dfrac{1}{4}$	$\dfrac{3}{4}$
$p_{\cdot j}$	$\dfrac{1}{6}$	$\dfrac{1}{2}$	$\dfrac{1}{3}$	

2. $f_X(x) = \begin{cases} \dfrac{\sqrt{2}a - 2|x|}{a^2}, & |x| \leqslant \dfrac{a}{\sqrt{2}}, \\ 0, & \text{其他.} \end{cases}$, $f_Y(y) = \begin{cases} \dfrac{\sqrt{2}a - 2|y|}{a^2}, & |y| \leqslant \dfrac{a}{\sqrt{2}}, \\ 0, & \text{其他.} \end{cases}$

3. 有相同的边缘概率密度. 举例: 当 $\rho_1 \neq \rho_2$ 时, $N(\mu_1, \mu_2, \sigma_1^2, \sigma_2^2, \rho_1)$ 与 $N(\mu_1, \mu_2, \sigma_1^2, \sigma_2^2, \rho_2)$ 分布不同, 但是边缘分布相同, 即边缘概率密度相同.

同步习题3.3

【基础题】

1. $a = 0.2$, $b = 0.1$, $c = 0.2$.

2. 当 $X = 0.64$ 时, Y 的条件分布律如下.

Y	0.64	0.65	0.66	0.67
$P\{Y \mid X = 0.64\}$	$\dfrac{1}{4}$	$\dfrac{2}{7}$	$\dfrac{3}{14}$	$\dfrac{1}{4}$

3. 当 $0 < y \leqslant 1$ 时, $f_{X\mid Y}(x \mid y) = \begin{cases} \dfrac{1}{x^2 y}, & \dfrac{1}{y} < x < +\infty, \\ 0, & \text{其他.} \end{cases}$

当 $1 < y < +\infty$ 时, $f_{X\mid Y}(x \mid y) = \begin{cases} \dfrac{y}{x^2}, & y < x < +\infty, \\ 0, & \text{其他.} \end{cases}$

当 $1 \leqslant x < +\infty$ 时, $f_{Y\mid X}(y \mid x) = \begin{cases} \dfrac{1}{2y \ln x}, & \dfrac{1}{x} < y < x, \\ 0, & \text{其他.} \end{cases}$

4. 当 $|y| < 1$ 时, $f_{X\mid Y}(x \mid y) = \dfrac{f(x, y)}{f_Y(y)} = \begin{cases} \dfrac{1}{1 - |y|}, & |y| < x < 1, \\ 0, & \text{其他.} \end{cases}$

【提高题】

1．（1）$f(x,y)=\begin{cases}\dfrac{1}{x}, & 0<y<x<1,\\ 0, & 其他.\end{cases}$ （2）$f_Y(y)=\begin{cases}-\ln y, & 0<y<1,\\ 0, & 其他.\end{cases}$

（3）$P\{X+Y>1\}=1-\ln 2.$

2．当 $m=0,1,2,\cdots$ 时，$P\{X=n|Y=m\}=\dfrac{(6.86)^{n-m}}{(n-m)!}\mathrm{e}^{-6.86},\ n=m,m+1,\cdots.$

当 $n=0,1,2,\cdots$ 时，$P\{Y=m|X=n\}=\mathrm{C}_n^m(0.51)^m(0.49)^{n-m},\ m=0,1,\cdots,n.$

3．$A=\dfrac{1}{\pi}$；$f_{Y|X}(y|x)=\dfrac{1}{\sqrt{\pi}}\mathrm{e}^{-(y-x)^2},\ -\infty<y<+\infty.$

4．$f_{X|Y}(x|y)=\begin{cases}\dfrac{1}{2(1-y)}, & 0\leqslant y\leqslant x\leqslant 2-y,\\ 0, & 其他.\end{cases}$

5．$P\{Y\geqslant 0.75|X=0.5\}=\displaystyle\int_{0.75}^{1}\dfrac{32y}{15}\,\mathrm{d}y=\dfrac{7}{15}.$

同步习题3.4

【基础题】

1．Z 的取值为 $0,1,2,4,5,8$，其分布律如下.

Z	0	1	2	4	5	8
P	0.2	0.15	0.3	0	0.25	0.1

2．$P\{Z=k\}=\dfrac{k-1}{2^k},\ k=2,3,\cdots.$

3．$f_Z(z)=\begin{cases}z^2, & 0<z<1,\\ 2z-z^2, & 1\leqslant z<2,\\ 0, & 其他.\end{cases}$

4．$f_Z(z)=\begin{cases}\dfrac{1}{2a^2}\ln\dfrac{a^2}{|z|}, & |z|<a^2,\\ 0, & 其他.\end{cases}$

5．$f_Z(z)=\begin{cases}\mathrm{e}^{-z}, & z>0,\\ 0, & 其他.\end{cases}$

6．$f_Z(z)=\begin{cases}\dfrac{1}{(1+z)^2}, & z>0,\\ 0, & 其他.\end{cases}$

7．（1）(X,Y)的联合分布律及边缘分布律如下．

X \ Y	1	2	3	$p_{i.}$
1	0	$\frac{1}{6}$	$\frac{1}{6}$	$\frac{1}{3}$
2	$\frac{1}{6}$	0	$\frac{1}{6}$	$\frac{1}{3}$
3	$\frac{1}{6}$	$\frac{1}{6}$	0	$\frac{1}{3}$
$p_{.j}$	$\frac{1}{3}$	$\frac{1}{3}$	$\frac{1}{3}$	

（2）(ξ,η)的联合分布律及边缘分布律如下．

ξ \ η	1	2	$p_{i.}$
2	$\frac{1}{3}$	0	$\frac{1}{3}$
3	$\frac{1}{3}$	$\frac{1}{3}$	$\frac{2}{3}$
$p_{.j}$	$\frac{2}{3}$	$\frac{1}{3}$	

【提高题】

1．Z所有可能的取值是全体整数值，$P\{Z=0\}=\mathrm{e}^{-\lambda}$；对于$n=\pm1,\pm2,\cdots$，有$P\{Z=n\}=\mathrm{e}^{-\lambda}\dfrac{\lambda^{|n|}}{2\cdot|n|!}$．

2．$f_Z(z)=\begin{cases}\dfrac{1}{3}, & -1\leqslant z<2,\\ 0, & \text{其他}.\end{cases}$

3．（1）$f_Z(z)=\begin{cases}p\mathrm{e}^z, & z<0,\\ (1-p)\mathrm{e}^{-z}, & z\geqslant0.\end{cases}$

（2）因为$P\{0<X\leqslant1\}P\{Z\leqslant1\}\neq P\{0<X\leqslant1,Z\leqslant1\}$，所以$X$与$Z$不相互独立．

同步习题4.1

【基础题】

1．-0.2；2.8；13.4.　2．1.　3．4.　4．$\dfrac{4}{3}$.　5．$\dfrac{11}{6}$；$\dfrac{1}{6}$.

6．$-\dfrac{1}{3}$；$\dfrac{1}{3}$；$\dfrac{1}{12}$.　7．4.

【提高题】

1．（1）$\dfrac{3}{2}$；（2）$\dfrac{1}{4}$． 2．11.67min． 3．21 单位．

4．（1）$f_V(v) = \begin{cases} 2e^{-2v}, & v > 0, \\ 0, & v \leqslant 0; \end{cases}$（2）2． 5．16．

同步习题4.2

【基础题】

1．2.76；27.6． 2．甲仪器的检测精度较高． 3．2；$\dfrac{4}{3}$． 4．14． 5．$\dfrac{1}{e}$．

6．μ；$\dfrac{\sigma^2}{n}$．

【提高题】

1．$\dfrac{1}{p}$；$\dfrac{1-p}{p^2}$． 2．20,16；70,21． 3．$\sqrt{\dfrac{2}{\pi}}$；$1-\dfrac{2}{\pi}$． 4．5． 5．略．

同步习题4.3

【基础题】

1．0；−0.02． 2．$-\dfrac{2}{3}$． 3．$\dfrac{4}{225}$；$\dfrac{2\sqrt{66}}{33}$． 4．3． 5．（1）1；（2）3． 6．略．

【提高题】

1．$-\dfrac{1}{2}$． 2．（1）$\dfrac{1}{n}\sigma^2$；（2）$\dfrac{n+3}{n}\sigma^2$． 3．λ．

4．（1）

V \\ U	0	1
0	$\dfrac{1}{4}$	$\dfrac{1}{4}$
1	0	$\dfrac{1}{2}$

（2）$\dfrac{1}{\sqrt{3}}$．

5．（1）

X \\ Y	−1	0	1
0	0	$\dfrac{1}{3}$	0
1	$\dfrac{1}{3}$	0	$\dfrac{1}{3}$

（2）0.

6．略.

同步习题4.4

【基础题】

1．$P\{|X-E(X)|\geqslant 2\}\leqslant\dfrac{1}{2}$.　　2．$\dfrac{1}{2}$.　　3．概率大于0.96.　　4．0.374 5.　　5．0.952 5.

【提高题】

1．$P\{|X+Y|\geqslant 6\}\leqslant\dfrac{1}{12}$.　　2．0.060 6.　　3．14 名.　　4．0.811 4.　　5．98.

同步习题5.1

【基础题】

1．研究的总体为数学专业本科毕业生实习期满后的月薪；样本是 100 名 2018 年毕业的数学专业本科毕业生实习期满后的月薪；样本容量是 100.

2．$\bar{X}=\dfrac{1}{n}\sum\limits_{i=1}^{n}X_i$，$\dfrac{1}{n-1}\sum\limits_{i=1}^{n}(X_i-\bar{X})^2$，$\dfrac{1}{n}\sum\limits_{i=1}^{n}(X_i-\mu)^2$是统计量.

3．样本均值$\bar{x}=3$，样本方差$s^2=\dfrac{34}{9}$，样本标准差$s=\sqrt{\dfrac{34}{9}}$.

4．$E(\bar{X})=\dfrac{1}{\lambda}$；$D(\bar{X})=\dfrac{1}{n\lambda^2}$.

【提高题】

1．$f(x_1,x_2,\cdots,x_n)=\begin{cases}\lambda^n\mathrm{e}^{-\lambda\sum\limits_{i=1}^{n}x_i}, & x_i>0,\\ 0, & \text{其他}.\end{cases}$　　2．$\sigma^2+\mu^2$.　　3．np^2.　　4．$\dfrac{2}{5n}$.　　5．2.

同步习题5.2

【基础题】

1．$t(4)$.　　2．$\chi^2(n)$.　　3．0.99.　　4．62.

【提高题】

1．2α.　　2．$t(1)$.　　3．（1）$F(4,8)$；（2）0.253 2.　　4．0.674 4.

同步习题6.1

【基础题】

1．矩估计量为$\hat{\lambda}=\bar{X}$；最大似然估计量为$\hat{\lambda}=\bar{X}$.

2.（1）矩估计量为 $\hat{\theta} = \dfrac{\overline{X}}{\overline{X} - c}$；（2）最大似然估计量为 $\hat{\theta} = \dfrac{n}{\sum\limits_{i=1}^{n} \ln X_i - n \ln c}$.

3.（1）矩估计量为 $\hat{\theta} = \left(\dfrac{\overline{X}}{\overline{X} - 1} \right)^2$；（2）最大似然估计量为 $\hat{\theta} = \dfrac{n^2}{\left(\sum\limits_{i=1}^{n} \ln X_i \right)^2}$.

4. $k = 1$.

5. $\hat{\theta} = \dfrac{1}{2n} \sum\limits_{i=1}^{n} X_i^2$；$\hat{\theta}$ 为 θ 的无偏估计量.

6. $\hat{\mu}_1$ 最有效.

7.（1）$\hat{\theta} = 2\overline{X} - \dfrac{1}{2}$；（2）$4\overline{X}^2$ 不是 θ^2 的无偏估计量.

【提高题】

1. $\hat{p} = \dfrac{n}{\sum\limits_{i=1}^{n} x_i} = \dfrac{1}{\overline{x}}$；$\widehat{E(X)} = \dfrac{1}{\hat{p}} = \overline{x}$.

2.（1）矩估计量为 $\hat{\theta} = \overline{X}$；（2）最大似然估计量为 $\hat{\theta} = \dfrac{2n}{\sum\limits_{i=1}^{n} \dfrac{1}{X_i}}$.

3.（1）矩估计量为 $\hat{\theta} = 2\overline{X} - 1$；（2）最大似然估计量为 $\hat{\theta} = \min\{X_1, X_2, \cdots, X_n\}$.

4.（1）矩估计量为 $\hat{\theta} = \dfrac{3}{2} - \overline{X}$；（2）最大似然估计量为 $\hat{\theta} = \dfrac{N}{n}$.

5.（1）$\hat{\sigma}^2 = \dfrac{1}{n} \sum\limits_{i=1}^{n} (X_i - \mu_0)^2$；（2）$E(\hat{\sigma}^2) = \sigma^2$，$D(\hat{\sigma}^2) = \dfrac{2\sigma^4}{n}$.

6.（1）$f(z) = \begin{cases} \dfrac{2}{\sqrt{2\pi}\sigma} e^{-\frac{z^2}{2\sigma^2}}, & z \geq 0, \\ 0, & z < 0; \end{cases}$（2）$\hat{\sigma} = \dfrac{\sqrt{2\pi}}{2} \overline{Z}$；（3）$\hat{\sigma} = \sqrt{\dfrac{1}{n} \sum\limits_{i=1}^{n} Z_i^2}$.

7.（1）$E(X) = \dfrac{\sqrt{\pi\theta}}{2}$，$E(X^2) = \theta$；（2）$\hat{\theta}_n = \dfrac{1}{n} \sum\limits_{i=1}^{n} X_i^2$；（3）存在，$a = \theta$.

同步习题6.2

【基础题】

1. 当 $\alpha = 0.1$ 时，所求置信区间为 $[1\,400.1, 1\,546.7]$；当 $\alpha = 0.05$ 时，所求置信区间为 $[1\,385.7, 1\,561.1]$.

2. $[500.4, 507.1]$.　　3.（1）$[14.75, 15.15]$；（2）$[14.71, 15.19]$.　　4. 3.29.

5. $[0.561\,5, 2.857\,1]$.

【提高题】

1. 139.　　2. 0.97.　　3. $[7.1, 20.1]$.　　4. $[-0.082, 1.242]$；$[0.766, 3.554]$.

5. $\left[\dfrac{\displaystyle\sum_{i=1}^{n}(X_i-\mu)^2}{\chi_{\frac{\alpha}{2}}^2(n)}, \dfrac{\displaystyle\sum_{i=1}^{n}(X_i-\mu)^2}{\chi_{1-\frac{\alpha}{2}}^2(n)} \right].$

同步习题6.3

【基础题】

1. 认为机器工作不正常.

2. 可以认为这批产品合格.

3. 命题可以接受.

4. 产品的精度有显著变化.

5. 不能认为各袋质量的标准差为 5g.

6.（1）$P\{$ 接受 $H_0|H_0$ 不真 $\}=\beta$；（2）$P\{$ 拒绝 $H_0|H_0$ 为真 $\}=\alpha$；

   （3）$P\{$ 拒绝 $H_0|H_0$ 不真 $\}=1-\beta$；（4）$P\{$ 接受 $H_0|H_0$ 为真 $\}=1-\alpha$.

【提高题】

1. 新生产的织物相比过去的织物强力有显著提高.

2. 可以接受厂方的断言.

3. 不能认为该溶液含水量的方差小于 0.045%.

4. $\alpha=0.01$；犯第一类错误的概率是 0.01.

5. $\beta=\varPhi\left(1.64-\dfrac{\mu_1-\mu_0}{\sigma/\sqrt{n}}\right)$

6. 认为该天的生产不正常.

总复习题答案

第1章总复习题

1. 选择题.

（1）B；（2）D；（3）B；（4）C；（5）C.

2. 填空题.

（6）$\dfrac{1}{3}$；（7）0.25；（8）0.008 3；（9）$\dfrac{8}{15}$；（10）0.58.

3. 解答题.

（11）① $\dfrac{25}{91}$；② $\dfrac{6}{91}$.　（12）$\dfrac{5}{8}$.　（13）① 0.93；② 0.429.　（14）① 0.3；② 0.82；

③ 0.146.

第2章总复习题

1. 选择题.

（1）C；（2）C；（3）A；（4）D；（5）B.

2. 填空题.

（6）e；（7）$\dfrac{4}{27}$；（8）$1-\dfrac{2}{e}$；（9）$\dfrac{4}{5}$；（10）$\dfrac{1}{\sqrt{\pi}}e^{-\frac{1}{4}}$.

3. 解答题.

（11）1min 内没有汽车通过的概率为 $P\{X_1=0\}=e^{-\lambda}=0.2$，故 $\lambda=\ln 5$.

在 2min 内有多于一辆汽车通过的概率为 $P\{X_2>1\}=1-P\{X_2=0\}-P\{X_2=1\}\approx 0.831\,2$.

（12）① $\lambda=\ln 2$；② 由条件概率公式得 $P\{X>2|X>1\}=\dfrac{P\{X>2\}}{P\{X>1\}}=\dfrac{1}{2}$.

（13）$f_Y(y)=\dfrac{1}{4\sqrt{y}}, 0<y<4$.

（14）$P\left(X>\dfrac{80}{100}\right)=\displaystyle\int_{0.8}^{1}12x(1-x)^2\,\mathrm{d}x=0.027\,2$.

$P\left(X>\dfrac{90}{100}\right)=\displaystyle\int_{0.9}^{1}12x(1-x)^2\,\mathrm{d}x=0.003\,7$.

（15）运用泊松定理，需配备 4 名维修工.

（16）① $F_1(y)=\begin{cases}1-e^{-y}, & y>0,\\ 0, & \text{其他}.\end{cases}$

② $f_2(y)=\begin{cases}\dfrac{1}{3}e^{-\frac{y-2}{3}}, & y>2,\\ 0, & \text{其他}.\end{cases}$

第3章总复习题

1. 选择题.

（1）C；（2）D；（3）D；（4）B；（5）C.

2. 填空题.

（6）$P(2\lambda)$；（7）$\dfrac{3}{4}$；（8）$\dfrac{1}{4}$；（9）$\dfrac{1}{9}$；（10）$\dfrac{1}{4}$.

3. 解答题.

（11）$P\left\{0<X<\dfrac{1}{2}, 0<Y<\dfrac{1}{2}\right\}=\dfrac{1}{2}$.

（12）$P\{X_1=X_2\}=0$.

（13）① $f_X(x)=\begin{cases}2x, & 0<x<1,\\ 0, & \text{其他}.\end{cases}$ $f_Y(y)=\begin{cases}1-\dfrac{y}{2}, & 0<y<2,\\ 0, & \text{其他}.\end{cases}$ ② $f_Z(z)=\begin{cases}1-\dfrac{z}{2}, & 0\leqslant z\leqslant 2,\\ 0, & \text{其他}.\end{cases}$

（14）①$P\{Y = m \mid X = n\} = C_n^m p^m (1-p)^{n-m}, \quad 0 \leqslant m \leqslant n, \quad n = 0,1,2,\cdots.$

②$P\{X = n, Y = m\} = \dfrac{\lambda^n}{n!} e^{-\lambda} C_n^m p^m (1-p)^{n-m}, \quad 0 \leqslant m \leqslant n, \quad n = 0,1,2,\cdots.$

（15）$f_Z(z) = \dfrac{1}{2}[\Phi(z+1) - \Phi(z-1)].$

（16）T 的概率密度为 $f_T(z) = \begin{cases} \dfrac{9z^8}{\theta^9}, & 0 < z < \theta, \\ 0, & \text{其他.} \end{cases}$

第4章总复习题

1．选择题．

（1）C；（2）C；（3）B；（4）D；（5）D.

2．填空题．

（6）4；（7）5；（8）6；（9）1；（10）0.9.

3．解答题．

（11）$\dfrac{2}{25}$.　（12）0.3，0.319，0.565.　（13）①$a = b = \dfrac{1}{8}$；②$-\dfrac{1}{\sqrt{39}}$.

（14）$\dfrac{7}{6}$，$\dfrac{7}{6}$，$-\dfrac{1}{11}$.　（15）①$\dfrac{1}{3}$，3；②0.　（16）① 0.164 5；② 0.952 5.

第5章总复习题

1．选择题．

（1）C；（2）D；（3）D；（4）B；（5）D.

2．填空题．

（6）p，$\dfrac{p(1-p)}{n}$；（7）$N(0,1)$，$t(7)$；（8）3；（9）8；（10）$F(1,n)$.

3．解答题．

（11）$t(n)$；（12）4；（13）0.133 6；（14）−0.438.

第6章总复习题

1．选择题．

（1）A；（2）A；（3）B；（4）C；（5）D.

2．填空题．

（6）$\dfrac{\bar{X}}{Q}\sqrt{n(n-1)}$；（7）$2\bar{X}$；（8）$0.49\sigma$；（9）[39.51,40.49]；（10）[8.2,10.8].

3．解答题．

（11）矩估计量为 $\hat{p} = \dfrac{\overline{X}}{m}$；最大似然估计量为 $\hat{p} = \dfrac{\overline{X}}{m}$.

（12）矩估计量为 $\hat{\lambda} = \dfrac{2}{\overline{X}}$；最大似然估计量为 $\hat{\lambda} = \dfrac{2}{\overline{X}}$.

（13）①矩估计量为 $\hat{\theta} = \overline{X}$；②最大似然估计量为 $\hat{\theta} = \dfrac{1}{n}\sum\limits_{i=1}^{n} X_i = \overline{X}$；③均是无偏估计量.

（14）[4.785 9, 6.214 1]；[1.824 8, 5.792 2].

（15）可以认为这次考试全体考生的平均成绩为 70 分.

（16）总体方差没有显著变化.